EDUCAÇÃO E HEREDITARIEDADE

EDUCAÇÃO E HEREDITARIEDADE

Estudo sociológico

JEAN-MARIE GUYAU

Tradução
REGINA SCHÖPKE
MAURO BALADI

martins fontes
selo martins

© 2015 Martins Editora Livraria Ltda., São Paulo, para a presente edição.
© 1890, Jean-Marie Guyau.
Esta obra foi originalmente publicada em francês sob o título *Éducation eh Hérédité: étude sociologique*.

Publisher *Evandro Mendonça Martins Fontes*
Coordenação editorial *Vanessa Faleck*
Produção editorial *Susana Leal*
Preparação *Lara Borriero Milani*
Diagramação *Casa de ideias*
Revisão *Renata Sangeon*
Juliana Amato
Ubiratan Bueno

Dados Internacionais de Catalogação na Publicação (CIP)
(Câmara Brasileira do Livro, SP, Brasil)

Guyau, Jean-Marie, 1854-1888.
Educação e hereditariedade : estudo sociológico / Jean-Marie Guyau ; tradução Regina Schöpke, Mauro Baladi. -- São Paulo : Martins Fontes - selo Martins, 2014.

Título original: Éducation et Hérédite : étude sociologique.
ISBN 978-85-8063-136-4

1. Educação 2. Educação física e esporte 3. Educação moral 4. Hereditariedade I. Título.

14-03301 CDD-306.432

Índices para catálogo sistemático:
1. Educação : Sociologia 306.432

Todos os direitos desta edição reservados à
Martins Editora Livraria Ltda.
Av. Dr. Arnaldo, 2076
01255-000 São Paulo SP Brasil
Tel.: (11) 3116 0000
info@emartinsfontes.com.br
www.martinsfontes-selomartins.com.br

Esta é a segunda das obras póstumas de Guyau. Como seus dois livros precedentes, sobre a irreligião do futuro e sobre a arte, este trabalho é um estudo sociológico. Lembramos que a sociologia era considerada por Guyau a ciência do futuro por excelência, destinada a renovar a maioria das questões sob um aspecto totalmente diferente do ponto de vista individual.

Alfred Fouillée

Sumário

Prefácio IX

Primeira parte – A educação moral – o papel da
hereditariedade e da sugestão 1

Capítulo 1 – A sugestão e a educação como modificadores
do instinto moral 3

Capítulo 2 – Gênese do instinto moral — participação da
hereditariedade, das ideias e da educação 55

Capítulo 3 – A educação física e a hereditariedade —
o internato — o esgotamento 133

Capítulo 4 – Objetivo e método da educação intelectual ... 193

Capítulo 5 – A escola 215

Capítulo 6 – O ensino secundário e superior 285

Capítulo 7 – A educação das moças e a hereditariedade ... 315

Capítulo 8 – A educação e a rotatividade na
cultura intelectual 335

Capítulo 9 – O objetivo da evolução e da educação é o
automatismo da hereditariedade ou a consciência?...... 343

Apêndices... 361

Primeiro apêndice – As modificações artificiais do caráter
no sonambulismo provocado 363

Segundo apêndice – Estoicismo e cristianismo – Epiteto,
Marco Aurélio e Pascal.......................... 373

Capítulo 1 – O estoicismo de Epiteto — Deveres do
homem para consigo mesmo – Teoria da liberdade...... 375

Capítulo 2 – Deveres do homem para com os outros —
Teorias estoicas da dignidade e da amizade............ 391

Capítulo 3 – Deveres do homem para com a divindade —
Teoria do mal e otimismo estoico................... 403

Capítulo 4 – Marco Aurélio – Consequências extremas do
estoicismo – Questões da imortalidade para o homem e
do progresso para o mundo 411

Capítulo 5 – Crítica do estoicismo.................. 419

Capítulo 6 – Estoicismo e cristianismo............... 429

Capítulo 7 – Epiteto e Pascal 445

Prefácio

É somente na paternidade, mas na paternidade completa, consciente — ou seja, na educação do filho —, que o homem "sente todo o seu coração". Oh!, o barulho dos pezinhos da criança! Esse barulho leve e suave das gerações que chegam, indeciso, incerto como o futuro. Este, somos nós que talvez decidiremos, pela maneira como educarmos as novas gerações.

Flaubert disse que a vida deve ser uma educação incessante, que é necessário aprender tudo, "depois falar até morrer". Entregue ao acaso, essa longa educação desvia-se a cada instante. Os próprios pais não têm, na maioria das vezes, uma ideia exata do objetivo da educação, sobretudo quando as crianças são ainda muito jovens. Qual é o ideal moral proposto à maioria das crianças na família? Não ser muito barulhenta, não pôr o dedo no nariz nem na boca, não se servir à mesa com as mãos, não colocar, quando chove, os pés na água etc.[1] Ser sensata! Para muitos pais, a criança sensata é uma pequena marionete que só deve se mexer quando seus fios são puxados; ela deve ter mãos para não tocar em nada, olhos para não cintilarem de desejo por tudo o que vê, pezinhos para não trotar ruidosamente sobre o assoalho e uma língua para se calar.

Muitas pessoas educam os filhos não para os próprios filhos, mas para si mesmas. Conheci pais que não queriam casar a filha a fim de não se separarem dela; outros não queriam que o filho seguisse determinada profissão (por exemplo, a de veterinário) porque esse ofício desagradava a *eles*; entre outros casos. As mesmas regras dominavam toda a sua conduta com relação aos filhos. É uma educação egoísta. Existe outra espécie de educação que adota como objetivo não mais o *prazer* do pai, mas o *prazer* do filho apreciado pelo pai. Assim, um camponês que passou toda a vida debaixo do sol considerará um dever poupar seu filho do trabalho da terra. Ele o educará para torná-lo um pequeno burocrata, um pobre funcionário sufocado em seu escritório, que morrerá tísico em alguma cidade. A verdadeira educação é desinteressada: ela educa a criança para si mesma, ela a educa, também e sobretudo, para a pátria, para a humanidade inteira.

---

1. De um ponto de vista superior, o ideal de muitos homens é, em seu gênero, bem mais elevado?

Nas diversas obras que publicamos, sempre perseguimos um único objetivo: ligar a moral, a estética e a religião à ideia da *vida*, da vida mais intensa e mais extensiva, por conseguinte, mais fecunda. É essa ideia que nos fornecerá também o objeto da educação, a fórmula fundamental da pedagogia. Poderíamos definir a pedagogia como a arte de adaptar as novas gerações às condições da vida mais intensa e mais fecunda para o indivíduo e para a espécie. Muitos se perguntam se a educação tem um objetivo individual ou social; ela tem os dois ao mesmo tempo: é precisamente a procura dos meios de combinar a vida individual mais intensa com a vida social mais extensiva. Além disso, há uma profunda harmonia, segundo pensamos, por baixo das antinomias da existência individual e da existência coletiva: aquilo que está verdadeiramente em conformidade com o *summum* de vida individual (física e moral) é, por isso mesmo, útil à espécie inteira. A educação deve, portanto, ter um triplo objetivo: 1º) desenvolver harmoniosamente no indivíduo *todas* as capacidades próprias da espécie humana e *úteis a ela*, segundo sua importância relativa; 2º) desenvolver mais particularmente no indivíduo as capacidades que lhe parecem ser especiais, *desde que não causem dano ao equilíbrio geral do organismo*; 3º) deter e refrear os instintos e tendências suscetíveis de perturbar esse equilíbrio. Em outras palavras, ajudar a hereditariedade quando ela tende a criar no seio de um povo superioridades duradouras e combatê-la quando tende a acumular causas destrutivas do próprio povo. A educação torna-se, assim, a busca dos meios de criar o maior número possível de indivíduos em plena saúde, dotados de faculdades físicas ou morais tão desenvolvidas quanto possível e, por isso mesmo, capazes de contribuir para o progresso da humanidade.

Por conseguinte, todo o sistema da educação deveria estar orientado para a manutenção e o progresso de um povo. É pela educação que as religiões agiam outrora e conservavam seja o povo *eleito*, seja o patrimônio nacional. É também nesse sentido que é preciso agir hoje em dia. Em nossa opinião, a educação tem sido considerada demasiadamente, até o presente, a arte de educar um indivíduo isolado, à parte de sua família e de seu povo. Procura-se obter desse indivíduo o máximo *rendimento*; mas é como se um agricultor se esforçasse para fazer um campo render a mais abundante colheita possível durante o espaço de um ou dois anos, sem restituir a ele nada daquilo que dele tomou: o campo, em seguida, estaria esgotado. É isso que acontece com os povos que se esgotam, com a diferença de que a terra de um campo subsiste sempre, retoma com o passar do tempo sua fecundidade por meio do repouso e do alqueive[2], enquanto a raça esgotada pode se enfraquecer e desaparecer para sem-

---

2. Prática que consiste em lavrar a terra e deixá-la sem plantio, a fim de que recupere a fertilidade. [N. T.]

pre. Estudos recentes sobre hereditariedade (Dr. Jacoby, De Candolle, Ribot) e as estatísticas sobre as profissões, sobre os habitantes das grandes cidades etc. têm demonstrado de maneira evidente que certos meios, certas *profissões* ou situações sociais são mortais para um povo em geral. Todo mundo fala da "existência devoradora" das grandes cidades, sem suspeitar de que não se trata de uma metáfora, mas de uma verdade. As cidades, dizia Jean-Jacques Rousseau, são os "abismos" da espécie humana. É forçoso dizer o mesmo não somente das cidades, mas da maior parte dos teatros, das assembleias políticas, dos salões, dos lugares nos quais há agitação. Toda superexcitação nervosa demasiado contínua em um indivíduo introduzirá em sua descendência, em virtude da lei do contrabalanceamento dos órgãos, o enfraquecimento cerebral, as doenças do sistema nervoso ou alguma outra forma de miséria fisiológica, que culminará um dia na esterilidade. Como existem, segundo os estatísticos, algumas províncias e cidades devoradoras, alguns lugares que só se povoam à custa das localidades vizinhas e produzem o vazio ao seu redor, há também profissões devoradoras, que são quase sempre as mais úteis aos progressos do corpo social e as mais tentadoras, ao mesmo tempo, para o próprio indivíduo. Enfim, chegou-se até a sustentar que toda superioridade intelectual na luta pela vida era uma sentença de morte para um povo, que o progresso se fazia através de uma verdadeira consumição dos indivíduos ou dos próprios povos que mais trabalharam para isso, que a melhor condição para perdurar era viver o menos possível intelectualmente e que toda educação que trabalha para superexcitar as faculdades de uma criança, para fazer dela um ser raro e excepcional, trabalha por isso mesmo para matá-la em seu sangue e em sua descendência. Acreditamos que essa afirmação é parcialmente verdadeira para a educação tal como ela está organizada, mas mostraremos que uma educação mais previdente e mais bem entendida poderia remediar esse esgotamento de um povo, assim como o agricultor remedeia, pela variação das culturas, o esgotamento do solo.

A *ciência* formou-se somente em nossos dias; surgiu uma multidão de conhecimentos que ainda não se adaptaram ao espírito humano. Essa adaptação só poderá se produzir por meio da divisão e da classificação racional dos conhecimentos, assim como dos diversos gêneros de estudos. E é porque essa divisão ainda não foi bem efetuada que, hoje em dia, existe para o espírito sofrimento e sobrecarga. Disso resulta que a ciência da educação precisa ser harmonizada com uma situação nova. É necessário *organizar* a educação, ou seja, estabelecer a *subordinação* dos conhecimentos e dos estudos, sua *hierarquia* na unidade social. Como adequadamente observa Spencer, quanto mais um organismo é perfeito e, consequentemente, complexo, mais seu desenvolvimento harmonioso encontra dificuldades. Nas espécies animais inferiores, a educação do recém-nascido não é demorada; aquilo que não lhe é ensinado, aliás, a vida o fará aprender, e sem grande perigo. Como seus instintos são perfeitamente simples, um pequeno número de experiências bastará para guiá-lo. Porém, quanto mais se eleva na escala dos seres, mais longa é a evolução; a necessidade de uma educação verdadeira começa então a se fazer sentir. É preciso que os adultos ajudem os jovens, os sustentem e os socorram por um longo tempo, do mesmo modo que, entre os mamíferos superiores, a fêmea deve carregar o filhote nos braços e amamentá-lo. Uma espécie de pedagogia primitiva encontra-se, assim, embrionária mesmo entre os animais; a educação é um prolongamento da amamentação, e sua necessidade deriva das leis da evolução.

Aqui, no entanto, se apresenta uma grave objeção, motivada pelas próprias ideias de Spencer. Deve-se sustentar, como tem sido feito, que a educação é inútil, ou quase impotente, porque a evolução humana é necessária e sempre regida pela hereditariedade? No século passado, exageraram a importância da educação a ponto de perguntarem ingenuamente, como Helvétius[3], se a diferença entre os homens não proviria unicamente da instrução recebida e do meio; se o ta-

---

3. Claude Adrien Helvétius (1715-71), filósofo francês que colaborou intensamente com a *Enciclopédia*. Seu livro mais célebre, *Do espírito* (1758), foi condenado e queimado em praça pública. [N. T.]

lento, assim como a virtude, poderia ser ensinado. Em nossos dias, depois das pesquisas feitas sobre a hereditariedade, lançaram-se afirmações bastante contrárias. Muitos sábios e filósofos estão agora persuadidos de que a educação é radicalmente impotente quando se trata de modificar de maneira profunda, no indivíduo, o temperamento e o caráter de um povo: segundo eles, nasce-se criminoso assim como se nasce poeta; todo o destino moral da criança está contido no seio materno e depois se desenrola implacavelmente pela vida. Particularmente, não há remédio possível para esse mal comum a todos os desequilibrados, loucos, criminosos, poetas, visionários e mulheres histéricas, que tem sido chamado de *neurastenia*. Os povos descem ao mesmo tempo a escada da vida e da moralidade, mas não tornam a subi-la. Os desequilibrados estão para sempre perdidos para a humanidade; se eles se perpetuam por muito tempo, é uma desgraça para ela. A família Yuke, tendo como ancestral um beberrão, produziu em 75 anos duzentos ladrões e assassinos, 288 doentes e noventa prostitutas. Na Antiguidade, famílias inteiras eram declaradas impuras e proscritas: a Antiguidade, afirmam, tinha razão. As maldições bíblicas estendiam-se até a quinta geração; a ciência moderna tem maldições do mesmo gênero e parece justificar os judeus através da observação de que todo caráter moral, bom ou mau, tende a persistir até por volta da quinta geração, para desvanecer-se em seguida se for anormal. Assim, infelizes dos fracos; é necessário eliminá-los e aplicar a eles, sem piedade, estas palavras de Jesus à cananeia[4] (do Jesus irritado e inclemente): "Não convém tomar o pão dos filhos para atirá-lo aos cães"[5].

Em suma, entre o poder atribuído por certos pensadores à educação e aquele atribuído por outros à hereditariedade há uma antinomia que domina toda a ciência moral e mesmo política, porque a política é tomada pela impotência se os efeitos da hereditariedade não tiverem remédio. Existe aí, portanto, um problema de duplo aspecto, que merece um sério exame. Procuraremos determinar a participação exata dos dois termos em oposição, que são o hábito hereditário ou ancestral e o hábito individual, um encarnado nos órgãos e o outro adquirido. Examinaremos se as leis da *sugestão*, recentemente constatadas por nossos psicofisiologistas — e das quais todos os efeitos são ainda tão imperfeitamente conhecidos —, não constituem um elemento novo e não devem modificar os dados do problema. As descobertas modernas sobre a sugestão nos parecem capitais do ponto de vista da educação, porque permitem constatar *de facto* a possibilidade de criar sempre em um espírito, em qualquer momento de sua evolução, um

---

4. Marcos, VII, 27. [N. T.]
5. Cf. Féré, *Sensation et mouvement* [Sensação e movimento]; Dr. Jacoby, *La sélection* [A seleção]; Dr. Déjerine, *L'hérédité dans les maladies du système nerveux* [A hereditariedade nas doenças do sistema nervoso]; os criminalistas italianos Lombroso, Ferri, Garofalo etc.

instinto artificial capaz de contrabalançar por algum tempo as tendências preexistentes. Se essa introdução de sentimentos novos é possível por um meio totalmente fisiológico, ela deve ser possível igualmente pelos meios psicológicos e morais. Assim, os estudos recentes sobre o sistema nervoso serão apropriados para corrigir os preconceitos nascidos da ciência por meio de uma ciência mais completa. A sugestão, que cria instintos artificiais capazes de contrabalançar os instintos hereditários, e até mesmo de sufocá-los, constitui um novo poder, comparável à hereditariedade. Ora, a educação é, segundo pensamos, um conjunto de sugestões coordenadas e raciocinadas: pressente-se, a partir daí, a eficácia que ela pode adquirir do ponto de vista ao mesmo tempo psicológico e fisiológico.

Primeira parte

A educação moral – o papel da hereditariedade e da sugestão

Capítulo 1 – A sugestão e a educação como modificadores do instinto moral

I. EFEITOS DA SUGESTÃO NERVOSA. – Sugestão: 1º) das sensações e sentimentos, 2º) das ideias, 3º) das volições e ações. — Possibilidade de criar, por meio da sugestão, instintos novos e instintos de ordem moral: obrigações sugeridas; deveres artificiais. Possibilidade de desmoralizar e de moralizar. A sugestão como meio de reforma moral.

II. SUGESTÃO PSICOLÓGICA, MORAL E SOCIAL. – Sugestão do exemplo, do comando, da autoridade, da afirmação e da palavra, do gesto etc. Crenças sugeridas. A sugestão é a introdução em nós de uma crença prática que realiza a si mesma.

III. A SUGESTÃO COMO MEIO DE EDUCAÇÃO MORAL E MODIFICADOR DA HEREDITARIEDADE. – Verdadeira autoridade moral do educador. Dos castigos. Da confiança em si a ser inspirada. Sugestões a produzir e sugestões a evitar.

I. – A sugestão nervosa e seus efeitos

Os efeitos bem-conhecidos da sugestão nervosa são exercidos sobre a sensibilidade, sobre a inteligência e sobre a vontade: é possível sugerir sensações e sentimentos, ideias, volições. "Um homem", diz Shakespeare, "poderia segurar na mão um carvão em brasa e, no entanto, imaginar que aquilo está frio se ao mesmo tempo pensasse no glacial Cáucaso; ele poderia, sem ficar congelado pelo frio, rolar na neve de dezembro, pensando no calor de um verão imaginário."

Wallow naked in December snow,
By thinking on fantastic summer's heat.[1]

A sugestão realiza aquilo que diz Shakespeare. Um sujeito hipnotizado, persuadido de que está ameaçado de perecer na neve, tirita de frio. Se for convencido de que a temperatura do aposento está excessivamente quente, logo transpirará de calor. Durante o sono hipnótico ou durante a catalepsia, Féré[2] sugeriu a alguns doentes que, sobre uma mesa de cor

---
1. *Ricardo II*, ato I, cena 3. [N. T.]
2. Charles Féré (1852-1907), médico e pesquisador francês. Foi aluno de Charcot e interessou-se pelo estudo dos fenômenos psicológicos, dedicando diversos trabalhos ao hipnotismo. [N. T.]

escura, havia um retrato de perfil. Ao despertarem, os doentes viam distintamente esse retrato no mesmo lugar; se então um prisma fosse colocado diante de um de seus olhos, eles tinham a extrema surpresa de ver dois perfis. A compressão lateral do globo ocular é suficiente, no hipnotizado, para desarranjar o eixo óptico e produzir a diplopia. Isso se deve, segundo a observação do Dr. Hack Tuke[3], ao fato de que uma sensação central, de origem subjetiva, pode suplantar a sensação nascida da impressão periférica. A sensação sugerida imprime-se na região do córtex cerebral responsável habitualmente pela sensação real — área que se tornou a sede de uma espécie de hipnotismo local.

O guardião do Palácio de Cristal[4], encarregado de manobrar uma máquina elétrica, observou muitas vezes que as senhoras que vinham segurar os cabos da máquina experimentavam sensações peculiares e acreditavam sinceramente estar eletrizadas, mesmo que a máquina ainda não estivesse em funcionamento. "Em 1862, fui chamado", diz Woodhouse Braine[5], "para administrar clorofórmio a uma moça muito nervosa, profundamente histérica, da qual deviam extrair dois tumores. Mandei buscar o clorofórmio e, enquanto esperava, para habituar a moça à máscara do aparelho,

---

3. *Le corps et l'esprit* [O corpo e o espírito], tradução francesa.
4. Grande construção de vidro, situada em Londres, na qual foi realizada a primeira grande Exposição Universal, em 1851. [N. T.]
5. Francis Woodhouse Braine (1837-1907), cirurgião inglês. [N. T.]

apliquei-a sobre seu rosto; imediatamente ela se pôs a respirar irregularmente. Ao fim de meio minuto, ela disse: 'Oh!, eu sinto, sinto que estou indo!'. O frasco de clorofórmio ainda não tinha chegado. Um leve beliscão a deixou indiferente; belisquei-a rudemente: para minha grande surpresa, ela não sentiu nada. A ocasião me pareceu favorável, e eu pedi ao cirurgião que começasse. Mais tarde, perguntei à jovem se ela tinha sentido alguma coisa. 'Não', disse ela, 'não sei o que se passou.' Ela saiu do hospital acreditando firmemente no poder do anestésico que lhe havia sido administrado."

Os estigmas são, como se sabe, um fenômeno de autossugestão. Conhecemos a história de Louise Lateau, a estigmatizada da Bélgica. A periodicidade dos estigmas se explica pelo fato de haver, entre certos dias da semana e os pensamentos determinantes, uma associação estabelecida.

Sugerem-se ideias ativas, volições, assim como sensações. Eis um hipnotizado: é possível, durante seu sono, sugerir a ele determinada ideia de ato — por exemplo, visitar alguém em certo dia e em certa hora; enganar-se quanto à grafia do próprio nome ao assinar uma carta; abrir um livro e ler as vinte primeiras palavras da página 100; fazer uma prece; tirar o lenço do bolso de determinada pessoa presente e atirá-lo ao fogo etc. Essa ideia de agir, inculcada durante o sono hipnótico, obseda o espírito do paciente em seu despertar, torna-se uma ideia fixa e geralmente o persegue até que ele a realize de uma maneira ou de outra. Ao realizá-la, aliás, ele crê estar agindo com total espontaneidade, estar obedecendo a uma fantasia pessoal; ele atribui a si próprio a vontade de outro implantada nele e encontra, muitas vezes, razões quase plausíveis para justificar as ações insensatas que o fizeram realizar.

Além das ideias e das crenças que se podem sugerir assim a um hipnotizado, bem como as volições, sensações e alucinações, é possível inculcar-lhe *sentimentos* — a admiração ou o desprezo, a antipatia ou a simpatia —, paixões e emoções, como o medo duradouro. E todas essas sugestões, de efeito por vezes tão certo, podem lhe ser dadas instantaneamente. No espaço de quinze segundos, entre duas portas, pode-se, com um gesto brusco, deter um sujeito de passagem, imobilizá-lo em catalepsia, produzir o sonambulismo, dar a ele uma sugestão de atos e depois despertá-lo. O hipnotizado mal saberá que esteve adormecido; ele terá sentido apenas um arrepio leve e fugidio; porém, uma nova ideia encontra-se doravante inculcada nele; um impulso que, se não encontrar obstáculo, culminará logo em um ato: quinze segundos bastaram para pôr as mãos na alavanca da máquina humana. Se isso ocorre assim, não seria possível ir ainda mais longe, criar verdadeiros instintos e instintos morais? Enquanto o hábito ou o instinto são inicialmente orgânicos para se refletirem em seguida sob a forma de uma ideia no domínio da consciência, a sugestão nos mostra uma ideia penetrando de fora no cérebro de um indivíduo, mergulhando nele e se transformando em seguida em hábito. O caminho é inverso, o resultado prático é o mesmo.

Nós fomos — creio eu — os primeiros a assinalar a profunda analogia entre a *sugestão* e o *instinto*, assim como a aplicação possível da sugestão normal e natural à *educação*, e da sugestão artificial à *terapêutica*, como corretivo de instintos anormais ou estimulante de instintos normais muito fracos[6]. Toda sugestão é, na verdade, um *instinto em estado nascente* criado pelo hipnotizador, do mesmo modo como o químico produz hoje em dia, por síntese, substâncias orgânicas. E como todo instinto é a semente de um sentimento de necessidade e às vezes mesmo de obrigação, segue-se daí que toda sugestão é um impulso que começa a se impor ao espírito, é uma vontade elementar que se instala no cerne da personalidade. Essa vontade, na maior parte das vezes, se acredita autônoma e livre, e não tardaria a dominar o ser, com todas as características do querer mais enérgico e mais consciente, se não encontrasse a resistência de outras inclinações preexistentes e vigorosas.

Caso fosse possível criar, assim, um instinto artificial duradouro, é provável que um sentimento místico e como que religioso logo se ligasse a esse instinto. Sugerir, em de-

---
6. Cf. a *Revue philosophique* [Revista filosófica], 1883.

terminadas condições, é constranger fisicamente; com condições muito mais complexas, seria quase possível *obrigar moralmente*. Em suma, todo instinto natural ou moral deriva, segundo a observação de Cuvier, de uma espécie de sonambulismo, já que ele nos dá uma ordem cuja razão ignoramos: escutamos a "voz da consciência" e localizamos essa voz em nós, ao passo que ela vem de muito mais longe; é um eco longínquo enviado de geração em geração. Nossa consciência instintiva é uma espécie de sugestão hereditária.

Delboeuf[7] sugeriu um dia à Sra. x, sua empregada, a ideia de abraçar um convidado, um rapaz, o Sr. A. Ela aproximou-se dele, hesitou, recuou, enrubesceu terrivelmente e escondeu o rosto com as mãos. No dia seguinte, ela confidenciou à esposa de Delboeuf que tinha tido uma singular vontade de abraçar o Sr. A.; além disso, a vontade não havia passado e, no dia seguinte, ainda perdurava. Oito dias depois, Delboeuf repetiu a ordem e, dessa vez, à noite, o comando foi executado. Delboeuf, que ensinou pacientes a se lembrarem de seus atos quando estão sob a influência da sugestão, perguntou à moça o que ela havia sentido na véspera, ao abraçar o Sr. A. "Eu não pensava em nada", disse ela;

---

7. Joseph Delboeuf (1831-96), filósofo, matemático e psicólogo belga nascido em Liège. Interessou-se vivamente pela hipnose, escrevendo obras como *Magnetizadores e médicos* (na qual aborda a polêmica do uso da hipnose como espetáculo) e *O sono e os sonhos considerados principalmente nas suas relações com as teorias da certeza e da memória* (livro que influenciou bastante as pesquisas de Sigmund Freud). [N. T.]

"quando abri a porta, veio-me a ideia de abraçar o Sr. A., pareceu-me que era uma coisa que eu *absolutamente deveria fazer*, e eu fiz[8]". "Em 5 de abril, às 17h30 da tarde", diz Delboeuf, "sugeri à Sra. x que, quando soasse as 17h30, ela iria consolar uma estatueta de madeira colocada sobre a lareira, representando um monge que chorava. Eu a despertei. O relógio tocou; a Sra. x levantou-se e foi reconfortar o monge com muitos gestos de comiseração, depois voltou a se sentar... Lembrança integral. "Como você decidiu realizar uma ação tão pouco sensata?" *"Ela me apareceu como um dever."*

Os efeitos da sugestão foram muito bem analisados por Beaunis[9]. Nada é mais curioso, do ponto de vista psicológico, do que acompanhar, na fisionomia de um paciente, a eclosão e o desenvolvimento da ideia que lhe foi sugerida. Isso acontece, por exemplo, no meio de uma conversa banal que não tem nenhuma relação com a sugestão. Subitamente o hipnotizador, que está prevenido e vigia o paciente sem aparentar fazer isso, constata em dado momento uma espécie de interrupção no pensamento, um choque interno que se traduz por um sinal imperceptível, um olhar, um gesto, uma ruga no rosto; depois a conversa recomeça, mas a ideia

---

8. *Revue philosophique*, fevereiro de 1887, p. 123. Os itálicos são de Delboeuf.
9. Henri Beaunis (1830-1921), psicólogo e fisiologista francês. Foi um dos fundadores do laboratório de psicologia fisiológica da Escola de Nancy. Entre suas obras, citamos *O sonambulismo provocado* e *As sensações internas*. [N. T.]

volta à carga ainda fraca e indecisa. Há um pouco de espanto no olhar: sente-se que alguma coisa inesperada atravessa por momentos o espírito, como um raio. Logo, a ideia cresce pouco a pouco e apodera-se cada vez mais da inteligência; a luta começa; os olhos, os gestos, tudo fala, tudo revela o combate interno; seguem-se as flutuações do pensamento; o paciente ainda escuta a conversa, mas vaga e maquinalmente ele está em outro lugar: "todo o seu ser está tomado pela ideia fixa que se implanta cada vez mais em seu cérebro. Chegado o momento, toda hesitação desaparece, o rosto adquire um notável caráter de resolução". Essa luta interna, concluída pela ação, não deixa de ter analogia com as outras lutas em que estão em combate os instintos morais. E a luta, como se sabe, é acompanhada de consciência e raciocínio, porque os hipnotizados sempre encontram uma razão qualquer para sua conduta. O *mecanismo*, como tal, é, portanto, comparável, e os pacientes de Beaunis parecem obedecer às mesmas leis naturais que algum herói de Corneille sacrificando-se pelo dever. Entretanto, há uma grande diferença de complexidade e de valor entre esses fenômenos mecanicamente análogos: a fórmula de ação que chamamos de dever é, na verdade, o resultado moral e refletido de forças muito complexas coordenadas, de inclinações superiores e naturais postas em harmonia por essa fórmula; o comando da sugestão, ao contrário, é o efeito brusco e passageiro de uma inclinação única e perturbadora, artificialmente introduzida no espírito. Aquele que sente então a pressão interna da sugestão deve necessariamente ter consciência de não estar no estado *normal*, de estar perturbado, de estar, enfim, dominado por uma força única, e não levado para frente pelo conjunto das tendências mais enraizadas, mais normais e melhores de seu ser.

No entanto, é provável que, procedendo com o ser humano como se faria com uma planta terrestre retirada do meio normal e sistematizando as sugestões, seja possível conseguir — como dissemos em nosso *Esquisse d'une morale* [*Esboço de uma moral*] — criar com todas as peças verdadeiros *deveres artificiais*[10]. Seria a síntese comprovando a exatidão da análise. Poder-se-ia também, por uma experiência inversa, anular mais ou menos provisoriamente determinado instinto natural. É possível fazer que uma sonâmbula perca, por exemplo, a memória dos nomes; ou mesmo, segundo Richet, fazer perder *toda* a memória (*Revue philosophique*, 8 de outubro de 1880). Ele acrescenta: "Essa experiência só deve ser tentada com grande prudência; eu vi sobrevir nesse caso tal terror e tal distúrbio na inteligência — desordem que persistiu durante cerca de quinze minutos —, que muitas vezes eu não queria recomeçar essa tentativa perigosa". Se identificarmos a memória, como faz a maioria dos

---

10. Cf. nosso *Esquisse d'une morale*, p. 45-6.

psicólogos, com o hábito e o instinto, pensaremos que seria possível também aniquilar provisoriamente ou pelo menos enfraquecer em uma sonâmbula determinado instinto, mesmo dos mais fundamentais e mais obrigatórios para a reflexão, como o instinto materno, o pudor etc. Se essa supressão do instinto não deixasse nenhum vestígio após o despertar, poderíamos então testar a força de resistência dos diversos instintos — por exemplo, dos instintos morais — e constatar quais são os mais profundos e os mais tenazes, as inclinações egoístas ou altruístas. Poder-se-ia, nessa espécie de memória hereditária e social que se chama moralidade, distinguir as partes sólidas e as outras mais frágeis, mais recentemente acrescentadas.

Evidentemente, porém, o experimentador honesto jamais se servirá da força da sugestão para desmoralizar; ao contrário, ele fará uso dela para moralizar. Sobre esse ponto, as indicações sumárias que havíamos dado anteriormente foram realizadas com sucesso por um número já notável de experimentadores. Está demonstrado, hoje em dia, que é possível muitas vezes contrabalançar uma mania ou um hábito depravado com um hábito artificial, criado por meio da sugestão durante o sono hipnótico. A sugestão terá, portanto, consequências das quais ainda não se pode determinar bem o alcance do duplo ponto de vista da terapêutica mental e mesmo da educação entre os jovens doentes dos nervos.

Em primeiro lugar, os resultados terapêuticos da sugestão já são numerosos. O dr. Voisin afirma ter curado por sugestão o delírio melancólico e a dipsomania. Em todos os casos, a morfinomania é curável por esse meio, e a cura pode mesmo se fazer bruscamente, sem provocar os acessos de mania furiosa que com frequência acompanham a supressão da morfina. A embriaguez alcoólica e a mania de fumar foram curadas da mesma maneira por Voisin e Liégeois.

A sugestão poderia também se tornar, em alguns casos, um meio corretivo. Depois das desordens civis na Bélgica, M. tinha um medo pavoroso de sair após o cair da noite; mesmo um toque de campainha a essa hora a fazia tremer. Delboeuf a hipnotizou, tranquilizou-a e ordenou-lhe que fosse corajosa daí por diante. Seus terrores desapareceram como que por encanto e "*sua conduta* modificou-se em consequência disso"[11]. É possível, portanto, agir sobre a conduta. Jeanne Sch..., 22 anos, ladra, prostituta, obscena, preguiçosa e suja, foi transformada por Voisin, do Salpêtrière, graças à sugestão hipnótica, em uma pessoa obediente, submissa, honesta, trabalhadora e asseada. Ela, que não tinha vontade de ler uma linha sequer de um texto havia vários anos, aprendeu de cor algumas páginas de um livro de moral; todos os seus sentimentos afetivos foram despertados. Finalmente, foi admitida como funcionária em um estabelecimento hospi-

---
11. *Revue philosophique*, agosto de 1886. Delboeuf.

talar, no qual "sua conduta é irretocável". É verdade que se trata simplesmente da substituição de um nervosismo desagradável por um nervosismo suave. Numerosos casos de cura moral do mesmo gênero se produziram no Salpêtrière. Mesmo entre sua clientela da cidade, Voisin afirma ter, através da sugestão hipnótica, transformado uma mulher cujo caráter era insuportável, tornando-a doce e afetuosa com o marido e, daí por diante, inacessível à cólera! Eis aí uma bela metamorfose! Do mesmo modo, o Dr. Liébault, de Nancy, teria conseguido, por meio de uma única sugestão, tornar laboriosa durante seis semanas uma criança de uma preguiça obstinada. É um começo. Podemos apenas nos perguntar se não seria preferível deixar uma criança na preguiça a torná-la neuropata. Delboeuf propôs recentemente o emprego da sugestão nas casas de correção ou reformatórios para os jovens malfeitores. Vários médicos já solicitaram a autorização para proceder a alguns testes. Mesmo pondo de lado o entusiasmo médico, permanece verdadeiro que a sugestão tem uma influência considerável, e o psicólogo pode, como veremos, extrair consequências importantes desse fato.

II. – Sugestão psicológica, moral e social

A sugestão fisiológica e neuropática nada mais é do que o exagero de fatos que ocorrem no estado normal. A experimentação sobre o sistema nervoso é uma espécie de análise que isola os fatos e, ao isolá-los, os coloca em relevo. É possível, portanto, e deve ser admitida uma sugestão psicológica, moral e social que se produza mesmo entre os mais sadios, sem adquirir essa espécie de aumento artificial que lhe dão as perturbações nervosas. Essa sugestão normal, bem organizada e bem regulada, pode evidentemente favorecer ou reprimir os efeitos da hereditariedade. Estudemo-la, pois, em sua origem e em suas diversas formas.

Como dissemos, podemos considerar provado hoje em dia que, se a sugestão mental existe em um grau excepcional em alguns sujeitos particularmente bem-dotados, ela deve, em virtude da analogia de constituição na raça humana, existir também em um grau imperceptível em todo mundo. Desse modo, por que ela não é mais fácil de ser constatada? É porque: 1º) ela é muito fraca na maioria dos homens, produz somente um efeito inapreensível em determinado momento, em determinado caso isolado, mesmo podendo muito bem ter uma influência maciça considerável; 2º) as sugestões mentais devem, nos sujeitos normais, mais ou menos se cruzar, chegar a eles ao mesmo tempo que aos indivíduos mais diversos. Não estamos, no estado normal, sob o poder de um *determinado magnetizador*, de uma única pessoa no mundo fazendo de nós sua coisa. Porém, não se deduz daí que não sejamos acessíveis a uma infinidade de pequenas sugestões, ora se contrariando, ora se acumulando e produzindo um efeito médio muito perceptível. São então sugestões vindas não de um indivíduo isolado, mas da sociedade inteira, de todo o meio que nos envolve: são, propriamente falando, sugestões *sociais*.

Portanto, no sono provocado, não ocorre nada que não possa se produzir, em um grau mais ou menos rudimentar, em muitas pessoas em estado de vigília. Somos todos suscetíveis a sugestões, e mesmo a vida social não é senão uma balança de sugestões recíprocas. Porém, a possibilidade da resistência pessoal à sugestão varia consideravelmente de pessoa para pessoa. Há alguns que são quase incapazes de resistir, cuja personalidade não tem, de modo algum, qualquer participação na soma dos motivos que determinam a ação. Eles são atingidos por uma espécie de paralisia moral. Dostoievsky, esse notável observador, menciona nos criminosos, entre outros traços, a impossibilidade de reprimir um desejo: "O raciocínio só tem poder sobre essas pessoas enquanto elas não querem nada. Quando desejam alguma coisa, não existem obstáculos à sua vontade... Essas pessoas nascem com uma ideia que, por toda a vida, as rola inconscientemente para a direita e para a esquerda; elas erram assim até que tenham encontrado um objeto que desperte violentamente seu desejo. Então, elas não regateiam a própria cabeça... Quando Petrov queria alguma coisa, era necessário que seu desejo fosse atendido. Um indivíduo como

Petrov assassinaria um homem por 25 copeques, unicamente para ter com o que beber um meio litro; em qualquer outra ocasião, desdenharia centenas de milhares de rublos"[12].

O exemplo deve ter por si mesmo uma força, que ele toma emprestada à solidariedade das consciências. Entre os neuropatas, a simples visão de um movimento rítmico provoca a execução desse movimento: é um fenômeno de sugestão psicomotora do qual Richet e Féré deram exemplos. Daí as epidemias espasmódicas. Se pedimos a um neuropata que olhe com atenção para os movimentos de flexão que fazemos com a mão, ao fim de alguns minutos ele declara que tem a sensação de que o mesmo movimento está sendo feito em sua própria mão, embora ela esteja completamente imóvel. Na verdade, essa imobilidade não dura, e logo sua mão se põe a executar irresistivelmente movimentos rítmicos de flexão. Toda percepção se reduz mais ou menos a uma imitação, à criação em nós de um estado correspondente àquele que percebemos em outrem; toda percepção é uma espécie de sugestão que começa e, em certos indivíduos, não sendo neutralizada por outras, termina em ações. O elemento sugestivo inerente a toda percepção é ainda mais forte — como já vimos — quando a percepção é de um ato ou de um

---

12. Citado por Garofalo, *Revue philosophique* de março de 1887, p. 236. [Trata-se de um fragmento do livro *Recordações da casa dos mortos*]. [N. T.]

estado vizinho do ato[13]. Enfim, a sugestão torna-se irresistível quando a percepção, em vez de se produzir no meio de estados de consciência complexos que a limitem, ocupa toda a consciência e constitui em um dado momento o todo interior. É o chamado estado monoideico, próprio dos sonâmbulos e de todos aqueles nos quais o equilíbrio mental se tornou mais ou menos instável por uma espécie de abstração que suprime no espírito um aspecto da realidade.

O mesmo neuropata que tende a reproduzir maquinalmente um movimento muscular executado diante dele tenderá igualmente a reproduzir um estado da sensibilidade ou da vontade que ele percebe em outro indivíduo e que lhe é revelado seja diretamente pela expressão do rosto, seja indiretamente pela linguagem e pelo tom da voz. A sugestão é, assim, a transformação pela qual um organismo mais passivo tende a se pôr em uníssono com um organismo mais ativo; este último domina o outro e passa a regular seus movimentos exteriores, suas vontades, suas crenças interiores. O relacionamento com pais respeitados, com um mestre ou um superior qualquer deve produzir sugestões que se estendem para toda a vida. A educação tem desses encantamentos, dessas "magias", dos quais fala Cálicles no *Górgias*, e que lhe servem para domar, quando necessário, os jovens leões.

---

13. É então, sobretudo, que se manifesta aquilo que foi chamado de *ideia-força*.

Existem no homem, como tem sido dito, "pensamentos por imitação" que se transmitem de indivíduo para indivíduo e de povo para povo com a mesma força que os verdadeiros instintos. Conheço uma criança que, aos treze anos, havia lido em um romance de Júlio Verne, *Martin Paz*, a descrição de uma heroína muito graciosa que caminhava com passinhos curtos. A criança aplicou-se daí em diante a não dar senão passadas extremamente curtas. O hábito é agora tão inveterado que ela provavelmente jamais se livrará dele. Se levarmos em conta a solidariedade entre todos os movimentos do corpo, compreenderemos que importante modificação essa impressão artística trouxe para a maneira de ser da garota: pequenez dos passos, pequenez dos gestos, da voz, talvez a expressão infantil da fisionomia.

Sabemos a rapidez com a qual os crimes se propagam por sugestão sob a mesma forma como um primeiro foi cometido: as mulheres cortadas em pedaços, os suicídios estranhos, o prego da guarita no qual sete soldados se enforcaram sucessivamente etc. Daí o perigo da imprensa. O diretor do *Morning Herald* declarou que nunca mais poria em seu jornal resenhas de assassinatos, de suicídios, nem de loucuras que pudessem ser contagiosas, e cumpriu a palavra.

A *autoridade* que possuem certas pessoas explica-se assim pelo contágio de um estado de consciência, e este não é outra coisa que o estado de crença e de fé, a intensidade da afirmação. A obediência é o efeito de uma sugestão vitoriosa, e o poder de sugerir se converte no poder de afirmar. Assim, os temperamentos mais capazes de exercer autoridade sobre os homens são os mais afirmativos ou, pelo menos, os que mais parecem se afirmar pelo gesto e pelo tom. Aqueles nos quais mais se acredita e aos quais mais se obedece são os mais crentes, ou assim parece. Com o poder de afirmação convertendo-se em uma energia da vontade, a expressão *isso é* reduz-se a esta outra: *eu quero que isso seja, eu ajo como se isso fosse, eu me adapto por inteiro a esse fenômeno suposto*. Daí, esta lei: toda vontade forte tende a criar uma vontade semelhante nos outros indivíduos; toda adaptação da consciência a um fenômeno suposto — por exemplo, a um acontecimento futuro ou a um ideal longínquo — tende a se propagar nas outras consciências, e as condições sociais favoráveis à aparição do fenômeno tendem assim, por si mesmas, a se reunir pelo simples fato de que uma única consciência as *percebeu como reunidas*[14]. Aquilo em que eu creio e que vejo bastante energicamente, eu faço todos crerem e verem, e se todos o veem, isso existe — ao menos na proporção em que a consciência e a crença coletiva podem equivaler a uma realização.

Uma segunda lei é que o poder de contágio de uma crença e, consequentemente, de uma vontade está *na razão*

---
14. Mais um exemplo impressionante de ideia-força.

direta de sua força de tensão e de sua primeira *realização interior*. Quanto mais se crê e se age por si mesmo, mais se age sobre os outros e mais se faz crer. A volição enérgica se transforma logo em uma espécie de comando: a autoridade é a irradiação da ação. Os charlatães e todos os oradores em geral conhecem bem essa potência contagiosa da afirmação; é preciso escutar com que voz segura e com que tom de fé eles afirmam aquilo de que querem convencer; o tom é seu primeiro argumento e, às vezes, o mais sólido.

    Nas pessoas hipnotizáveis — é preciso lembrar que há cerca de trinta por cento delas entre os indivíduos normais —, uma simples afirmação no estado de vigília, feita com um tom de autoridade por uma pessoa na qual elas tenham confiança, é suficiente para produzir ilusões ou verdadeiras alucinações. Com base em uma simples afirmação de Bernheim, um de seus pacientes, perfeitamente desperto, acredita ter visto em uma capela uma briga entre operários, dos quais ele dá a descrição para um comissário de polícia. Ele se declara pronto a testemunhar na justiça e a prestar juramento. A alucinação sugerida torna-se assim o princípio de uma linha de conduta e poderia dar motivo às mais graves consequências sociais. Existe uma autoridade e um poder natural no *tom*, poder que se torna perceptível pela observação dos hipnotizáveis, com os quais as crianças se parecem em tantos aspectos. Delboeuf, dirigindo-se a uma pessoa hipnotizável enquanto ela não está hipnotizada, pode — nos diz ele —, de acordo com o tom de sua voz, fazê-la ver preta a própria barba branca, ou então não fazê-la aceitar a coisa senão pela metade — "Não totalmente preta, cavalheiro, existem alguns fios brancos" —, ou não persuadi-la de absolutamente nada. Há infinitas nuances no tom da voz: os hipnotizáveis, sendo particularmente sensíveis, interpretam-nas mais rapidamente do que os outros, mas seus atos nada mais são que a tradução e a ampliação de impressões reais sentidas por todos. A sugestão por imitação e por simpatia nervosa aumenta quando ao tom da voz é possível acrescentar o gesto e, por fim, a própria ação. Binet e Féré observam que se obtém de um paciente uma contração dinamométrica muito menos intensa quando lhe é dito simplesmente "Aperte com todas as forças" do que quando lhe é dito "Faça como eu", pondo-se por sua vez a apertar. Os mandamentos de Deus são verdadeiras sugestões feitas ao pé do ouvido de todo um povo, tanto mais poderosas pelo fato de se apoiarem na autoridade de um ser sobre-humano e por essas palavras parecerem ressoar nas próprias vozes do céu. Todo impulso forte, em um ser consciente, torna-se uma espécie de palavra interior, dizendo de dentro: faça, não faça; avance, recue. Ele assume, portanto, a forma de uma sugestão precisa, que extrai de sua própria precisão a sua autoridade e torna-se, se for bastante enérgica, este mandamento: é *forçoso* fazer isso, não é forçoso fazer aquilo.

A *palavra* é, no homem, o produto natural e necessário da evolução intelectual, marcada por certa clareza nos estados de consciência; a palavra é um *grau* da ideia e do sentimento e não está separada deles. Assim, toda palavra (sobretudo nas línguas concretas e limitadas dos povos primitivos) imediatamente desperta com força a ideia ou o sentimento correspondente. No entanto, como é uma lei psicológica que toda imagem que ocupa vivamente a consciência tende a ser completada pela ação, a palavra é uma ação que começa. Todas as palavras de uma língua, sobretudo de uma língua primitiva, são possíveis lutando entre si por sua realização, *sugestões* se neutralizando. Quando uma pessoa munida, aos nossos olhos, de uma autoridade qualquer pronuncia uma palavra em nosso ouvido, ela nos formula um preceito, completa e faz culminar uma sugestão latente que trazíamos em nós mesmos; ela confere força nova a um impulso preexistente. O impulso interno do poder buscando se manifestar e o impulso externo da palavra são duas forças de mesma natureza que nada mais fazem além de se juntar na sugestão moral, no mandamento, hipnótico ou não. Além disso, a palavra age somente como símbolo do ato da vontade ou da reação da sensibilidade que ela exprime e comanda. Ela não tem valor próprio. Um hipnotizado a quem haviam sugerido que roubasse uma colher estende a mão na direção de um relógio que vê sobre a mesa; era a ideia moral do roubo mais do que o nome do objeto a ser roubado que tinha sido impressa em seu espírito. Outro, a quem o doutor Bernheim havia sugerido sentir, ao despertar, um fortíssimo odor de água de colônia, acreditou sentir na verdade um forte odor, mas de vinagre queimado. Para o hipnotizado, portanto, as palavras valem somente como definições do caráter *moral* ou *sensitivo* das ações ou reações. É esse caráter que lhe interessa, e o objeto exterior dessas ações ou reações pouco lhe importa.

A crença, como dissemos, desempenha um papel capital em toda sugestão; as sugestões que se assentam na sensibilidade e, particularmente, nas imagens visuais, permitem avaliar a força da crença de acordo com a intensidade da imagem produzida. O simples fato de não acreditar em uma coisa qualquer enfraquece a representação que dela se tem. A dúvida referente a uma imagem sugerida impede que a alucinação completa se produza. Binet disse um dia a um paciente adormecido: "Olhe o cão que está sentado nesse tapete". O paciente logo viu o cão; no entanto, como lhe parecia muito estranho que um cão tivesse entrado tão bruscamente no laboratório, a imagem não conseguiu se objetivar: "Você quer me alucinar". "Então você não está vendo o cão?" "Sim, eu o vejo na minha imaginação, mas sei que ele não está no tapete." Um dia, quando outro doente tomou a liberdade de discutir uma sugestão do doutor Binet, este último lhe impôs silêncio. O paciente logo respondeu: "Eu bem sei por que você não quer que eu discuta, é porque isso enfraquece a sugestão". Uma postura dubitativa, "se você fizer determinada coisa...", só produz uma sugestão nula ou muito fraca. O *se* se introduz então no próprio espírito do paciente e provoca divergências na direção única na qual se desejava lançar a vontade. O poder que o paciente tem de enfraquecer a imagem sugerida, duvidando dela, explica como a autossugestão é bem-sucedida onde a sugestão simples fracassa. Sempre acreditamos mais fortemente naquilo que afirmamos a nós mesmos do que naquilo que os outros nos afirmam. "Se é o próprio paciente", diz Binet, "que chega pelo raciocínio a sugerir a si mesmo uma ideia, ele a adotará sem resistência, ela será mais intensa e, portanto, mais eficaz." Citemos ainda uma notável experiência de Binet; sabemos que, na catalepsia, uma atitude expressiva dada aos membros se reflete imediatamente na fisionomia: é a sugestão muscular. Binet se pergunta se uma sugestão moral dada previamente não poderia modificar e mesmo suspender as sugestões musculares na catalepsia. Com G. estando em sonambulismo, Binet a adverte de que vai colocá-la em catalepsia e que, nesse estado, sua fisionomia permanecerá impassível, quaisquer que sejam os movimentos transmitidos a suas mãos. A doente, em vez de se submeter à injunção, discute e observa que não poderá obedecer porque perde a consciência durante a catalepsia. Apesar das dúvidas bastante sensatas da paciente, passa-se à experiência, mas as sugestões musculares são executadas como de hábito, e o fracasso é completo. Binet devolve então a doente ao estado de sonambulismo e ela lhe pergunta espontaneamente se a sugestão teve êxito. Binet responde com total naturalidade que ela teve pleno sucesso e, como a doente fica espantada, mas convencida, ele torna a colocá-la imediatamente em catalepsia. Depois, ele refaz a experiência. Desta vez, é um sucesso: a sugestão mental prévia suspende inteiramente as sugestões musculares; quando se aproximam as mãos do canto da boca, no ato de mandar um beijo, a linha da boca permanece imóvel; quando se fecham os punhos sob os olhos, as sobrancelhas não se franzem. Para que a sugestão muscular tornasse a ser despertada pouco a pouco, foi necessário deixar a mão durante cinco minutos na mesma posição (a do beijo atirado); ao fim desse tempo, imprimindo à mão um movimento de vaivém, Binet conseguiu fazer a boca sorrir.

Do mesmo modo que uma sugestão positiva — ou seja, a ideia de que se verá ou de que se fará uma coisa — se reduz a uma afirmação contagiosa, uma sugestão negativa — a ideia de que não se verá determinada pessoa presente ou de que não se fará determinado ato habitual — se reduz a uma negação contagiosa, que é uma afirmação de outro gênero. Como observa Binet, sugere-se, então, o ceticismo em vez da fé. Assim, é possível enfraquecer e até mesmo destruir inteiramente percepções reais. Quando se diz a alguém: "Você não pode mexer os braços", paralisa-se o afluxo motor que põe o braço em movimento. Acreditamos, portanto, poder estabelecer ainda esta lei: toda manifestação da atividade muscular ou sensorial não ocorre sem certa crença em si, sem a expectativa de um resultado determinado, sendo dado semelhante antecedente. A consciência de agir se reduz assim, em parte, à crença de que se age, e, se essa crença é abalada, a própria consciência se desorganiza. Toda a vida consciente se assenta em certa confiança em si, que se converte em um hábito de si, e esse hábito de si, essa crença vaga na conformidade entre aquilo que se foi, aquilo que se é e aquilo que se será pode ser perturbada muito facilmente, como os atos que são do domínio dos reflexos, pela intervenção de uma dúvida reflexiva.

III. – A sugestão como meio de educação moral e como modificador da hereditariedade

O estado da criança no momento em que entra no mundo é mais ou menos comparável ao de um hipnotizado. A mesma ausência de ideias, ou "aideísmo"; a mesma dominação de uma única ideia, ou "monoideísmo" passivo. Além disso, todas as crianças são hipnotizáveis e facilmente hipnotizáveis. Elas estão particularmente abertas, enfim, à sugestão e à autossugestão[15].

---

15. Motet fez, na Academia de Medicina, na sessão de 12 de abril de 1887, uma interessante comunicação sobre os falsos testemunhos das crianças perante a justiça. Lembrando primeiramente o quanto é comovente a narrativa de uma criança que conta os detalhes de um crime, o autor relatou certo número de fatos que caracterizam claramente o estado mental das crianças acusadoras e mostram o mecanismo psíquico de seus falsos testemunhos. Em vários desses casos, as mais graves acusações não têm outro motivo além da necessidade de explicar uma escapadela insignificante. Aqui, como a criança não sabe o que responder à mãe que a interroga, esta última, por meio de perguntas, lhe sugere toda uma história de atentado ao pudor que ela retém e repete diante de um magistrado; ali, é outra criança que, fazendo gazeta, cai na água e, sob a influência desse choque moral que desperta nela uma série de sonhos e temores imaginários anteriores, organiza todo um drama em seu espírito e acusa um indivíduo de tê-la atirado na água. Em outro caso, são simples alucinações hipnagógicas que se tornam o ponto de partida de uma acusação de atentado ao pudor. Enfim, um interrogatório acusador feito com um tom enérgico parece suficiente, em outras circunstâncias, para determinar em uma criança um trabalho de assimilação inconsciente, em virtude do qual ela vai declarar a si própria culpada de um crime que não cometeu ou testemunhar fatos que jamais viu. Em todos esses casos, reconhecemos o efeito da sugestão ou da autossugestão, que, no cérebro maleável e em via de organização da criança, têm uma influência exagerada. Enquanto, no adulto, são os detalhes contraditórios, as narrativas variadas, que provam que existe um falso testemunho premeditado e durante os quais os magistrados esperam, em seus interrogatórios, que a testemunha se *contradiga*, a invariabilidade automática do depoimento de uma criança, ao contrário, deverá levantar suspeitas de sua veracidade. "Quando o médico perito", conclui Motet "reencontra, depois de várias visitas, os mesmos termos, os mesmos detalhes, quando basta *desencadear o fluxo* para escutar se desenrolarem em sua imutável sucessão os fatos mais graves, ele pode estar seguro de que a criança não diz a verdade e de que ela substitui, sem querer, por alguns dados adquiridos a manifestação sincera de acontecimentos nos quais ela poderia ter tomado parte."

Tudo aquilo que a criança vai sentir será, portanto, uma sugestão; essa sugestão dará lugar a um hábito, que poderá às vezes se propagar durante a vida inteira, assim como vemos se perpetuarem certas impressões de terror inculcadas nas crianças pelas babás. A sugestão, como dissemos, é a introdução em nós de uma *crença prática* que realiza a si mesma; a arte moral da sugestão pode, portanto, ser definida como a arte de *modificar um indivíduo persuadindo-o de que ele é ou pode ser diferente do que é*. Essa arte é um dos grandes motores da educação. Toda a educação deve tender para o seguinte objetivo: convencer a criança de que ela é *capaz do bem* e *incapaz do mal*, a fim de lhe conferir de fato essa potência e essa impotência; persuadi-la de que ela tem uma vontade forte, a fim de lhe transmitir a força da vontade; fazê-la crer que é moralmente livre, senhora de si, a fim de que "a ideia de liberdade moral" tenda a se realizar progressivamente. A servidão moral, a "abulia" — como é chamada —, se reduz seja a uma inconsciência parcial, a uma irreflexão que faz que o agente se entregue sucessivamente sem luta e sem comparação a impulsos opostos, seja à crença de que ele não poderá resistir, de que é impotente, de que, em outros termos, sua consciência não tem ação sobre as ideias e as inclinações que a atravessam. Negar o poder repressor de sua própria consciência é entregar-se deliberadamente a todos os acasos dos impulsos. Assim, o hipnotizador que quer produzir de modo infalível um ato deve ter o cuidado de sugerir, concomitantemente, a ideia desse ato e a ideia de que não se pode deixar de fazê-lo; ele cria ao mesmo tempo uma tendência para agir e a ideia de que não se pode resistir a essa tendência. Ele excita, dessa maneira, o cérebro com relação a um ponto, paralisando-o diante de todos os outros; ele abstrai um impulso do meio que poderia resistir a ele e cria o vazio em torno desse impulso. Ele cria, portanto, um estado totalmente artificial e doentio semelhante a esses estados de abulia observados em numerosos doentes. Bernheim, por exemplo, havia sugerido a S. a ideia de um roubo, sem a ideia de que ele não poderia resistir a essa sugestão. Quando desperta, S. vê um relógio, estende a mão, depois se detém. "Não. Isso seria um roubo", diz ele. Outro dia, o doutor Bernheim torna a adormecê-lo. "Você porá esta colher em seu bolso; *você não pode agir de outro modo.*" S., ao despertar, vê a colher, hesita ainda um instante (a persuasão da impotência ainda não era bastante forte), exclama: "Bom, paciência!" e põe a colher no bolso.

Muitas vezes, basta dizer ou deixar que as crianças, que os jovens acreditem que supomos neles determinada qualidade para que se esforcem em justificar essa opinião. Supor neles maus sentimentos, fazer-lhes censuras imerecidas, submetê-los a maus-tratos é produzir o resultado contrário. Tem-se dito com razão que a arte de conduzir os jovens consiste, antes de tudo, em supô-los tão bons quanto se desejaria que fossem. Se alguém persuadir um paciente hipnotizado de que ele é um porco, ele logo se põe a rolar e a grunhir como um porco. Assim acontece com aqueles que, teoricamente, não dão a si mesmos mais valor do que a um porco; sua prática deve necessariamente oferecer pontos de correspondência com sua teoria. É uma autossugestão.

Os mesmos princípios encontram aplicação na arte de governar os homens. Numerosos fatos levantados nas prisões mostram que tratar um semicriminoso como um grande criminoso é levá-lo ao crime. Aumentar a autoestima de um homem e enaltecê-lo publicamente é o melhor meio de valorizá-lo na realidade. Um aperto de mão oferecido por um jovem advogado entusiasta a um ladrão dez vezes reincidente foi suficiente para produzir uma impressão moral que dura até hoje. Um prisioneiro, vendo um de seus companheiros precipitar-se para ferir o diretor da prisão, o detém com um movimento quase instintivo, e essa ação bastará para salvaguardá-lo contra si mesmo, para arrancá-lo de seus antecedentes, de seu meio moral. Doravante, sua conduta será irretocável. O testemunho de consideração é uma das formas mais poderosas da sugestão[16]. Em contrapartida, crer na mal-

---

16. Será que as numerosas reincidências constatadas depois do aprisionamento dos delinquentes resultam da incurabilidade do crime ou da deplorável organização de nossas prisões, nas quais tudo sugere e ensina o crime? O que comprovaria isso é a variação das reincidências segundo os países e a

dade de alguém é torná-lo geralmente mais malvado do que ele é. Na educação é preciso, portanto, sempre se conformar à regra que acabamos de estabelecer: pressupor a bondade e a boa vontade. Toda constatação em voz alta acerca do estado mental de uma criança desempenha imediatamente o papel de uma sugestão: "Essa criança é malvada... Ela é preguiçosa... Ela não fará isso ou aquilo...". Quantos vícios são assim desenvolvidos, não por uma fatalidade *hereditária*, mas por uma educação desastrada[17]! Pela mesma razão, quando uma criança comete alguma ação repreensível, não é preciso, ao censurá-la, interpretar a ação em seu pior sentido. A criança geralmente é inconsciente demais para ter uma intenção totalmente perversa; ao atribuir-lhe a deliberação e a intenção determinada, a resolução viril, não somente a enganamos, mas as desenvolvemos nela: supor o vício é, mui-

---

organização das prisões; elas são de 70% na Bélgica e de 40% na França. A prisão celular faz que elas caiam para 10%. Por fim, em Zwickau (Irlanda), por meio da penalidade "graduada e individualizante", ela foi reduzida à proporção de 2,68%. É preciso concluir daí que, no estado atual da ciência, mal se pode ter certeza de que, do número total de criminosos, existam 2% de predestinados ao crime por outras causas além do meio e das sugestões que ali eles encontram. E se, mesmo entre esses 2%, admite-se a ação triunfante do atavismo, seria necessário saber até que ponto essa ação não foi auxiliada, nos primeiros tempos de sua existência, pelas sugestões da primeira educação, que são as mais poderosas de todas.

17. Receita para interromper os "acessos de lágrimas": uma afusão de água fria sobre o rosto. "Venha, meu filho, lavemos esses olhos que estão muito vermelhos. Oh!, como isso faz bem!" É a sugestão de uma ideia consoladora no lugar de uma ideia entristecedora.

tas vezes, produzi-lo. É preciso, portanto, dizer à criança: "Você não quis fazer isso, mas eis aquilo em que seu ato poderia ter resultado; eis como, se não a conhecêssemos, poderíamos interpretá-lo". Quando um homem, perseguido por uma multidão que profere vagas ameaças, esforça-se para enfrentá-la exclamando subitamente: "Vocês querem me enforcar?", existe uma grande chance de que logo lhe seja aplicada a fórmula que ele acaba de encontrar. Acontece a mesma coisa com a multiplicidade de instintos mais ou menos ruins que são despertados necessariamente no coração de uma criança em determinados momentos de sua existência; não é preciso dar a ela a *fórmula de seus instintos*; caso contrário, iremos fortificar e levar esses instintos a se converter em atos. Algumas vezes, chega-se até a criá-los. Daí esta regra importante que propomos aos educadores: tanto é útil tornar conscientes de si mesmas as boas inclinações quanto é perigoso tornar conscientes as más inclinações quando elas ainda não o são.

Um sentimento é coisa muito complexa, tão complexa que os pais não devem imaginar poder fazê-lo nascer por meio de uma censura. Constatar, por exemplo, a indiferença da criança com relação a eles não é de maneira alguma apropriado para despertar a afeição nela; ao contrário, pode-se temer que a constatação de sua indiferença, com ela mesma se persuadindo disso, não produza a afeição, ou pelo menos não a aumente. Um sentimento não é tão grosseiramente imputável quanto uma ação. Podemos censurar uma criança por ter *feito* determinada ação, por ter deixado de fazer outra; mas ainda é, segundo pensamos, uma regra da educação que, *em matéria de sentimento, devemos sugerir mais do que censurar.*

A sugestão pode enfraquecer ou aumentar momentaneamente a própria inteligência. É possível sugerir a alguém que ele é um tolo, que é incapaz de compreender determinada coisa, que não poderá fazer determinada coisa; e com isso se desenvolve uma ininteligência e uma impotência proporcionais. O educador deve, ao contrário, seguir sempre esta regra: persuadir a criança de que ela pode *compreender* e de que ela pode *fazer*. "O homem é feito de tal modo", disse Pascal, "que de tanto lhe dizerem que é um tolo, ele acredita nisso; e de tanto dizer isso para si mesmo, ele se convence disso. Porque o homem trava consigo mesmo uma *conversação interior* que é importante regular bem. *Corrumpunt mores bonos colloquia prava...*"[18]

Devemos aceitar aquilo que uma criança faz ou diz com boa vontade. Sua confiança em todos aqueles que a cercam deve sufocar sua timidez inata. Quando se pensa na soma de coragem necessária à criança, ela que se sente tão nova e

---

18. "As más conversas corrompem os bons costumes." (Coríntios I, xv, 33) [N. T.]

tão desajeitada em todas as coisas, para se exprimir ou para fazer somente o menor gesto na presença dos adultos, compreende-se que é da mais alta importância não deixar que a timidez predomine nela e finalmente a paralise. Será, portanto, com olhos encorajadores que se verá a criança, a não ser para fazê-la observar com brandura, se houver motivo para isso, que agindo de determinada maneira ela conseguirá um resultado melhor. Ela deve aprender tudo: é preciso, portanto, demonstrar contentamento com seu menor esforço, embora mostrando a ela o esforço que ainda lhe resta fazer.

Por que é excelente dar uma *tarefa* à criança? Para habituá-la primeiramente a *querer*, depois a ter êxito naquilo que ela quis, a *poder*[19]. Um sentimento a ser desenvolvido na criança é, portanto, o da verdadeira confiança em si. Todos nós temos orgulho, mas nem todos temos confiança suficiente em nós mesmos ou, pelo menos, em nossa perseverança no esforço. Todos dizem: "Eu agiria de maneira bastante diferente", mas poucos se aventuram a tentar; ou então renunciam rapidamente, e o orgulho termina em uma espécie de achatamento interior, de aniquilação de si. "Tenha fé",

---

19. No entanto, para não obter um resultado diametralmente contrário àquele que se deseja, é preciso que a tarefa seja durante muito tempo mínima e muito abaixo das forças da criança. A tarefa só deve aumentar proporcionalmente às forças da criança e de maneira a constituir sempre uma ginástica da atenção e da vontade, nunca um desgaste. O pai de Pascal, diz Madame Périer, tinha como regra que seu filho estivesse "sempre acima de sua tarefa".

dizem as religiões. É essencial também, para a moralidade, ter fé em si, em sua própria potência, e isso independentemente de qualquer auxílio exterior. É bom contar com o fato de que a fonte fecundante jorre do coração na primeira evocação, sem o emprego de nenhuma varinha mágica como aquela da qual se serviu Moisés em um dia de dúvida: a mínima dúvida pode nos esterilizar e nos secar, impedir o jorro da vontade viva. É preciso ter confiança no poder do senhor mestre, que somos nós mesmos. A ideia dominante da moral religiosa é a impotência da vontade sem a graça, em outros termos, a oposição entre o querer e o poder, o pecado original instalado no coração do homem. O pecado original é uma espécie de sugestão inculcada assim desde a infância e produzindo efetivamente um verdadeiro pecado hereditário. Há em nós, diziam os hindus místicos, um *eu* que é o inimigo do *eu*; esse inimigo interior foi definido pelos cristãos como Satã, sempre presente nos melhores de nós. A obsessão pelo pecado tornava-se assim uma verdadeira alucinação; ela proporcionava um desdobramento da personalidade como aquele que se observa em certos doentes. Hoje em dia, não sentimos mais o demônio em nós, não devemos mais sentir isso. Devemos dizer orgulhosamente que os pretensos "possuídos pelo mal" são impotentes ou doentes; as pessoas sadias são boas; o homem υγιης é o verdadeiro αγιος[20].

---

20. "O homem sadio é o verdadeiro santo." [N. E.]

Tanto na moral quanto na religião, a *salvação* é a ideia essencial; para subsistir, ela não precisa ser considerada o simples corolário da ideia de pecado. É possível conceber a salvação sem o pecado, o que não tem nada de contraditório; e, no fim das contas, foi na ideia de salvação que insistiu Jesus, bem mais do que sobre a de pecado: aquilo que existe de mais imperfeito e de menos humano no Evangelho é aquilo que tem relação com o próprio pecado. O sentimento do pecado contém, sem dúvida, um elemento muito respeitável: o *escrúpulo*, a consciência dolorida e perturbada ao menor desvio de seu ideal; mas não é preciso que essa dor interior cresça a ponto de preencher a vida inteira e de dar nascimento a um verdadeiro pessimismo moral. Se é bom desconfiar de si, também é bom acreditar nas próprias forças; o sentimento muito intenso do pecado pode chegar a uma espécie de paralisia moral. Ligamo-nos por nós mesmos àquilo de que temos medo, somos atraídos pelo objeto temível que fixamos; a natureza humana perverte a si mesma afirmando sua irremediável perversão. Bem superior, nesse aspecto, às morais religiosas derivadas do cristianismo e do bramanismo é a moral laica de Confúcio, cujo caráter original é a afirmação cem vezes repetida da bondade da natureza humana no homem normal. Contestável fisiologicamente, a doutrina é útil para a sugestão educativa: "Digo que a natureza humana é boa", escreve Meng-Tsé[21], "não existe nenhum homem que não seja naturalmente bom, assim como não existe nenhuma água corrente que não siga naturalmente sua queda... O coração é o mesmo em todos os homens. O que é, pois, aquilo que o coração do homem tem de comum e de próprio a todos? É o que se chama a razão natural, a equidade natural... A equidade natural agrada ao nosso coração assim como aquilo que é suculento agrada à nossa boca... O gênero humano criado pelo céu recebeu ao mesmo tempo, como quinhão, a *faculdade* de agir e a *regra* de suas ações." A filosofia moderna, mesmo restabelecendo a participação da hereditariedade, deve se voltar em certa medida à antiga sabedoria da China; desvencilhar o homem do pecado fatal, mostrar não mais somente que a obrigação moral supõe a faculdade de agir, mas que aquela provém desta, que ela é seu exercício normal, que aquele que faz refletida e racionalmente aquilo que *pode* faz também aquilo que *deve*. "Vocês já observaram", diz ingenuamente Meng-Tsé, "que nos anos de abundância o povo faz muitas boas ações e que nos anos de esterilidade faz muitas ações ruins?" Meng-Tsé tem razão: todas as causas de discórdia entre os homens são sempre uma transformação mais ou menos complexa do pedaço de pão primitivo; o verdadeiro pecado do homem é a fome, sob todas as suas formas. Um organismo completamente *alimen-*

---
21. Filósofo confuciano chinês que viveu no século IV a.C. [N. T.]

tado, não somente na carne e nos músculos, mas nas mais finas ramificações de seu sistema nervoso, seria — afora as predisposições doentias hereditárias — um organismo bem-equilibrado. Todo vício, que se reduz a um desequilíbrio, restringe-se assim cientificamente a uma nutrição mais ou menos ruim de algum órgão profundo.

Em suma, o homem não é fundamentalmente ruim, pela razão de que é um ser naturalmente sociável. *Homo homini lupus*, é verdade, algumas vezes ele é um lobo para o homem; porém, mesmo os lobos têm coisas boas, visto que ocasionalmente se reúnem em bandos e organizam sociedades mais ou menos provisórias. Além disso, eles têm como primo-irmão o cão, que é o melhor dos animais. Se por vezes existem no homem os instintos do lobo, existem também os do cão, existem também os da ovelha; tudo isso faz uma mistura que não é a virtude nem a santidade ideais, mas que a sabedoria chinesa tinha razão em não desdenhar em demasia. Todo ser que não é monocelular está seguro de possuir alguma coisa de bom, já que ele é uma sociedade embrionária, e uma sociedade não subsiste sem certo equilíbrio, um balanceamento mútuo das atividades. Aliás, o próprio ser monocelular transformar-se-ia em vários com uma análise mais completa: nada é *simples* no Universo. Ora, tudo aquilo que é complexo é sempre mais ou menos solidário com outros seres. O homem, sendo o ser mais complexo que conhecemos, é também o mais solidário com relação aos outros. Ele é, além disso, o que tem mais consciência dessa solidariedade. Ora, *o melhor é aquele que tem mais consciência de sua solidariedade com os outros seres e com o Todo.*

O objetivo essencial da educação, como dissemos, é criar, seja pela *sugestão direta*, seja pela *ação repetida*, uma série de hábitos, ou seja, de *impulsos reflexos* duráveis, capazes de fortalecer os outros impulsos de origem hereditária ou, ao contrário, tomar o lugar deles e freá-los. Portanto, o remédio mais seguro para a *tentação* dos instintos ainda é, como todos os educadores mais ou menos sentiram, a sugestão do preceito e do exemplo, da ideia e do ato. As crianças gostam de firmeza, mesmo quando ela é exercida sobre elas. Uma vontade enérgica empregada para o bem e o justo se impõe a elas; do mesmo modo como elas admiram a força física, também admiram a força moral, que é a vontade: trata-se de um instinto hereditário e salutar da espécie. Ora, como uma criança se modela sempre com base nas pessoas que a cercam e imita, sobretudo, aquilo que mais a impressiona nelas, ter vontade é fazer que a criança também a tenha; dar-lhe o exemplo da firmeza na justiça e na verdade é torná-la, por sua vez, firme e justa. O educador, porém, deve proceder de maneira totalmente diferente do adestrador, que procura em primeiro lugar suscitar no animal a inclinação para a obediência mecânica. O objetivo não é *quebrar* a vontade da criança; é somente impedir a luta contra a vontade paterna, ou seja, *dirigir* a vontade, *fortalecendo*-a. Qual é, portanto, a verdadeira autoridade e a maneira pela qual ela deve ser exercida? A autoridade é composta de três elementos: 1º) a afeição e o respeito moral; 2º) o hábito da submissão, nascido do próprio exercício; 3º) o temor. Cada um desses três elementos entra no sentimento de autoridade, mas deve estar subordinado ao da afeição. A afetuosidade torna inútil a autoridade dura, o castigo. A criança que ama obedece para "não causar sofrimento aos pais". Aquela que tem necessidade de castigo é uma criança que carece de afeição; ame-a bastante e você não terá necessidade de bater nela, porque o amor produz sempre um retorno de amor, que é o motor mais poderoso em toda educação. Para a criança, a afeição deve, além disso, ser uma recompensa, que ela deve merecer por sua conduta. "Seja boa e você será amada." E é necessário que ela dê tal valor a essa recompensa que todas as outras não sejam nada perto dela. Com o raciocínio, a criança deve chegar a rejeitar primeiramente o temor e depois a obedecer não porque ela tem esse hábito, mas porque ela ama e respeita, sobretudo porque ela ama: porque o respeito é, no fundo, afeição. No entanto, o raciocínio não deve suprimir os dois últimos elementos — o hábito da submissão e o temor —, a não ser no momento em que a afeição é bastante forte para compensá-los. A análise aplicada à submissão por hábito tem como resultado destruí-la ao raciocinar sobre ela. Para o sentimento de temor, a análise é ainda mais deplorável: o temor só é moral com a condição de ser espontâneo, de ser produzido mais pelo respeito do que pelo medo. Se a criança vier a raciocinar sobre ele, ela colocará na balança, de um lado, a satisfação de agir a seu bel-prazer e, do outro, o castigo; então, ou ela cederá por covardia ou entrará em um espírito de rebelião. A criança não é como o criminoso, que a sociedade atinge sem se preocupar com a impressão que os castigos produzirão sobre seu espírito. Portanto, é muito importante impedir que esse espírito de análise venha muito cedo, na criança, desassociar os elementos que constituem para ela o respeito pelos pais[22].

Nas crianças muito novas, o castigo corporal pode entrar como elemento constitutivo no sentimento de autoridade moral, mas não deve ter demasiada importância nem tomar o lugar dos outros elementos. Sem isso, ele altera o sentimento de autoridade moral para substituí-lo por um temor covarde ou por um espírito de revolta. Para decidir com conhecimento de causa se os corretivos corporais aplicados às crianças pequenas podem ser úteis, é preciso ado-

---

22. Conclusão prática: jamais se deve deixar a criança ter tempo para a reflexão; ela deve ceder a um movimento espontâneo, levada pelo arrependimento de sua falta. É importante que ela compreenda imediatamente que o castigo que lhe é infligido é justo, que ela o mereceu; em poucas palavras, é necessário que ela seja, sobretudo, punida moralmente pela lástima da falta cometida.

tar como princípio que os pais não demonstrarão nenhuma cólera brutal com relação à criança: caso contrário, esta última, tomando-os como exemplo, se sentirá autorizada a se mostrar, por sua vez, colérica e brutal. Os pais podem se *indignar* contra uma ação perversa ou injusta na medida em que uma criança pode agir perversa ou injustamente, mas não devem demonstrar nenhuma *violência*. Durante a primeira idade, a justificação dos corretivos corporais é de que, na vida, a criança sofrerá as consequências brutais de suas ações; mas, como essas consequências nem sempre se seguem à realização imediata da ação e como a criança tem a vista muito curta para prever o futuro, conclui-se que ela não sabe de maneira alguma comparar o efeito com a causa. É preciso que um castigo corporal, infligido na sequência de uma ação que ela sabe ser ruim, pareça-lhe a consequência lógica dessa ação, consequência apenas aproximada pela vontade dos pais. Os pequenos corretivos infligidos às crianças jamais devem, portanto, ser a torto e a direito; eles constituem uma primeira experiência da sanção social, um primeiro castigo depois do veredicto. Não poderíamos deixar de aprovar, do ponto de vista pedagógico, este influente eleitor do centro da França que, quando tinha de castigar um pouco rudemente os filhos, exigia que o açoite lhe fosse entregue pelas próprias mãos do deputado do departamento (a história é autêntica). Por infelicidade, nem todo eleitor tem seu mandatário à mão. Nem por isso é menos verdadeiro que a menor "chibatada" dada em uma criança nas mais fúteis circunstâncias deve ter o caráter sério da justiça, jamais o da paixão. Sendo a criança um ser rotineiro por excelência, já é um sofrimento para ela que lhe imponham bruscamente alguma coisa de anormal; no entanto, todo castigo, para agir, deve ser anormal, excepcional, reservado para as ocasiões de franca desobediência. É esse caráter de *exceção* que torna o castigo essencialmente temível e pode fazer dele um meio de ação poderoso sobre o espírito da criança. Torne as reprimendas e o açoite cotidianos, e a criança se habituará a eles assim como se habitua a tomar pílulas, e isso à custa de seu caráter.

Sempre é necessário, além disso, conferir uma *aparência moral* ao castigo. Enquanto provoca o temor, o castigo leva à hipocrisia; assim, uma vez mais, não será unicamente o temor que será preciso desenvolver na criança, mas o arrependimento moral de ter desagradado aos pais. O castigo deve ser apenas um *símbolo*. A pena moral deve ser primeiramente fundida com a pena física e depois substituí-la. Também não é preciso fazer duas reprimendas, uma atrás da outra, impor duas punições em um prazo muito curto, seja pelo mesmo pecadilho, seja por várias faltas diferentes: desgasta-se assim o efeito moral da reprimenda e produz-se na criança o hábito de ser punida, o que é deplorável. Quando a criança, poucos instantes depois de ter sido punida por uma pequena falta, recomeça a "pecar", é preferível fechar os olhos ou mudar bruscamente de tom. Sobretudo quando se adivinha uma má intenção na criança, é importante distraí-la e fazê-la abortar assim o malfeito. Enfim, é preciso poupar as reprimendas assim como o soldado deve poupar recursos em tempo de guerra. Reprimenda ou punição jamais podem produzir efeitos morais no mesmo instante. É preciso deixar que elas tenham tempo para agir, para assumir seu lugar entre os motores habituais da criança. *Não é por si mesmo que o castigo age, é enquanto transfigurado pela lembrança*. O tempo é um fator essencial na formação da moralidade infantil, e o educador, tanto quanto a natureza, não deve proceder por revolução, mas por evolução regular.

O objetivo, sem dúvida, não é produzir pequenos raciocinadores — e chegamos a ver que às vezes é preciso desconfiar do raciocínio e do espírito de análise —, mas fazer que as crianças compreendam que as ordens dadas pelos pais são sensatas e têm sempre uma explicação, mesmo quando esta ultrapassa o alcance de um espírito jovem. À afeição e ao respeito naturais da criança pelos pais deve se acrescentar assim um perpétuo voto de confiança. Elas devem saber, de uma vez por todas, que os pais só querem seu bem e, de maneira geral, o bem. Se, portanto, a arte da educação consiste, antes de mais nada, em conferir bons hábitos, ela consiste também, em segundo lugar, em fortalecer *esses hábitos pela consciência e pela crença de que eles são racionais*[23].

Todas as profissões reconhecidas, todas as condições sociais poderiam ser definidas psicologicamente como um conjunto de sugestões constantes e coordenadas que nos impelem a agir em conformidade com uma ideia ou modelo geral presente em nosso pensamento. Essa sugestão da profissão pode ser flagrada naquilo que Richet chamou de "objetivação dos modelos", por meio do sonambulismo provocado.

---

23. Assim, de todas as falhas que podem ser cometidas na educação, a pior é a inconsequência; do mesmo modo que, em uma sociedade, os crimes se multiplicam quando não existe nenhuma justiça certa, na família, um número imenso de transgressões resulta de uma aplicação hesitante das regras e dos castigos. Uma mãe fraca que ameaça incessantemente e age raramente, diz Spencer, que "faz algumas leis precipitadamente e em seguida se arrepende delas", que mostra com relação à mesma falta ora brandura, ora severidade, segundo seu humor passageiro, prepara mil sofrimentos para ela mesma e para o filho. Ela se torna desprezível aos seus olhos. "Seria preferível uma forma bárbara de governo aplicada com constância a uma forma mais humana aplicada com tanta indecisão e leviandade." Se as variações secretas de um grande número de pais fossem trazidas à luz, diz Jean Paul, elas comporiam um conjunto do seguinte gênero: na primeira hora: "É a moral pura que deve ser ensinada à criança"; na segunda hora: "A moral da utilidade"; na terceira hora: "Você não vê que seu pai faz assim?"; na quarta hora: "Você é pequeno, e isso só é adequado para as pessoas grandes"; ... na sétima hora: "Suporte a injustiça e tenha paciência"; na oitava hora: "Mas defenda-se bravamente se for atacada"; na nona hora: "Querida criança, não faça barulho"; na décima hora: "Um garotinho não deve ficar imóvel assim". E Jean Paul lembra, a esse respeito, daquele arlequim que aparecia em cena com um maço de papéis debaixo de cada braço e respondia àqueles que lhe perguntavam o que ele tinha debaixo do braço direito: "Ordens"; e àqueles que perguntavam o que ele tinha debaixo do braço esquerdo: "Contraordens".

Se um hipnotizado se acredita transformado em general, ele agirá como um general, assumirá um tom de autoridade, não quererá mais recuar diante do perigo, puxará sua espada se o chamarem de covarde. Transformado em um bom burguês, agirá como burguês etc. Sendo apresentado um modelo qualquer que se trata de realizar, todas as características secundárias desse modelo serão buscadas com fidelidade na reprodução que o hipnotizado procura fazer dele: seu tom de voz, seus gestos, sua própria escrita sofrerão modificações muito consideráveis. Ocorre exatamente assim na vida; nossa condição social nos sugere constantemente, em todas as circunstâncias e mesmo a despeito das tendências hereditárias, a conduta apropriada a essa condição. É por isso, aliás, que uma profissão regular é quase sempre moralizadora, porque suas sugestões são sempre acomodadas à vida social; a ausência de profissão rouba do indivíduo, com um mesmo golpe, toda uma ordem de sugestões sociais, deixando-o mais abandonado à influência das paixões individuais ou das inclinações hereditárias. Não somente a profissão, mas o próprio uniforme tem um poder sugestivo incomparável, e não é sem razão que os legisladores lhe deram sempre tanta importância. Ele não é uma simples infantilidade: é a profissão tornada visível para aquele que a exerce; é toda uma regra de ações sistemáticas tornadas palpáveis no corte de uma vestimenta. O hábito não faz o monge, é verdade, mas o respeito pelo hábito tem muita influência na conduta do monge.

Existe uma profissão universal, a profissão de *homem*, e um papel comum a todos, o papel de *ser sociável*: é preciso, portanto, que a ideia da sociedade e da sociabilidade seja, desde a infância, sugerida, tornada viva, de maneira que o ser inteiro se adapte a ela. É preciso que o ideal da humanidade atual se erga diante dos instintos hereditários e os modifique pouco a pouco em seu próprio sentido. Que, desde muito cedo, a criança tenha presente no espírito estas palavras de Benjamin Constant que resumem toda vida não egoísta: "A grande coisa a considerar é a dor que se pode causar aos outros". Há sentimentos de sociabilidade e de insociabilidade; é preciso, com cuidado, desenvolver uns e reprimir os outros. E a insociabilidade está embrionária em certos estados de espírito aparentemente pouco graves. Assim, desde muito cedo, desde a idade de dezoito meses ou dois anos, é preciso combater na criança toda tendência ao enfado. O enfado é, na verdade, uma primeira manifestação da insociabilidade. A fórmula do enfado é: "gostar de desagradar a quem se desagrada". Às vezes, junta-se a ele uma preguiça da vontade que, diante da vontade de outrem, renuncia, por temor de sofrer um revés, e prefere se reconhecer vencida de antemão. É preciso também habituar as crianças a se reconciliarem com a pessoa que lhes fez uma reprimenda. Uma criança de três ou quatro anos, tendo cometido um pecadilho pelo qual havia sido repreendida, pediu várias vezes para abraçar a mãe; esta se recusou obstinadamente; a criança conservou um rancor tão forte dela que adquiriu o hábito de ficar amuada a cada reprimenda que lhe era feita em seguida. Como dissemos, só é possível fazer que uma criança nos obedeça fazendo-a nos amar; por sua vez, só a fazemos nos amar quando a fazemos nos obedecer cada vez que lhe damos uma ordem racional. Deixando a criança adquirir o hábito do enfado, habituamo-la a persistir em uma falta cometida sem fazer nenhum esforço para repará-la. Ela experimenta, é verdade, um vago sentimento de mal-estar, mas que, com uma satisfação de amor-próprio, lhe tira todo o *remorso ativo*. Ao contrário, se jamais deixamos passar uma repreensão sem uma reconciliação rápida e um beijo final, a criança chega a não poder suportar a ideia de se *zangar* com quem quer que seja; ela precisa reparar sua falta, ser perdoada, receber o beijo de reconciliação. Assim, o próprio educador pode constituir no espírito da criança esse sentimento complexo que é o *remorso ativo*, a necessidade de reparar a falta, de restabelecer em seu equilíbrio a boa amizade perturbada, a sociedade comprometida.

Outra tendência insociável e ao mesmo tempo depressiva para o indivíduo é o mau humor, um estado de espírito muito complexo que é importante aprender a vencer desde cedo. É relativamente fácil reprimir determinado movimento de cólera, de impaciência, de ciúme, mas tudo isso pode se fundir em um sentimento geral de mau humor que, em seguida, assumirá todas as formas, traduzir-se-á de cem maneiras: é uma atmosfera moral que envolve o espírito por inteiro e da qual é muito difícil sair. A criança contrariada inabilmente e por qualquer motivo adquire de alguma maneira o hábito da tristeza. Ela se acostuma a se voltar para dentro de si mesma, com o coração prenhe de pequenos pesares, a repisá-los em seu espírito; e é de temer que, mais tarde, o desencorajamento tenha sobre ela mais domínio do que sobre outra. O mau humor contém em germe todos os sofrimentos dos desequilibrados que são expressos com tanta exatidão por nossa literatura moderna. Assim, seria bom acostumar a criança à alegria, ao bom humor sólido daquele que não tem nada do que se censurar e que não censura nada nos outros, que "tem o coração leve", segundo a expressão popular. Para a criança assim educada, com a afeição indulgente e sorridente, cria-se um fundo de alegria que a seguirá pelo resto da vida e que ela reencontrará em toda parte, apesar de tudo. A criança feliz é mais bela, mais amorosa e mais amável, mais espontânea, mais aberta e mais sincera. A visão de seu sorriso ilumina e dá uma alegria profunda, serena, como uma verdade que se descobre.

Visto que a sociedade é uma sugestão recíproca, o objetivo que nela se deve perseguir é o de aumentar seus sentimentos, não diminuí-los. Esse segundo resultado é, infelizmente, aquele que se produz todas as vezes em que entramos em contato prolongado com homens medíocres. A companhia de homens medianos é preciosa para todos aqueles cujo nível intelectual e, sobretudo, moral está abaixo da média; mas ela não deixa de ter inconvenientes para todos os que estão acima. Assim, o princípio dominante da educação deveria ser escolher como companheiros homens moralmente superiores. Desenvolver-se-á então, no bom sentido, esse sentimento de solidariedade que é tão necessário ao homem. Com certo refinamento moral, é possível chegar a se sentir solidário até mesmo com o mérito ou com o demérito dos outros: "A bondade dos outros", dizia Joubert[24], "me causa tanto prazer quanto a minha". É necessário que a bondade dos outros se torne a nossa pelo próprio sentimento que temos de seu valor.

O princípio de todo desequilíbrio talvez seja moral e social. A maior parte dos espíritos desequilibrados carece de sentimentos altruístas; a educação e a sugestão poderiam, desenvolvendo neles esses sentimentos, ter restabelecido o equilíbrio interior. Um dos traços característicos do criminoso é a total ausência do sentimento de piedade. Ora, é inadmis-

---

24. Joseph Joubert (1754-1824), moralista francês. [N. T.]

sível supor que uma educação apropriada não possa desenvolver esse sentimento, mesmo no ser mais maldotado, em um grau talvez mais ou menos rudimentar, mas suficiente para modificar sua conduta. Pode-se até, no fundo de toda loucura, descobrir certa participação da insociabilidade, porque a loucura tem como sintoma constante um aumento exagerado do eu e uma preocupação exclusiva consigo mesmo. Da vaidade extrema à loucura existe às vezes somente um grau; ora, a vaidade, o orgulho, o primeiro dos pecados capitais, são formas de egoísmo insociável. Aquele em quem os sentimentos altruístas estão suficientemente desenvolvidos aprecia em seu justo valor os méritos alheios e encontra assim um contrapeso ao sentimento de seus méritos pessoais. Pela sugestão moral e social é possível mesmo impedir a formação da *ideia fixa* entre os monomaníacos do crime e da loucura — ideia fixa cujos elementos reúnem-se quase sempre desde tenra idade. Saber moralizar as pessoas seria, portanto, poder introduzir o equilíbrio não somente em sua conduta, mas também em sua inteligência e até no mais profundo delas mesmas; e esse equilíbrio é, ao mesmo tempo, harmonia com os outros, sociabilidade.

Em suma, as sugestões, cujo mecanismo nossos psicofisiologistas observam atualmente, são casos isolados e curiosos da ação do meio sobre o indivíduo, percepções sobre o ser que percebe. Essas sugestões podem, como vimos, desequilibrar o organismo, mas também, embora mais dificilmente, restabelecer seu equilíbrio. A influência do meio social é uma potência doravante muito manifesta para que os partidários mais exclusivos da hereditariedade, do crime e do vício hereditários, e da decadência inevitável de certas estirpes não a levem em conta. As inclinações hereditárias são hábitos adquiridos, isto é, a ação acumulada; é a ação de nossos ancestrais que nos leva ainda hoje a agir e que, em certos casos, rompe nosso equilíbrio interior. O remédio contra essa ação assim capitalizada é também a ação, mas sob a forma *viva*, tal como a percebemos ao nosso redor no meio normal que nos envolve. O remédio para as consequências nocivas da hereditariedade, isto é, da solidariedade com a estirpe particular da qual somos provenientes, é nossa solidariedade com a espécie humana atual. O mecanismo hereditário e a inteligência reagem incessantemente um sobre o outro: são duas forças que não devem ser menosprezadas. *Cada indivíduo, pela série de atos que constitui a trama de sua vida — e que acabam por se coordenar, para seus descendentes, em hábitos hereditários — deprava ou moraliza sua posteridade do mesmo modo que ele foi moralizado ou depravado por seus ancestrais.*

Capítulo 2 — Gênese do instinto moral — participação da hereditariedade, das ideias e da educação

I. PODER DOS HÁBITOS, dando lugar a um impulso momentâneo ou a uma obsessão duradoura. — O hábito e a adaptação. O hábito e a hereditariedade. O hábito e o sentimento de conveniência. — Como o hábito produz um impulso. — Como ele pode produzir uma obsessão e uma pressão duradouras. – A sugestão produzindo uma obsessão e uma espécie de obrigação.

II. PODER DA CONSCIÊNCIA E DAS IDEIAS-FORÇAS. — O AGENTE MORAL. — Como a ideia-força explica os dois termos do problema moral: a *vontade* e o *objeto do querer*. O sujeito ativo, o agente moral é constituído por uma vontade capaz de agir com esforço para realizar uma ideia.

III. Poder engendrando dever. — 1º) Existência de certo dever criado pelo próprio poder de agir. — 2º) Existência de certo dever criado pela própria concepção da ação. — O tipo humano normal. — 3º) Existência de certo dever criado pela fusão crescente das sensibilidades e pelo caráter cada vez mais sociável dos prazeres elevados.

IV. A dissolução do instinto moral. — Graus diversos da dissolução moral: 1º) Moralidade negativa, 2º) Ataxia moral, 3º) Loucura moral, 4º) Idiotismo moral, 5º) Depravação moral.

V. Hereditariedade e educação no sentido moral. — Crítica das opiniões de Spencer, Darwin, Wundt e Ribot. — Potência moral da educação. Seus limites.

I. – Poder dos hábitos, dando lugar a um impulso momentâneo ou a uma obsessão duradoura

Vimos, no capítulo anterior, como a educação e a sugestão podem modificar o instinto moral, transformado em hereditário em nossa estirpe. Agora, proporemos a nós mesmos um problema mais fundamental e mais teórico: vamos nos perguntar se a educação e a sugestão, se as ideias transformadas em sentimentos não podem, ajudadas pela hereditariedade, produzir o próprio sentimento moral. Em outras palavras, qual é a participação da hereditariedade, das ideias e da educação na gênese da moralidade? Nenhum estudo é mais apropriado para nos fazer aprofundar, em sua união e em seu antagonismo, os dois termos essenciais da questão que constitui o objeto desta obra.

1. – A hereditariedade e a educação criam igualmente em nós *poderes* que tendem a ser e são exercidos efetivamente a partir do momento em que a oportunidade lhes é oferecida. O que se pode, então, entender pela palavra *poder*? Trata-se de um princípio de atividade interior ao indivíduo e que não é mais uma reação pura e simples contra um choque vindo de fora. Sentir o poder de agir em determinada direção é sentir-se de antemão adaptado organicamente a determinado meio, em vez de ter de se adaptar a ele por uma série de experiências que exigem esforço. Quem diz poder afirma, portanto, adaptação prévia, constitucional, aptidão pronta a ser despertada e a se traduzir em atos. Ora, toda adaptação se reduz a um *hábito* do indivíduo ou de um povo. Não existe, assim, nenhuma potência entrando em funcionamento no indivíduo que não seja explicada por essa propriedade de se *habituar* que possui toda matéria viva e toda espécie, e que é o próprio fundamento na *educabilidade*. Sabemos que o hábito, porém, se reduz a séries de ações e de reações acumuladas e armazenadas, que irão facilitar no futuro toda

ação no mesmo sentido. O poder é, portanto, uma espécie de resíduo deixado pelas ações e reações passadas; é a ação capitalizada e viva. O possível se reduz para nós em grande parte a um hábito: é uma determinação do futuro por um passado mais ou menos análogo, é uma adaptação começada. O possível é uma *realização* restrita que, sob certas condições, tenderá a se completar.

Originalmente, no ser mais rudimentar, toda ação é provocada diretamente por um *estímulo* ou choque externo. O motor da ação está situado fora do ser, tal como nesses brinquedos de criança que só movem os braços e as pernas quando se puxa um cordão pendurado atrás deles. Porém, como toda a ação realizada abre um caminho nos órgãos para a realização de outra ação semelhante, a ação torna-se por si mesma fecunda e tende a se reproduzir; ela é o princípio de uma nova atividade. Esse princípio interno de atividade, o hábito, engendra ações que não são mais a simples resposta a um choque imediato vindo de fora. O cordão primitivo que puxava os braços do fantoche transformou-se em um mecanismo de relojoaria muito complicado, situado dentro dele, e que não tem mais necessidade de ser realimentado de fora a não ser de tempos em tempos, pelo choque de necessidades periódicas. O hábito, transformado em instinto em um povo pelo efeito da hereditariedade, modifica o ser de maneira a acomodá-lo não mais somente ao *presente* brutal, mas a simples *possíveis*. É uma espécie de previsão inconsciente fundamentada na analogia do futuro com o passado. Daí uma modificação profunda nos fenômenos psicológicos mais rudimentares para os quais nos reportamos: o abalo do choque ou da sensação é substituído por pressões vindas do próprio fundo do ser, impelindo-o à ação sem precipitá-lo nela. Os abalos das sensações são assim preparados, suavizados, evitados muitas vezes pela organização dos hábitos, por motores internos muito mais sábios, mais brandos, de uma ação menos subitamente necessitosa.

Agora é importante distinguir duas espécies de hábito ou de adaptação ao meio: 1º – adaptação de um ser passivo a um meio sempre igual — por exemplo, de um rochedo ao ar ambiente, de uma planta a um determinado clima; 2º – adaptação de um ser ativo e movente a um meio sempre variável — por exemplo, do homem ao meio social, que é uma verdadeira *educação*. A primeira adaptação se faz de uma vez por todas; ela é passiva e pode dar lugar, no ser, a *propriedades* novas, mas não a *potências*, a atividades novas. A segunda está sempre inacabada; ela compreende um sistema de reações que está sempre incompleto sem estar, no entanto, inteiramente em falta; ela leva, portanto, a uma ação que é automática em sua direção mais geral, mas que, nos pormenores, dá lugar a uma multiplicidade de atos espontâneos e mesmo refletidos. Todo hábito de agir, todo instinto ativo tende assim a despertar a inteligência e a atividade em vez de deprimi-las inteiramente pelo automatismo: a história natural poderia nos fornecer infinitos exemplos disso.

Na origem, portanto, o *nisus* informe e obscuro da vida, já dotado, sem dúvida, de uma consciência surda e, em todo caso, da faculdade de *se habituar*, é absolutamente semelhante àquilo que tem sido chamado de memória orgânica. A primeira manifestação dessa memória mais ou menos inconsciente da molécula viva é a *ação reflexa*, que constitui uma primeira fórmula fixa nas trocas hesitantes da vida, um traço elementar, mas determinado, na tão complexa adaptação ao meio e na educação do ser. Quando a ação reflexa é entravada, interrompida, ela tende a produzir não somente a consciência, mas, ao mesmo tempo (tal simultaneidade ainda não foi suficientemente observada), o *sofrimento* e a *consciência*. A consciência, originalmente, deve ter sido a fórmula vaga de um sofrimento em uma espécie de *grito* interior; é a solidariedade de todos os átomos vivos na presença de algum perigo, uma espécie de ressonância do perigo no próprio ser. A dor coloca em movimento toda a atividade de que a organização dispõe a fim de rechaçar as causas de perturbação. Do mesmo modo, quando a pátria está em perigo, é evidente que em todos os seus membros existe um desdobramento de atividade em direção a um único objetivo muito maior do que quando se trata de uma festa nacional. A organização é mais solidária na dor do que no prazer. Daí a utilidade da consciência para a conservação do indivíduo, e daí também sua extensão crescente. Sem dúvida a consciência total é, na origem, uma propagação e uma multiplicação das diversas consciências celulares em um frêmito de alarme: ela não é o olhar tranquilo sobre si que os psicólogos são levados a imaginar. Pouco a pouco, em consequência de uma série de ações reflexas entravadas, ou seja, de adaptações rompidas, constitui-se o poder de se readaptar constantemente, de se dobrar incessantemente ao meio. É essa faculdade de readaptação contínua, esse hábito frequente de se reabituar, que é ao mesmo tempo o princípio da inteligência e da vontade propriamente dita e, consequentemente, o grande motor de toda educação. A atividade intelectual ou moral é uma adaptação *ampla* e infinitamente *flexível*, que permite uma multiplicidade de readaptações de pormenor, de correções de todos os tipos. A potência intelectual e voluntária, em outras palavras, reduz-se a um hábito de agir em certa direção *geral* — hábito que se transforma incessantemente segundo as transformações particulares do meio movente onde ele se exerce.

Estabelecidos esses fatos, que consequências podem ser deduzidas deles no que tange à gênese da moralidade? E que participação a educação tem nisso sob todas as suas formas? Observemos, logo de início, que na própria consciência que o hábito tem de si já existe alguma coisa de moral ou ao menos de estético. No fundo de todo conceito moral ou estético encontramos como elemento essencial a ideia de ordem, de arranjo, de simetria. O prazer estético que nos é causado pela ordem se explica pelo prazer da repetição (repetição de certos movimentos da retina etc.); a repetição de um ato, por sua vez, só nos é agradável pela facilidade que ela nos causa e que nasce do hábito. Portanto, a *ordem* se reduz subjetivamente, em grande parte, ao *hábito*. Do mesmo modo, a ordem moral, naquilo que ela tem de mais elementar, é regularidade e, diante dos outros homens, reciprocidade, ou seja, repetição dos mesmos atos nas mesmas circunstâncias por um ou vários indivíduos. *Habituar-se plenamente* a uma coisa já é quase achar que ela é boa e bela, ou seja, é percebê-la sem experimentar nenhuma resistência em nenhum de nossos sentidos e em nenhuma de nossas atividades intelectuais ou motoras. Todo hábito engendra certa regra pessoal: o ato realizado sem resistência no passado torna-se um modelo para o ato futuro. O hábito, na verdade, é uma força que tem uma direção dada de antemão; ele é, dessa forma, o centro de um sistema de ações e de sensações, e basta que ele tome consciência de si para se tornar um sentimento ativo e determinante; é um *sentimento-força*. A *ideia-força*, da qual falaremos mais adiante, assinala um grau ainda superior da evolução. O hábito, em poucas palavras, tem uma virtude canônica e educativa; é a regra primitiva da vida. O *conveniente* é em grande parte o *habitual*. Todo hábito tende a se tornar uma forma que se impõe às coisas e aos seres, uma fórmula de ação e de educação pessoal, uma lei imanente, *lex insita*. Podemos mesmo nos perguntar se toda lei, inclusive as leis da natureza, não se reduz a um hábito.

O *rito*, que é um desenvolvimento superior do hábito, não tem somente um valor religioso, mas também um valor moral. Ora, o rito, como dissemos em outra parte, nasce da necessidade de reproduzir o mesmo ato nas mesmas circunstâncias, necessidade que é o fundamento do hábito e sem a qual toda vida seria impossível. Assim, haveria alguma coisa de sagrado — para o homem primitivo assim como para a criança — em todo hábito, qualquer que seja ele. No entanto, todo ato, qualquer que seja ele, tende a se tornar um hábito e, desse modo, a assumir esse caráter respeitável, a consagrar a si mesmo de alguma forma. Por suas origens, o rito está ligado, portanto, ao próprio fundo da vida. A necessidade do rito se manifesta desde muito cedo na criança: ela não somente imita e se imita, repete e repete a si mesma, mas também exige uma escrupulosa exatidão nessas repetições. A criança é naturalmente curiosa, mas não gosta de levar a curiosidade até o ponto em que poderia contradizer violentamente aquilo que ela já sabe ou acredita saber. E ela tem razão em certa medida, e apenas obedece a um instinto poderoso de conservação intelectual: sua inteligência não é bastante flexível para desfazer e refazer constantemente os nós ou associações que ela estabelece entre suas ideias. É, portanto, em razão de uma espécie de instinto de proteção intelectual que os povos primitivos se apegam tanto aos seus costumes e ritos. Do mesmo modo, todos os atos da vida, dos mais importantes aos mais insignificantes, são classificados, definidos rigorosamente na cabeça da criança de acordo com uma fórmula única e representados com base no modelo do primeiro ato desse gênero que ela viu ser realizado, sem que ela distinga claramente a *razão* da *forma* de um ato. Essa confusão entre a razão e a forma está presente em um grau não menos impressionante nos selvagens e nos povos primitivos. E é nessa própria confusão que se apoia o caráter sagrado dos ritos religiosos[1].

Uma vez encarnada no ser, como vai se manifestar essa lei interior do hábito? Já mostramos, em nosso *Esquisse d'une morale*, que o poder dos hábitos pode dar lugar a um *impulso* momentâneo ou a uma *obsessão* duradoura.

A potência acumulada pelos hábitos, pelos instintos, pelas associações mecânicas quase sempre só aparece no limiar da consciência para ser traduzida precipitadamente em ações. Nesses casos, existe o *impulso* súbito e momentâneo. O impulso que não encontra nenhum obstáculo, nem mesmo

---
1. Cf. nosso *Irréligion de l'avenir* [A irreligião do futuro], p. 92.

o da duração, é somente uma espécie de *reflexo* passando como um raio pela consciência para tornar a entrar em seguida na escuridão. Todo impulso que permanece assim isolado pela própria rapidez de seu efeito não pode suscitar os fenômenos complexos que constituem a vida moral. Trata-se de uma força que só dá lugar a uma ideia consciente momentaneamente e que não deixa marcas profundas no espírito. O instinto moral e social, sob a forma primitiva e totalmente elementar, é uma expansão que tem quase a rapidez de um reflexo. Trata-se de um impulso espontâneo, um desdobramento súbito da vida interior em direção aos outros, mais do que de um respeito refletido pela "lei moral" e também uma busca do "prazer" ou da "utilidade". Observemos, aliás, que com o desenvolvimento atual da inteligência e da sensibilidade humanas é impossível descobrir nelas o *impulso* moral nesse estado quase reflexo, sem que a ele se misturem ideias gerais e generosas, por vezes até mesmo metafísicas. Assim, é sobretudo entre os animais que se deve, como Darwin, apanhar em flagrante o impulso moral e social. Lembremo-nos do exemplo daquele babuíno que, vendo um macaquinho de seis meses cercado pelos cães e em uma situação desesperadora, torna a descer a montanha, lança-se no meio da matilha em um verdadeiro acesso de loucura, arranca de lá o jovem macaco e, triunfante, consegue carregá-lo[2].

---
2. Cf. nosso *Esquisse d'une morale*.

A força impulsiva das inclinações sociais é bastante poderosa para levar a agir mesmo aqueles que são habitualmente mais incapazes disso e que, perante o sentimento refletido de um dever, sentiriam-se irresolutos e impotentes. Ribot cita o caso de um doente atingido pela *abulia* que retomou toda sua energia para salvar uma mulher soterrada[3]. Outras vezes, o sentimento espontâneo do dever, em vez de levar à ação, suspende-a bruscamente; ele pode desenvolver, então, aquilo que Maudsley e Ribot, assim como os fisiologistas, chamariam de um poder de contenção ou "de inibição" não menos brusco, não menos violento do que o poder de impulsão[4]. E o instinto mostra ainda mais a sua potência suspendendo assim a ação do que a provocando. No segundo caso, ele tem de vencer apenas a força de inércia própria de um organismo em repouso; no primeiro, ele deve lutar contra a força adquirida em certo sentido. É aquilo que confirmam facilmente as experiências sobre a sugestão. É muito difícil, no estado de vigília, persuadir uma pessoa de que ela não poderá abrir a mão; porém, se antes lhe foi recomendado que segurasse com força um objeto com o punho fechado e se, aproveitando-se dessa tensão prévia dos músculos, sugerirem a ela

---

3. Acrescentamos que esse doente foi definitivamente curado pela emoção que lhe causaram os acontecimentos de junho de 1848 — também uma emoção de caráter social ou pelo menos egaltruísta, que mostra a potência do elemento social no indivíduo.
4. Cf. nosso *Esquisse d'une morale*.

a impotência para tornar a abrir a mão, ela quase sempre se encontrará de fato impotente. Bernheim, tendo encontrado um paciente que se acreditava capaz de opor certa resistência às suas ordens, mesmo no estado de hipnose, ordenou-lhe que girasse os dois braços um em torno do outro, afirmando-lhe que não poderia parar; ele não pôde, com efeito, e continuou o movimento giratório dos braços, semelhante ao das pás de um moinho.

Citamos, em nosso *Esquisse d'une morale*, um caso de suspensão brusca produzida pelo sentimento de dever misturado com a simpatia e com o reconhecimento: "Um homem, com a firme intenção de se afogar, jogou-se no Sena, perto da ponte de Arcole; para salvá-lo, um operário saltou dentro de uma barca e a manobrou desastradamente; a barca, chocando-se contra um pilar da ponte, afundou, e o salvador desapareceu sob a água no momento em que o outro voltou à superfície. Este último, abandonando logo seu projeto de suicídio, nadou em direção ao seu salvador e o reconduziu são e salvo à margem". Um fato muito análogo ocorreu mais tarde entre dois cães, um terra-nova e um mastim, que caíram juntos no mar justamente no momento em que se entregavam a um furioso combate sobre o quebra-mar de Donaghadee. O instinto de salvador logo foi despertado no terra-nova: esquecendo rapidamente a cólera, ele reconduziu à margem o adversário que, sendo um medíocre nadador, teria sem dúvida se afogado.

Lembremos que certos instintos nos animais têm o mesmo poder de suspender a ação iniciada. O *cão perdigueiro* se sente pregado no lugar, como por uma ordem misteriosa, no momento em que todos os seus outros instintos o levam a se lançar adiante. Romanes nos fala de um cão que roubou uma única vez na vida: "Um dia, quando ele estava com muita fome, apanhou uma costeleta sobre a mesa e levou-a para baixo de um canapé. Eu havia sido testemunha desse fato, mas fingi não ter visto nada, e o culpado ficou vários minutos sob o canapé, dividido entre o desejo de saciar a fome e o sentimento do dever; este último acabou por triunfar, e o cão veio depositar aos meus pés a costeleta que tinha roubado. Feito isso, voltou a se esconder debaixo do canapé, de onde nenhum chamado pôde fazê-lo sair. Em vão, passei suavemente a mão em sua cabeça; a carícia só teve como efeito fazê-lo virar a cara com um ar de contrição verdadeiramente cômico. O que dá um valor todo especial a esse exemplo é que o cão em questão jamais havia sido espancado, de modo que não pode ser o temor do castigo corporal que o fez agir. Sou, portanto, forçado a ver nessas ações exemplos de um desenvolvimento da consciência tão elevado quanto pode conferir a lógica do sentimento sem o auxílio da lógica dos signos, ou seja, em um grau quase tão elevado quanto aquele que encontramos entre os selvagens inferiores, as crianças pequenas e um grande número de idiotas ou surdos-mudos sem educação".

Pela força da seleção natural, o instinto social chega a impregnar tão bem o ser inteiro, até em seus membros, que, se cortarmos o corpo de uma formiga ao meio, a cabeça e o tórax, que ainda podem andar, continuam a defender o formigueiro e a carregar as ninfas para o abrigo. Trata-se aí de um grau de impulso espontâneo que ainda não foi atingido pela moralidade humana: seria necessário que cada fragmento de nós mesmos vivesse e morresse pelos outros, que nossa vida estivesse misturada até em suas fontes profundas com a vida social inteira.

A ação impulsiva de um hábito hereditário ou adquirido reveste-se de um caráter cada vez mais notável quando assume a forma não mais de um impulso ou de uma repressão súbita, mas de uma pressão interior ou *tensão* constante. Existe então a *obsessão*. A obsessão é a consciência do esforço com o qual um impulso entra no campo da consciência, mantém-se nele tratando de subordinar as outras tendências que ali encontra e procura se prolongar na ação.

Há dois grandes princípios de obsessão mental: o *hábito* (ou o instinto, que é um hábito hereditário) e a *sugestão* (consciente na imitação voluntária e na obediência, inconsciente nos fenômenos de hipnotismo). A obsessão, isto é, o impulso persistente em meio aos obstáculos interiores, é um elemento importante que entrará mais tarde no fenômeno muito complexo da obrigação. O que distingue profundamente uma da outra é que a obsessão pode não ter nada de racional, pode nos levar a atos que causam repugnância a toda nossa lógica e todos os nossos sentimentos ao mesmo tempo. A obsessão pode ser perfeitamente irracional, como nos maníacos e nos loucos. Observemos, no entanto, que, em toda parte onde ela se produz, ela procura se tornar racional, explicar-se por ela mesma, introduzir-se sub-repticiamente na grande corrente das *ideias*, que atravessa continuamente o espírito. É assim que os loucos têm sempre na reserva explicações mais ou menos plausíveis para suas ações mais extraordinárias e mesmo para seus gestos desordenados — como aquele louco que explicava a agitação nervosa de seus braços afirmando que ele tecia os raios do sol para fazer para si uma roupa de luz. São os casos de sugestão entre os hipnotizados, sobretudo, que nos fornecem os exemplos mais impressionantes da fecundidade da inteligência quando se trata de justificar racionalmente um ato no qual a razão do indivíduo não tem nenhuma participação. Conhecemos o exemplo da sonâmbula a quem havia sido ordenado, durante o sono, que fosse à casa do magnetizador em determinado dia e determinada hora: no tal dia, ela chegou quando caía uma abominável tempestade e, no entanto, como não se lembrava mais de quem provinha o imperativo ao qual obedecia inconscientemente, ela encontrou toda uma série de razões plausíveis para explicar sua vinda. É possível dizer que não há nada mais *sugestivo* para a inteligência do que um instinto que não tem origem nela: manifestando-se sob a forma de ideia fixa, ele não tarda a constituir um centro intelectual em torno do qual vêm gravitar e se agrupar, com as relações mais inesperadas, todas as ideias do espírito.

Menciona-se à senhorita x, em estado sonambúlico, uma pessoa que ela odeia profundamente; isso provoca nela uma grande cólera e ela diz que jamais a perdoará. Ela é submetida à ação do ímã e, alguns instantes depois, seu rosto exprime compaixão; a ação do ímã, alterando o funcionamento do sistema nervoso, modificou o curso das emoções concomitantes, e as emoções novas logo são formuladas nesta teoria moral: "Pobre desgraçado", exclama ela, "ele só me fez mal porque me amava muito, eu não posso realmente odiá-lo"[5]. A impressionabilidade à sugestão é — como observa o Dr. Bernheim — uma *aptidão para transformar a ideia recebida em ato*. Vários experimentadores mencionam um estado de angústia no qual cairiam os pacientes hipnotizados quando chega para eles a hora de realizar uma sugestão. Duas causas podem explicar essa angústia. A primeira é a própria busca do objeto sugerido; eles sabem que têm alguma coisa

---
5. *Revue philosophique*, fevereiro de 1887, Bianchi e Sommer.

a fazer, mas o quê? É necessário que façam esforço para extrair do fundo do inconsciente a fórmula da obrigação que sentem em si. A segunda causa é que, mesmo quando a obrigação é claramente formulada, eles se acham na presença de uma ação que não lhes é habitual ou que contraria as ideias estabelecidas, que apresenta, enfim, alguma coisa de singular; e as sugestões têm sempre esse caráter, visto que é por sua extravagância que o experimentador reconhece sua potência.

Daquilo que precede, podemos concluir que toda fórmula de ação obsedante, consequentemente ocupando sozinha a consciência, *tende* a se tornar, *nesse aspecto*, uma fórmula de ação obrigatória; toda obsessão procura se consumar na consciência em obrigação; o mecanismo bruto dos impulsos tende a se organizar em uma ordem mental e, até certo ponto, moral.

II. – Poder da consciência e das ideias-forças. O agente moral

A força da ideia explica ao mesmo tempo os dois termos do problema moral: a vontade e o objeto do querer. A vontade é essencialmente a potência de imaginar de modo simultâneo, antes da ação, todos os motivos contrários de agir ou de não agir, buscando nessa complexidade de motivos não a irresolução, mas a resolução perfeitamente consciente de si mesma: a força impulsiva dos motivos surge então como proporcional à sua racionalidade, e a vontade é assim o embrião da própria moralidade. Em um ser bem-organizado é criada — segundo uma feliz expressão de Ribot — uma série de estados de consciência *corretivos*, de caráter *deprimente*, que se associam de maneira indissolúvel ao estado de consciência cujas consequências seriam nocivas: é assim que ao desejo de tocar, despertado na criança pelo brilho da chama, se associa pelo hábito o medo da queimadura, estado depressivo que aniquila o impulso do desejo. Os monges budistas ou cristãos repetiam que, se um belo corpo excitava neles algum desejo malsão, bastava, para se curarem, imaginá-lo no estado de cadáver, tal como ele estará amanhã: eis um exemplo do estado de consciência depressivo associado ao estado impulsivo. Um ser é capaz de educação e de moralidade na proporção em que é capaz de vontade, em que nele funcionam, complicando-se ao infinito, essas associações causadas quase ao mesmo tempo na consciência pela visão de todos os efeitos possíveis de um ato. Se, como Ribot, definirmos a vontade como a reação do caráter individual por inteiro em um determinado caso, chegaremos à seguinte conclusão: um ato não é verdadeiramente voluntário a não ser que, com a tendência mais forte que o produziu, coexistam tendências mais fracas e mais surdas que, em outras circunstâncias, poderiam ter produzido um ato contrário. A plena vontade, ou seja, o desdobramento total das energias interiores, supõe que a representação do próprio ato que vai ser realizado está associada à representação enfraquecida do ato contrário. E, assim, chegamos a esta conclusão: não existe ato plenamente voluntário ou — o que dá no mesmo — plenamente consciente que não seja acompanhado pela sensação da vitória de certas tendências interiores sobre outras e, consequentemente, de uma luta possível *entre* essas tendências e, consequentemente, de uma luta possível *contra* essas tendências, enfim.

A liberdade consiste, sobretudo, na deliberação. A escolha só é *livre* com a condição de ter sido *deliberada*; o verdadeiro princípio da liberdade deve, portanto, ser buscado mais alto do que a decisão, nesse período de exame que a precede e no qual se exerce a plena inteligência. Ora, a deliberação, longe de ser incompatível com o determinismo, não poderia ser compreendida sem ele; porque uma ação deliberada é aquela da qual se pode dar a completa razão e que se encontra, assim, inteiramente determinada. Não há, portanto, liberdade fora da deliberação e, por sua vez, a deliberação consiste simplesmente na determinação do melhor motivo pela via científica. Ser livre é ter deliberado; ter deliberado é ter se submetido, ter sido determinado por motivos racionais ou que parecem sê-lo. Parece, portanto, que a deliberação é o ponto no qual se confundem a liberdade e o determinismo. Por que deliberamos? Para sermos livres.

Como deliberamos? Seguindo uma balança de motivos e de motores cujo mecanismo é necessário. Mas por que queremos ser livres? Eu respondo: porque reconhecemos pela experiência que a liberdade é vantajosa na prática, para nós e para os outros. A liberdade, como toda potência acumulada, vale por suas consequências possíveis.

Observemos que, em certas condições, a fatalidade e a escravidão mais grosseira não podem deixar de assumir a aparência da liberdade. Um cão seguro na coleira pelo dono desejoso de ir para todos os lugares para onde quer ir o cão, e tão depressa quanto ele, acreditar-se-ia completamente livre. Um peixe fechado em um globo de vidro, mas que fosse perpetuamente atraído para o centro do globo por alguma guloseima ou por qualquer outra razão, não teria de maneira alguma a ideia de que está dentro de um vidro. Como, portanto, não nos acreditaríamos livres, nós que estamos em uma posição infinitamente superior à do cão ou à do peixe? De fato, ninguém nos mantém na coleira ou na prisão; nossa escravidão consiste apenas em fazer tudo aquilo que nos parece preferível: obedecemos apenas às nossas preferências, o que é verdadeiramente a mais agradável das coisas. Acrescentemos que ninguém jamais pode prever de maneira absoluta aquilo que prefeririremos amanhã: o que se explica muito bem pela variação permanente de nossos motivos. Cada um deles, sendo um pensamento, é um verdadeiro ser vivo que nasce, cresce e declina em alguns instantes; tudo isso se agita em nós. Acreditamos, então, que nossa liberdade é absoluta, indeterminada, por causa da infinidade dos motivos que nos determinam. E ficamos satisfeitos nos limites em que nos encontramos. Quando Cristóvão Colombo desembarcou na América, ele acreditou ter encontrado um continente; era apenas uma ilha, mas os indígenas jamais haviam sentido o desejo de percorrê-la por inteiro: eles acreditavam, pois, que ela não tinha fim. Essa infinidade dos motivos impede qualquer equilíbrio fixo entre eles e interdita qualquer previsão de fora; quanto a nós, para fazer cessar essa luta entre os motivos, é necessário somente um simples desejo; mais ainda: basta-nos o próprio pensamento desse desejo. Uma ação concebida como possível é suficiente para nos dar a potência de realizá-la. Jamais podemos, portanto, conceber uma ação como impossível, visto que sua simples concepção a torna possível; somos, desse modo, necessariamente livres aos nossos próprios olhos. Podemos sempre querer aquilo que nos aparece como mais desejável do que o resto, precisamente porque isso nos aparece como tal; e dessa maneira jamais nos sentiremos acorrentados. Assim se produz a ilusão do livre-arbítrio. Porém, essa é uma liberdade inferior. Certos desejos, certas paixões, mesmo quando os seguimos de bom grado, nos fazem ver que seria difícil para nós fazer de outro modo: assim são o amor e a cólera.

Nós nos entregamos a essas paixões e nos sentimos diante de senhores. Quando descemos correndo uma ladeira íngreme e queremos descê-la, não podemos dizer que estejamos indo para onde não queremos ir e, no entanto, sentimo-nos arrastados, dominados por uma força superior. Assim atua a paixão. É por isso que uma liberdade mais completa aparece como a libertação das paixões violentas e grosseiras. Acima da liberdade do desejo, a liberdade da ação. Só o raciocínio pode se deter a tempo, ignorar o hábito, a força adquirida. É por isso que liberdade e razão são a mesma coisa.

Se agora observarmos, como Ribot, que a característica do ato voluntário é não ser a simples transformação de um estado de consciência isolado; se supusermos, pelo contrário, a participação de todo esse grupo de estados conscientes ou subconscientes que constituem o indivíduo em um dado momento, concluiremos que a própria ideia de tal ato — de um ato do qual nosso ser inteiro participa — é a ideia que frequentará a consciência com mais força, visto que ela está misturada com a consciência inteira. A ideia de um ato voluntário é, portanto, por sua própria definição, a ideia-força que possui mais potência prática em nossa consciência[6].

Como toda ideia é a representação de uma possibilidade de ação ou de sensação (a própria sensação pode se conver-

---

6. Cf. A. Fouillée, *La liberté et le déterminisme* [A liberdade e o determinismo], 2ª edição.

ter, aliás, em uma ação), deduz-se daí que o grupo de estados conscientes ou subconscientes que constitui o eu é o equilíbrio movente de *representações de ação*, às quais corresponde uma força impulsiva, proporcional em média à força da própria representação. Nosso *eu* é uma aproximação, uma espécie de sugestão permanente; ele não existe, ele se faz e nunca será completado. Jamais conseguiremos reduzir a uma unidade completa, subordinar a um pensamento ou vontade central todos os sistemas de ideias e de tendências que lutam em nós pela existência. Toda vida é uma deformação, um desequilíbrio, perseguindo — é verdade — uma nova forma e um novo equilíbrio. Os doentes nos quais a personalidade se desdobra, tornando-se até mesmo tripla, nos oferecem, com uma ampliação, o fenômeno que se passa constantemente em nós mesmos: a coexistência de diversos centros de atração em nossa consciência, de diversas correntes que nos atravessam e das quais cada uma, se não fosse limitada por outra, nos submergiria e nos carregaria. Nosso *eu* não passa de uma linha divisória entre essas diversas correntes de pensamento e de ação que nos atravessam. No fundo de cada um de nós existem diversos *eus* cujo equilíbrio movente constitui aquilo que acreditamos ser nosso *eu* verdadeiro e que é, em suma, nosso eu *passado*, a figura delineada pela média de nossas ações e pensamentos antecedentes, a sombra que deixamos atrás de nós na vida. Esse *eu* só é nosso à medida que nosso passado determina nosso futuro; e nada é mais variável do que essa determinação do futuro de um ser por *seu* passado. Nosso corpo, é verdade, nos serve de ponto de referência, é a base de nossa personalidade. Mas o corpo é, para nós, somente um sistema de percepções e, consequentemente, de sensações que, de um ponto de vista mais profundo, se reduzem a um sistema de tendências favorecidas ou contrariadas: nosso corpo é constituído por uma coordenação de apetites de todo tipo em um equilíbrio instável; há apenas o ritmo segundo o qual esses apetites se contrabalançam. Sem a lei do hábito e da economia de força, pela qual um ser tende sempre a repetir a si mesmo, a projetar para a frente sua própria imagem, a reproduzir seu passado em seu futuro, perderíamos nosso *eu* em cada um de nossos movimentos, estaríamos incessantemente à procura de nós mesmos. Nosso *eu* é, portanto, uma *ideia*, e uma ideia-força que conserva nossa identidade incessantemente ameaçada de desaparecer nos fenômenos particulares e presentes; trata-se de um agrupamento regular de possíveis conscientes ou subconscientes. O que chamamos de estado de repouso são os momentos em que esses possíveis alcançam o equilíbrio. A ação é a ruptura desse equilíbrio, e como toda ruptura de equilíbrio exige um esforço, é preciso sempre que o possível que desequilibra a balança vença certa resistência para colocar a máquina em movimento: nós sentimos essa resistência, e é por isso que o início de toda ação voluntária tem sempre algo de penoso. Ao mesmo tempo, todo esforço voluntário é uma semente de energia moral, uma educação, um começo de constituição moral no sujeito, abstraindo-se o objeto ao qual ele se aplica.

Para bem representar a energia moral naquilo que ela tem de mais elementar, é preciso se reportar ao homem primitivo, incapaz de qualquer trabalho, de qualquer tensão da vontade que não seja a distensão mecânica produzida por uma necessidade momentânea, incapaz, enfim, de qualquer atenção da inteligência. Para tal homem, a ação que não é comandada imediatamente por uma necessidade, a ação que implica certa parcela de reflexão, de cálculo, uma sequência nas ideias, torna-se de algum modo meritória. Todo ato que começou por ser um pensamento ou um sentimento em vez de ser a simples resposta a uma sensação bruta, tudo aquilo que se eleva acima do simples ato reflexo já adquire por esse fato um caráter moral. O turco, com sua inércia oriental, já terá, aos olhos do moralista, algum mérito em consertar sua casa que cai em ruínas, em tapar o carril diante da sua porta, em apressar sua marcha pesada para socorrer alguém ou mesmo em uma consideração de simples interesse. Com mais forte razão, o homem primitivo terá manifestado uma energia moral rudimentar ao construir sua primeira choça, ao fabricar sua primeira ferramenta. A partir do momento em que começa a ação premeditada, organizada, desejada em suas partes sucessivas, já se mostra algum elemento de arte e de moralidade, de educação pessoal. É que, com a vontade perseguindo um objetivo, logo nasce o sentimento do sofrimento, da resistência a ser vencida, e que o primeiro ato de moralidade foi o sofrimento suportado com intenção, a realização ativa e penosa de uma ideia qualquer, tão ingênua e elementar quanto fosse. A função mais profunda e ao mesmo tempo mais simples da vida moral é *realizar*, assim, uma ideia ou um sentimento por meio de um esforço refletido.

Se toda ação refletida exige certo esforço para romper o equilíbrio interior, certa tensão da vontade, e se ela oferece por isso mesmo um caráter moral, não ocorre o mesmo quando agimos em virtude de uma necessidade imediata, sobretudo quando ela é mais definida, mais presente e mais premente — por exemplo, a sede ou a fome. O equilíbrio interior já se encontra rompido pelo sofrimento, por um mal-estar para o qual a ação apenas oferece remédio: agir não é mais, então, o resultado de uma tensão interior e refletida, mas antes o de uma distensão espontânea; a ação irrompe por si mesma, assim como irrompem o riso ou as lágrimas. Daí vem o fato de que, nesses casos, agimos sem o sentimento do esforço. Pelo contrário, o sentimento do esforço necessário para começar a ação aumenta em razão do caráter maldefinido e indistinto da necessidade que comanda a ação. É assim que, nos primeiros tempos do desmame, é preciso muitas vezes um verdadeiro esforço e uma primeira educação para que a criança passe a comer os alimentos que lhe são oferecidos. Ela experimenta uma necessidade muito real, mas que ainda não está associada de maneira definida a determinados alimentos, especificada pelas sensações do paladar: essa necessidade permanece como um sofrimento indeterminado, cujo fim a criança é levada a esperar passivamente; ela grita e não sabe que tem fome, e às vezes até se revolta contra o esforço da mastigação e da deglutição. É somente por uma série de experiências, adaptações e associações, é por uma educação mais ou menos lenta que todo sofrimento físico no ser vivo, vinculando-se logo à representação de seu remédio, torna-se o motor imediato de uma ação determinada. Assim, toda dor chega então a ser apenas a tradução em linguagem sensível de uma possibilidade e de uma necessidade de ação: a fome é a possibilidade e a necessidade de comer; a sede é a possibilidade e a necessidade de beber; o animal, a partir do momento em que sentiu a necessidade, se põe em busca do remédio. A ruptura de equilíbrio na energia interior começa com a própria sensação, e o sentimento da necessidade de agir suprime o do esforço para agir.

Assim, o desejo não pode ser confundido com o dever. Há duas espécies de desejos: desejo de fruir e desejo de agir. O primeiro conduz à representação clara de um objeto exterior em relação ao qual o agente moral se encontra em um estado de passividade; o outro conduz à representação de um estado de tensão interior, de uma ação ou de um grupo de ações dependendo do sujeito moral. Embora, no fundo, exista sempre uma parcela de passividade em nós, essa parcela aumenta quando somos atormentados por um desejo qualquer; ela diminui, ao contrário, quando nos sentimos levados adiante pela consciência de um dever, ou seja, por uma ideia ativa, de natureza superior, que abre um caminho em meio às resistências internas ou externas. O próprio gozo do dever é esteticamente bem diferente de todos os outros; o que o distingue, para um observador imparcial, é seu caráter sério, que pode certamente colocá-lo, para muitas pessoas, fora do alcance da vida mediana. Algum grande trecho de música clássica, por exemplo, não produzirá nenhuma atração sobre os homens de um gosto musical pouco desenvolvido: a moralidade, poderíamos dizer, é a música séria da existência; é preciso certa educação para conseguir fazer exclusivamente suas delícias, para preferir o ritmo sublime do belo moral às pequenas canções dançantes que podemos ouvir em nosso caminho.

Todas as vezes em que uma tendência interior se acha desperta e revelada a si mesma pela presença de um objeto exterior, ela parece perder em força de *tensão interna* tudo aquilo que ganha em força de representação exterior e de *solicitação*. O próprio bem moral parece mudar de natureza quando imaginamos o que há de agradável em fazer o bem: parece que somos, então, menos *obrigados* do que solicitados a agir bem. É na lentidão e no esforço com os quais se rompe o equilíbrio interior que tomamos verdadeiramente consciência da obrigação.

Existe entre o desejo de agir e o desejo de fruir a mesma diferença que entre a tendência que leva o verdadeiro artista a *produzir* uma obra pessoal e o desejo que pode sentir um amador de *entender* a obra de outrem. O desejo de agir é um dos elementos do dever, e o dever geralmente exclui, ao contrário, o desejo de fruir. Dizem que a vontade moral é o poder de agir segundo a linha da mais forte resistência. Isso é verdadeiro, desde que se acrescente que a potência que assim se manifesta é ainda superior à própria resistência. Em outras palavras, o sujeito moral é constituído por uma vontade capaz de agir com esforço para realizar um ideal. Assim, no estado normal, o sentimento da obrigação deve ser proporcional à capacidade de um homem de fazer um esforço interior, ou, se preferirem, de seguir uma ideia-força, porque querer ou pensar com certa coerência nas ideias dá no mesmo. O sentimento de obrigação diminui, ao contrário, em razão direta do enfraquecimento da vontade: os caracteres fracos, incapazes dessa tensão e dessa fadiga que toda resistência necessita ao primeiro impulso, são também aqueles que sentirão menos remorsos, ou nos quais o remorso será menos suscetível de produzir seus efeitos corretivos e educativos. Em suma, para se sentir obrigado, é preciso se sentir capaz de sustentar uma luta íntima: é o sentimento de uma força que é também um pensamento, de uma lógica viva e de uma ordem interior. Toda ideia que chega ao limiar da consciência só penetra nela e ali se mantém por uma espécie de coação exercida sobre as outras ideias. A própria consciência é, assim, o resultado de uma luta; ela corresponde, como têm mostrado os fisiologistas, a um movimento que se mantém e se propaga através dos obstáculos. Toda consciência é uma escolha espontânea, uma seleção natural, e é precisamente aquilo que será também a ideia moral que tiver conseguido um dia preponderar sobre todas as outras. Da ação que vai se acumulando pelo hábito e que se torna reflexa origina-se uma nova potência de agir; da potência originam-se ao mesmo tempo a consciência e a moralidade, o pensamento do poder e do dever: toda ideia envolve um dever embrionário. Todo ser pensante e desejante já tem em si, pelo próprio fato de pensar e desejar, um primeiro elemento de moralidade que se fixará e se organizará pela evolução e pela educação: ele constitui um *sujeito* moral.

Disso resulta que, na educação, a base é o desenvolvimento da vontade, e por isso mesmo a constituição do *sujeito* da moralidade. Somos muito levados a julgar *objetivamente* as ações das crianças, a avaliá-las com base em nossas regras, em nossos preceitos, em nosso próprio ideal. O ideal infantil não pode e não deve ser tão desenvolvido; por isso é preciso considerar, sobretudo, a força de querer da qual a criança dá provas, o domínio sobre si, o poder de resistência interior. Determinado sinal de vontade que nos contraria, nos choca e nos fere pode ser, na realidade, o sinal de um progresso interior e subjetivo. É necessário armazenar a força antes de saber manifestá-la na direção adequada. A gênese da moralidade é, antes de tudo, a gênese do querer; sua educação deve ser o reforço do querer: a vontade move a si mesma ao conceber sua própria potência.

III. – Poder engendrando dever

Passemos agora do sujeito moral ao objeto. Segundo pensamos, é o próprio sujeito, aqui, que cria de alguma forma seu objeto, no sentido de que a consciência de um poder superior já produz por si mesma a consciência de um dever. Para demonstrar isso, coloquemo-nos sucessivamente, como fizemos em nosso *Esquisse d'une morale*, nos três pontos de vista da vontade, da inteligência e da sensibilidade.

1º – O *dever* é a consciência de certa *potência* interna, de natureza superior a todas as outras potências. Sentir interiormente o que se é *capaz* de fazer de maior é, por isso mesmo, tomar a primeira consciência daquilo que se tem o *dever* de fazer. O dever, do ponto de vista dos fatos e abstraindo-se as noções metafísicas, é uma superabundância de vida que pede para ser exercida, para se dar; até aqui, ele tem sido muito interpretado como o sentimento de uma *necessidade* ou de uma *coação*; acreditamos ter mostrado, em nosso *Esquisse d'une morale*, que ele é, antes, o sentimento de uma *potência*. "Toda força que se acumula cria uma pressão sobre os obstáculos situados diante dela; todo poder, considerado isoladamente, produz uma espécie de obrigação que lhe é proporcional: poder agir é dever agir. Entre os seres inferiores, nos quais a vida intelectual está entravada e sufocada, há poucos deveres; mas é porque há poucos poderes. O homem civilizado tem deveres inumeráveis: é porque ele tem uma atividade muito rica a ser despendida de mil maneiras.[7]" E não somente o dever, mas o próprio querer se converte em grande parte numa possibilidade consciente de si. Se querer é poder, é porque o querer se reduz à crença de que se pode e porque a crença é um começo de ação. O próprio querer é, assim, uma ação iniciada.

Desse ponto de vista, que nada tem de místico, reduzimos a obrigação moral a esta grande lei da natureza: *a vida só pode se conservar com a condição de se espalhar*. Objetaram-nos que a fecundidade de nossas diversas potências interiores tanto podia ser satisfeita na luta quanto no acordo

---

7. Cf. nosso *Esquisse d'une morale*.

com outrem, tanto no esmagamento das outras personalidades quanto em seu reerguimento. Porém, em primeiro lugar, esquecem-se de que as outras não se deixam esmagar tão facilmente; a vontade que procura se impor encontra necessariamente a resistência das outras. Mesmo que ela vença essa resistência, não pode fazê-lo sozinha, é necessário apoiar-se em aliados, reconstituir assim um grupo social e impor diante desse grupo amigo as mesmas servidões das quais ela quis se libertar em relação aos outros homens, seus aliados naturais. Toda luta sempre resulta, portanto, em limitar exteriormente a vontade; em segundo lugar, ela a altera interiormente. O violento sufoca toda a parte simpática e intelectual de seu ser, ou seja, aquilo que existe nele de mais complexo e de mais elevado do ponto de vista da evolução. Brutalizando os outros, ele embrutece em maior ou menor grau a si mesmo. A violência, que parecia assim uma expansão vitoriosa da potência interior, termina, desse modo, por ser uma restrição dela; dar como objetivo à sua vontade o rebaixamento dos outros é dar a ela um objetivo insuficiente e empobrecer a si mesmo. Enfim, por uma última desorganização mais profunda, a vontade chega a desequilibrar completamente a si mesma pelo emprego da violência; quando ela se habituou a não encontrar nenhum obstáculo de fora, como acontece com os déspotas, todo impulso torna-se para ela irresistível; as inclinações mais contraditórias, então, se sucedem, é uma ataxia completa; o déspota torna-se novamente criança, ele está destinado aos caprichos contraditórios, e sua onipotência objetiva termina por provocar uma real impotência subjetiva.

Se é assim que acontece, a fecundidade, a fertilidade interior deve ser o primeiro objetivo da educação moral, daquilo que os alemães chamam de *cultura*. É o que torna a educação tão superior à instrução. A educação cria as forças vivas; a instrução serve apenas para direcioná-las.

2º – Do mesmo modo que a potência da atividade acarreta uma espécie de obrigação natural ou de impulso imperativo, a inteligência tem por si mesma um poder motor. Quando nos elevamos bastante alto, podemos encontrar motivos de ação que não atuam mais somente como móveis, mas que, em si e por si mesmos, sem intervenção direta da sensibilidade, são motores da atividade e da vida. Toda vontade é, no fundo, uma potência em trabalho, uma ação germinante. A vontade do bem, se for bastante consciente de sua força, não tem, portanto, necessidade de esperar de fora a graça: ela é sua própria graça; ao nascer, ela já era eficaz; a natureza cria ao querer.

Aqui se aplica novamente a importante teoria das *ideias-forças*. Todo poder que sentimos em nós tem um ponto de aplicação: eu posso alguma coisa de *possível*, e, entre os possíveis, aqueles que me surgem como mais racionais e mais desejáveis são *ideais*, ideias-força[8]; nosso ideal é apenas a projeção, a objetivação de nosso poder interior, a forma que ele assume para a inteligência reflexiva.

Entre as ideias-força mais poderosas encontramos primeiramente a do *tipo humano normal*, ideia estética e moral que não é mais difícil de adquirir do que a da árvore ou a do animal, por exemplo, e, uma vez adquirida, tende a se realizar em nós. Além disso, como vivemos em sociedade, concebemos mais ou menos distintamente um *tipo social normal*. Do próprio funcionamento de toda sociedade, assim como de todo organismo, emana a vaga ideia daquilo que é normal, sadio, conforme a direção geral dos movimentos sociais.

Nosso temperamento, por meio das inumeráveis oscilações da evolução, tende, no entanto, a se acomodar sempre mais ao meio em que vivemos, às ideias de sociabilidade e de moralidade. O ladrão de Maudsley, que acha tão "bom" roubar, mesmo que tivesse milhões, é uma espécie de monstro social, e ele deve ter uma vaga consciência disso ao se comparar com a quase totalidade dos outros homens: ele teria necessidade, para ser plenamente feliz, de encontrar uma sociedade de monstros semelhantes a ele, reproduzindo sua própria imagem. Embora o remorso tenha uma origem totalmente empírica, o próprio mecanismo da natureza que o

---

8. Cf. A. Fouillée, *Critique des systèmes de morale contemporaine* [Crítica dos sistemas de moral contemporânea], 2ª edição.

produz é racional: ele tende a favorecer os seres *normais*, ou seja, os seres *sociáveis* e definitivamente *morais*.

O ser antissocial afasta-se tanto do modelo do homem moral quanto o corcunda do modelo do homem físico; daí uma vergonha inevitável quando sentimos em nós algo de antissocial; daí também um desejo de apagar essa monstruosidade. Vê-se a importância da ideia de *normalidade* na ideia de *moralidade*. Há algo de chocante tanto para o pensamento quanto para a sensibilidade em ser uma monstruosidade, em não se sentir em harmonia com todos os outros seres, em não poder se mirar neles ou refleti-los em si mesmo. Como a ideia de responsabilidade absoluta não é mais compatível com o estado atual da ciência, o remorso se reduz a uma lástima — a lástima de ser inferior ao seu próprio ideal, de ser anormal e mais ou menos monstruoso. Não se pode sentir alguma imperfeição interior sem sentir alguma vergonha, a qual independe do sentimento da liberdade e, no entanto, já é a semente do remorso. Eu respondo perante meu pensamento, em certa medida, por tudo aquilo que existe de ruim em mim, mesmo quando não fui eu quem pôs isso em mim, pois meu pensamento me julga. A monstruosidade produz, além disso, o sentimento da *solidão* absoluta e definitiva, que é o mais doloroso para um ser essencialmente social, porque a solidão é uma esterilidade moral, uma impotência sem remédio.

Hoje em dia, o remorso pode às vezes atormentar os corações pela própria razão de sua elevação e dos escrúpulos de uma consciência superior; mas essa é uma exceção, e não a regra. As exceções se explicam pelo fato de que o progresso moral, como todo progresso, tende a desarranjar o equilíbrio entre o ser e seu meio; ele faz, portanto, de toda superioridade prematura uma causa de sofrimento; porém, esse desarranjo provisório do equilíbrio primitivo resultará um dia em um equilíbrio mais perfeito. Os seres que servem, assim, de transição à natureza, sofrem para diminuir os sofrimentos totais de sua espécie: eles são os bodes expiatórios da espécie. Eles nos aproximam desse momento ainda distante, desse ideal-limite, impossível de atingir completamente, no qual os sentimentos de sociabilidade, transformados no próprio fundamento de todo ser, seriam bastante poderosos para proporcionar a quantidade e a qualidade de suas alegrias interiores à sua moralidade, isto é, à sua própria sociabilidade. A consciência individual reproduziria tão exatamente a consciência social que toda ação capaz de perturbar a última perturbaria a outra na mesma medida; toda sombra voltada para fora viria se projetar sobre nós: o indivíduo sentiria em seu coração a sociedade viva por inteiro.

Em poucas palavras, nós pensamos a *espécie*, pensamos as *condições* sob as quais a vida é possível na espécie, concebemos a existência de certo *tipo normal de homem* adaptado a essas condições, concebemos mesmo a vida da *espécie inteira* como adaptada ao *mundo* e, enfim, as condições sob as quais essa adaptação se conserva. Porém, como nossa inteligência individual é a espécie humana e mesmo o mundo tornados conscientes em nós, é a espécie e o mundo que tendem a agir por nós. No espelho do pensamento cada raio enviado pelas coisas transforma-se em um movimento. Conhecemos o aperfeiçoamento recente feito no pêndulo, permitindo-lhe gravar todas as suas oscilações leves e inapreensíveis: um raio de luz o atravessa a cada batimento; esse raio se transforma em uma força, aciona um mecanismo; o movimento do pêndulo, sem ter perdido força por nenhum atrito, traduz-se então aos olhos por meio de outros movimentos, fixando-se em signos visíveis e duradouros. É o símbolo daquilo que se passa no ser vivo e pensante, no qual os raios enviados pela universalidade dos objetos atravessam o pensamento para se inscreverem nas ações e no qual cada uma das oscilações da vida individual deixa atrás de si um reflexo do universal: a vida, registrando no tempo e no espaço sua própria história interior, grava neles a história do mundo, que se faz visível através disso.

Uma vez concebido, o modelo do homem normal *possível* se *realiza* em nós em maior ou menor grau. Do ponto de vista puramente mecânico, vimos que o *possível* é uma primeira adaptação a um meio, que permite, mediante certo número de modificações, readaptar-se a outros meios pouco diferentes. Do ponto de vista da consciência, o possível é o sentimento de uma *analogia nas circunstâncias* que evoca atos análogos; é assim que o homem inteligente concebe a conduta que ele *pode* adotar com relação aos outros *ex analogia* com sua própria conduta para consigo mesmo; ele julga que pode aplacar a fome dos outros como aplaca a sua própria. O altruísmo, em mais de um ponto, é assim concebido por meio do próprio egoísmo. Toda consciência de uma analogia que satisfaz o pensamento abre uma nova via para a atividade, e a atividade tende a se lançar nela. Não é preciso, portanto, buscar uma *regra* fora da natureza humana tornada consciente de si e de seu modelo. A consciência e a ciência desempenham necessariamente um papel diretor e regulador. Compreender é mensurar. Tudo aquilo que é verdadeiramente consciente tende a se tornar *normal*. A obrigação moral é a força inerente à ideia mais próxima do universal, à ideia do *normal para nós e para todos os seres*. Visto que a ideia consciente extrai a maior parte de sua força de sua própria generalidade, a ideia-força por excelência seria a do *universal*, se ela fosse concebida de maneira concreta, como a representação de uma sociedade de seres reais e viventes. É essa ideia que chamamos de bem e que, em última análise, constitui o objeto mais elevado da moralidade. Ela nos surge, portanto, como obrigatória.

A obrigação moral não tem nada que se assemelhe à coação exterior, nem é uma manifestação de força mecânica, um impulso violento em um ou outro sentido. Quando digo: "estou necessitado *moralmente* de determinado ato", isso significa algo muito diferente de "não posso deixar de fazê-lo". Pareceria, então, que o sentimento de obrigação havia escapado ao domínio da dinâmica mental; ele é, no entanto, como acabamos de ver, aquele no qual entra em funcionamento o máximo de mecanismos de todos os tipos, aquele no qual a dinâmica interior das ideias-força se mostra mais complexa e mais inteligente — embora, para um espectador de fora, o ato voluntário seja precisamente o mais contingente. E, assim, conseguimos compreender o fenômeno — tantas vezes admirado pelos psicólogos — de que as ideias que nos surgem como as mais obrigatórias nos são as menos brutalmente impostas pelas necessidades físicas[9].

Resulta das considerações precedentes que a educação deve, antes de tudo, estabelecer entre as ideias uma classifi-

---

9. Observar-se-á que a inteligência e a atividade, nesta teoria, não surgem mais como separadas por um abismo. Cf. nosso *Esquisse d'une morale*, no qual acreditamos ter demonstrado que não existe nenhuma necessidade de invocar a intermediação de um prazer exterior, nenhuma necessidade de um meio-termo nem de uma ponte para passar de uma para outra dessas duas coisas: pensamento, ação. Elas são, no fundo, idênticas. E o que se chama obrigação ou coação moral é, na esfera da inteligência, o sentimento dessa identidade radical: a obrigação é uma expansão interior, uma necessidade de perfazer nossas ideias fazendo-as passar à ação. A moralidade é a *unidade* do ser.

cação, uma hierarquia, dando o primeiro lugar às ideias mais universais, às mais típicas, colocando incessantemente diante dos olhos da criança, como um modelo, o ideal da espécie e do homem normal. No entanto, vimos que é necessário tornar o ideal proporcional à idade da criança: o indivíduo, tanto do ponto de vista moral quanto do ponto de vista físico, torna a passar pelos diversos estágios da evolução; não é possível, portanto, que ele chegue instantaneamente ao grau da civilização madura. Existe mesmo um perigo, segundo Spencer, no excesso de precocidade moral assim como no excesso de precocidade intelectual. Exigir demais da criança é se expor a esgotar prematuramente sua vontade e sua inteligência. "Não é admissível que uma criança seja instantaneamente um sábio." Os pais devem ser indulgentes para com os defeitos das crianças pelo fato de que esses defeitos são geralmente atribuíveis pela hereditariedade aos próprios pais, quando não à sua falta de traquejo como educadores.

3º – Consideramos até agora a formação da obrigação moral como o resultado da evolução individual. Acreditamos que, na gênese da obrigação moral, é um bom método levar em conta primeiramente por abstração, como temos feito, a evolução da consciência no indivíduo, ou seja, em uma sociedade restrita e mais ou menos fechada, porque, repetimos, o próprio indivíduo, para a ciência moderna, se converte em uma sociedade. Evitamos assim um exagero no qual se tem incorrido frequentemente: absorver a consciência individual na consciência social, reduzir exclusivamente as inclinações morais às inclinações sociais, acreditar que o agrupamento conseguiu fazer surgir sentimentos e ideias que já não estavam embrionárias no indivíduo. A seleção — que é, segundo Darwin, a lei dominante dos agrupamentos sociais — é, em suma, o desenvolvimento e o triunfo de alguma capacidade interna nascida da própria evolução do indivíduo; essa capacidade é muito mais prolongada na espécie do que criada pela seleção natural ou sexual. Os ingleses, portanto, erraram ao confundir a moralidade com o instinto social: ela vem se fundir com ele, sem dúvida, na realidade prática, mas a realidade não esgota todo o possível. Aliás, a moralidade nem sempre consiste em perseguir um objetivo diretamente sociável; o progresso parece multiplicar entre nós a procura por fins que só satisfazem muito indiretamente nossos instintos afetivos: devotamo-nos à ciência pela ciência, a uma empreitada perigosa, a uma obra de arte. Por toda parte onde exista, assim, devotamento, perseguição exclusiva de uma finalidade qualquer, mesmo que ilusória, não é possível negar que exista a manifestação de um esforço moral, embora este se exerça independentemente dos instintos sociais da espécie. A fecundidade moral ultrapassa, de alguma forma, a sociedade humana. Por fim, não é necessário crer que o sentimento instintivo, hereditário, fixado pela seleção natural, crie e explique com todas as peças a ação do indivíduo; é muitas vezes, ao contrário, a ação acumulada que cria um sentimento correspondente. O sentimento social nasceu da própria natureza de nossos órgãos, que foram configurados por nossas ações antecedentes: o poder precedeu o sentimento do dever. Não temos mãos porque somos caridosos; somos caridosos e estendemos as mãos aos outros porque as temos. Porém, se é verdadeiro que o indivíduo teria podido por si próprio chegar a constituir para si uma obrigação moral embrionária, é igualmente verdadeiro que a obrigação moral assume um aspecto totalmente novo quando é considerada do ponto de vista social, quando se levam em conta as novas perspectivas da fisiologia atual a respeito da ação e da reação constante dos sistemas nervosos uns sobre os outros. Compreende-se então muito melhor não somente a direção para a qual nos impele hoje o sentimento moral, mas também sua natureza íntima, o segredo de sua energia; sobretudo, compreende-se, enfim, a participação crescente que ele poderá assumir em nós por meio da educação.

Desse novo ponto de vista, a obrigação moral nos surge como uma ação direta, consciente ou inconsciente, dos sistemas nervosos uns sobre os outros e, em geral, da vida sobre a vida; ela se converte no sentimento profundo da *solidariedade*. Sentir-se moralmente obrigado é, na maior parte das vezes, sentir-se obrigado para com os outros, ligado aos outros, solidário com os outros. Se não se pode atribuir exclusivamente, como Darwin, a origem da obrigação moral a algumas inclinações sociais determinadas, é possível reconhecer no homem, assim como em todo organismo, um *fundo social* idêntico, em suma, ao *fundo moral*. Para a análise científica, o indivíduo se converte em pluralidade, ou seja, em sociedade; o indivíduo fisiológico é uma sociedade de células, o indivíduo psicológico é uma consciência coletiva. A obrigação moral se converte, portanto, em uma solidariedade — seja solidariedade intraorgânica de várias células, seja solidariedade extraorgânica de indivíduos sociais. A moralidade, sendo uma harmonia e um determinismo intrínseco, é, nesse sentido, nos limites do indivíduo, um fenômeno social; porque toda determinação vinda do fundo de nós é o resultado da ação recíproca das células e das consciências elementares que nos constituem. Postos esses princípios, é possível compreender como certo dever é criado pela fusão crescente das sensibilidades e pelo caráter cada vez mais sociável dos prazeres elevados, que assumem uma parcela cada dia maior na vida humana — prazeres estéticos, prazer de raciocinar, de aprender e de compreender, de buscar etc. Esses prazeres requerem muito menos condições exteriores e são muito mais acessíveis a todos do que os prazeres propriamente egoístas. Eles são ao mesmo tempo mais íntimos, mais profundos e mais gratuitos (sem que sempre o sejam inteiramente). Eles tendem muito menos a dividir os seres do que os prazeres inferiores[10]. A solidariedade consciente entre as sensibilidades tende, portanto, a estabelecer uma solidariedade moral entre os homens. Existem no ser sociável sofrimentos normais, alegrias normais, que são multiplicados por fenômenos de indução entre os indivíduos. São gozos sinfônicos, coros cantando dentro de nós mesmos.

Por mais desenvolvimento que adquira, assim, a fusão das sensibilidades pela simpatia e pelo altruísmo, é possível — é verdade — sustentar sempre que não se trata aí de um desprendimento verdadeiro, mas de uma transformação do primitivo instinto da vida, que é a "tendência para si". E não bastaria nem mesmo mostrar que uma ação não tem nenhum motivo interesseiro para provar que ela é desinteressada. La Rochefoucauld reduziu por meio de análises sutis, mas necessariamente inexatas, toda ação a *motivos* interesseiros; ele tentou explicar os atos mais espontâneos da sensibilidade por meio do cálculo da *inteligência*. Havia aí um grave erro, que se devia à imperfeição das ciências fisiológicas e naturais daquela época. Os *motivos*, com efeito, não são

---

10. Esse é um ponto que desenvolvemos em nosso livro sobre *La morale d'Épicure et ses rapports avec les doctrines contemporaines* [A moral de Epicuro e suas relações com as doutrinas contemporâneas] e, depois, em nosso *Esquisse d'une morale sans obligation ni sanction* [Esboço de uma moral sem obrigação nem sanção].

tudo em uma ação: há os *motores*. Ora, se introduzimos esse novo dado dos motores entre as causas produtoras dos atos, tudo muda. As mais belas devoções, das quais não se pode encontrar nenhum motivo interesseiro, podem ser explicadas pelos motores; a simpatia vem se acrescentar àquilo que Pascal chamava de "a inclinação para si"; o altruísmo completa o egoísmo sem transformá-lo radicalmente, segundo os utilitaristas. O homem é um animal inteligente e sociável; eis sua definição mais exata, na qual é inútil — dizem os utilitaristas — introduzir o elemento da liberdade desinteressada: a natureza é suficiente, o instinto fatal substitui o livre-impulso. Se às vezes você se acredita livremente desinteressado, é porque você só se considerou de um ponto de vista exterior; lá onde você não vê mais o cálculo consciente e refinado de La Rochefoucauld, você acredita ter descoberto alguma coisa extraordinária e suprassensível: liberdade, desinteresse! Porém, em vez de buscar uma explicação acima da inteligência, no incompreensível livre-arbítrio, busque-a abaixo e você a encontrará na sensibilidade. Deixando-se levar pela simpatia, você não calcula mais, mas é a natureza que calculou por você; é ela que o impele suavemente em direção aos outros, tão suavemente que você acredita andar sozinho, como a criança que é amparada pela mãe durante os primeiros passos e que, não vendo a mão que a sustenta, mas sentindo a força que a ergue, pensa que suas pernas já se movem com agilidade.

Assim raciocinam os partidários do egoísmo fundamental. Nesse problema, o autor dos *Sistemas de moral contemporânea* introduziu um elemento novo, de importância capital: a influência da ideia. Ainda que nossa natureza ignorasse a verdadeira e livre afeição, será que ignoraríamos aquilo que poderia ser chamado de *aparência* da afeição? Não, sem dúvida. A partir daí, raciocinemos sobre a própria hipótese do egoísmo radical. Há, em todos os seres, certo número de inclinações nem mais nem menos fatais do que as outras, mas que se voltam para outrem e são chamadas altruístas. Essas inclinações existirão naturalmente em cada um de nós e tenderão a nos aproximar; iremos, então, um ao encontro do outro, levados por dentro por um impulso passional, mas tendo por fora a aparência de seres movidos por uma ideia moral. Pois bem, já não será muito? Se vejo um de meus semelhantes estender a mão e — segundo a expressão de Kant — fazer de conta que me ama, é evidente que me tornarei o joguete de uma ilusão inevitável e benfazeja: eu o verei, sem nenhum motivo de interesse aparente, gravitar em torno de mim com todos os sinais e as aparências do amor; eu conceberei, portanto, seus atos como desprendidos de qualquer finalidade egoísta e, ao mesmo tempo, tendo a mim mesmo como finalidade: eis aí a *ideia* do amor.

Eu me acreditarei amado; e mesmo que o ser que parece me amar aja, no fundo, sob a influência de um instinto fatal, imaginarei que sua ação é livre. Como poderia ser diferente? Não sou, por hipótese, sábio o bastante em fisiologia para distinguir, no amor aparentemente todo espontâneo e puro que outro ser parece sentir por mim, aquilo que cabe aos instintos egoístas, inerentes ao seu organismo. Quando não posso atribuir a um de meus semelhantes nenhum motivo interesseiro, jamais surgirá em meu espírito a ideia de buscar em seu próprio organismo a causa oculta de sua ação. Seja, pois, porque eu me engane, seja, ao contrário, porque eu veja mais longe do que os próprios sábios, acreditarei sentir um coração e uma vontade onde talvez exista uma engrenagem e uma máquina; adquirirei a pura ideia do amor. Agora, uma vez adquirida, o que não produzirá essa ideia? Quando vejo um de meus semelhantes vir a mim sem que eu tenha dado o primeiro passo, meu pensamento se revolta em permanecer frio e insensível a esse amor, em permanecer amável apenas exteriormente, amável por aquilo que não sou, por uma espécie de mentira. Eu quero ser verdadeiramente digno de ser amado; quero merecer a afeição que mostram por mim; quero que a aparência que amam em mim torne-se uma realidade e, segundo as palavras de Sócrates, quero ser aquilo que pareço. Mas como se tornar amável, se não amando? Como responder à afeição, se não pela afeição? Minha personalidade se abre, portanto, e tende a se rematar em um amor cada vez mais próximo do verdadeiro amor.

Assim, essas duas únicas faculdades que consentiram em nos deixar — a inteligência e a sensibilidade — fazem naturalmente sair delas mesmas a *ideia* da vontade amante. Obtivemos essa ideia de uma maneira que parece desviada, mas que nem por isso deixa de ser natural: porque, definitivamente, como será que a criança aprende a amar? Não será vendo amar? É possível dizer que, na criança, o amor é natural e inato, em vez de uma obra de educação? Os primeiros movimentos da criança praticamente só exprimem o *eu*, suas sensações e paixões: são gritos de alegria ou de dor; mais tarde, com o sentimento da personalidade, gritos de cólera. Porém, ao ver ao seu redor o amor mais terno manifestar-se pelos sinais mais aparentes, sentindo-se ou acreditando-se amada, a criança quer, enfim, merecer de algum modo esse amor: ela procura balbuciar uma resposta a tantos apelos reiterados. É à força de ver sorrir que a criança sorri. Como demorou para se produzir essa primeira manifestação do amor! E ainda se acredita que ela seja natural, espontânea; quem sabe quanto foi necessário de esforços acumulados, de perseverança, de vontade, para que a criança pudesse trazer à luz essa maravilha do sorriso, que já é o esboço do desprendimento? Sigam com os olhos a vida moral da criança refletida em seu rosto: vocês verão pouco a pouco esse primeiro esboço se revestir de mil nuances, de mil cores novas; mas como isso ocorre lentamente! Nenhum quadro de Rafael custou mais esforços. A criança é naturalmente egoísta: tudo para ela, o menos possível para os outros. Não é senão à custa de receber que ela termina por dar: o amor, que parece ser sua natureza, é, ao contrário, um impulso acima de sua natureza, um alargamento de sua personalidade. Nesse sentido, pode-se dizer, parece, com a máxima verdade, que o amor é em primeiro lugar gratidão; é o sentimento do retorno diante do benefício, e como da dignidade diante da "graça". O primeiro ato de gratidão é, ao que parece, um ato de fé: eu creio no benefício, creio na boa intenção do benfeitor. Dos sinais do amor, a criança conclui pela realidade do amor em seus pais; o homem, na presença de seus semelhantes, faz a mesma indução. Do mesmo modo que a ideia de liberdade nos determina a agir como se fôssemos livres, a ideia do amor nos convida a agir como se os outros nos amassem e como se nós os amássemos realmente. Tal ideia, pela qual o egoísmo se transforma em altruísmo, é semelhante à força que, em uma locomotiva, reverte o vapor e faz a máquina seguir em uma direção oposta.

A educação consiste em favorecer essa expansão em direção aos outros, em vez das forças de gravitação sobre si. Ela ensina a encontrar sua alegria na dos outros, em fazer, assim, uma escolha entre seus prazeres; em preferir os gozos mais elevados e mais impessoais e, por isso mesmo, aqueles que envolvem o máximo de duração e como que a eternidade.

As análises precedentes resultam na seguinte conclusão: ser moral é, em primeiro lugar, sentir a força de sua vontade e a multiplicidade das potências que se traz em si; em segundo lugar, conceber a superioridade dos possíveis tendo como objeto o universal sobre aqueles que têm apenas objetos particulares. A revelação do dever é, ao mesmo tempo, a revelação de um poder que está em nós e de uma possibilidade que se estende ao maior grupo de seres sobre os quais atuamos. Há alguma coisa de infinito manifestando-se através dos limites que a obrigação particular nos impõe; e esse infinito nada tem de místico. No dever nós sentimos, nós experimentamos — como diria Spinoza — que nossa personalidade pode se desenvolver sempre mais, que somos infinitos para nós, que nosso objeto de atividade mais seguro é o universal. O senso de obrigação não se liga a uma inclinação isolada apenas proporcionalmente à sua intensidade; ele é proporcional à generalidade, à força de expansão e de associação de uma inclinação. É por isso que o caráter obrigatório das tendências essenciais à natureza humana cresce à medida que nos afastamos da pura necessidade inerente às funções grosseiras do corpo.

Assinalamos, portanto, de forma resumida, os três estágios seguintes no desenvolvimento do instinto moral:

1º – Impulso mecânico, nada fazendo além de aparecer momentaneamente na consciência para nela se traduzir em inclinações cegas e em sentimentos irracionais.

2º – Impulso entravado sem ser destruído, tendendo por isso mesmo a invadir a *consciência*, a traduzir-se nela incessantemente em sentimento e a produzir uma *obsessão duradoura*.

3º – Ideia-força. O sentimento moral, agrupando ao seu redor um número crescente de sentimentos e de ideias, torna-se não somente um centro de emoção, mas um objeto de consciência reflexiva. A obrigação nasce, então: é uma espécie de *obsessão racional*, uma obsessão que a reflexão fortalece em vez de dissolver. Tomar consciência de deveres morais é tomar consciência de *poderes* interiores e superiores que se desenvolvem em nós e nos levam a agir, de *ideias* que tendem a se realizar por sua própria força, de *sentimentos* que, por sua própria evolução, tendem a se *socializar*, a se impregnar de toda a sensibilidade presente na humanidade e no Universo.

A obrigação moral, em poucas palavras, é a dupla consciência: 1º – da potência e da fecundidade de ideias-força superiores, aproximando-se por seu objeto do *universal*; 2º – da resistência das inclinações contrárias e egoístas. A tendência da vida ao máximo de intensidade e de expansão é a vontade elementar; os fenômenos de impulsão irresistível, de simples obsessão duradoura e, enfim, de obrigação moral são os resultados dos conflitos ou das harmonias dessa vontade elementar com todas as outras inclinações da alma humana. A solução desses conflitos é a busca e o reconhecimento da inclinação normal que condensa em nós o máximo de auxiliares, que se associou ao maior número de nossas outras tendências duradouras e que nos envolve assim com os laços mais estreitos. Em outros termos, é a busca da inclinação mais *complexa* e ao mesmo tempo mais *persistente*. Ora, essas características pertencem à inclinação para o universal. A ação moral é, portanto, como o som que desperta em nós mais *harmônicos*, as vibrações mais duradouras ao mesmo tempo que mais ricas.

A *consciência* da força impulsiva que pertence aos motivos superiores só se afirma plenamente — observemos bem — quando foi desobedecida uma vez. Os instintos morais reaparecem, com efeito, após a ação, mais fortes pela própria resistência que momentaneamente experimentaram. Assim se produz o sentimento do remorso, que não implica a noção de uma liberdade absoluta, mas supõe a consciência do determinismo que liga nosso estado presente ao nosso estado passado. Se tivéssemos o sentimento bastante vivo de uma liberdade *absoluta*, se acreditássemos poder renovar completamente a nós mesmos por um simples ato de vontade, se não tivéssemos o vago temor de que, em nosso ser, todas as nossas resoluções estão envolvidas e se originam umas das outras, a expressão "eu falhei" não teria um caráter tão profundamente doloroso, porque ela implicaria uma imperfeição passada, mas não atual ou futura. Responsabilidade não é apenas *causalidade*, mas também *solidariedade*; é necessário que eu me sinta ligado a alguma coisa ruim ou repugnante, solidário, enfim, com uma ação censurável, para sentir uma lástima e uma vergonha que são o começo de um remorso. Um ato realizado por mim com as melhores intenções do mundo, mas cujo resultado foi deplorável, apesar de todas as previsões possíveis, deixará em mim também uma espécie de tormento interior, uma lástima de imperfeição intelectual, que não deixa de ser análoga à lástima de uma imperfeição moral. Um pai se regozija com uma boa ação de seu filho quase como se fosse seu autor, mesmo que ele não tenha tido nenhuma participação na educação desse filho; se este último se comporta mal, o pai sofrerá com isso, ele sentirá uma espécie de remorso muitas vezes mais vivo do que o do próprio filho. Indo mais longe, um ato cometido por um estranho, mas do qual fomos testemunhas sem poder impedi-lo, produz em nós, se nossa moralidade é muito desenvolvida e muito refinada, um dilaceramento interior, uma tristeza análoga ao remorso, e nos parece que esse ato recai parcialmente sobre nós. No fim das contas, existe algo de nós nos outros homens, e não é sem razão que nos sentimos degradados aos nossos próprios olhos por qualquer um que degrade a humanidade. Em suma, a responsabilidade parece longe de se encontrar, como acreditava Kant, fora do tempo e do espaço, na esfera de uma liberdade pura e do puro *númeno*; ela parece, ao contrário, estar no tempo, no espaço, ligada às mil associações de ideias que constituem o eu fenomênico. Ela se explica em grande parte pela solidariedade, pela continuidade e pela contiguidade dos seres. Assim, ela poderia passar de um ser para o outro. É possível ter, por assim dizer, remorsos no lugar de outrem e também se rejubilar pelos outros: trata-se de uma espécie de simpatia ou de antipatia exercida ora de nós para nós mesmos, ora de nós mesmos para os outros. Se o sentimento da responsabilidade se estende, sobretudo, do passado de um indivíduo ao seu presente e ao seu futuro, é porque nós todos sentimos melhor, sem às vezes nos darmos bem conta disso, o profundo determinismo que liga todos os momentos de nossa vida individual; sentimos que em nós tudo está ligado: o passado está preso a nós como uma corrente. As chagas morais, assim como certas cicatrizes, permanecem, desse modo, para sempre dolorosas, porque mudamos sempre sem poder, no entanto, nos renovar e nos esquecer de nós mesmos, e porque se produz um contraste incessantemente crescente entre aquilo que nos tornamos e aquilo que concebemos.

IV. – Dissolução possível da moralidade

Depois da gênese da moralidade, convém dizer algumas palavras sobre sua possível dissolução, no indivíduo e na sociedade, assim como sobre seus estados de alguma forma doentios e suas interrupções de desenvolvimento. É importante para o educador conhecê-los e saber determinar, ainda aqui, a participação da hereditariedade e a influência do meio interno ou externo.

Tanto como a vida física, a vida moral é capaz de doenças e de dissolução, e há, nessa dissolução ou nessa interrupção da moralidade, graus diversos.

1º – *Moralidade puramente negativa*, produzida pela neutralização mútua das tendências altruístas ou egoístas, estéticas ou brutais etc. Essa moralidade neutra não decorre de uma organização verdadeiramente sólida dos instintos morais formulados em um sistema racional de *ideias-força*, de modo que ela seria necessariamente instável; é o equilíbrio transitório entre inclinações contrárias, é a moralidade de muitas pessoas, cujos impulsos não são bastante fortes nem em um sentido, nem em outro para poder levá-las muito longe da linha normal.

2º – *Atonia moral*, ou reinado dos caprichos. É o exagero do estado precedente, com a diferença de que as oscilações para o mal, ou algumas vezes para o bem, têm mais amplitude, porque as inclinações são mais fortes. Esse estado é próprio do temperamento impulsivo, quando ele não está orientado para um centro de ideias-força suficientemente atrativo. O temperamento impulsivo produz um grande número de criminosos que não são, aliás, os mais perigosos; ele produziu também alguns heróis. Em certos indivíduos, as tendências morais existem, mas nem sempre estão bastante presentes e podem ceder momentaneamente todo o lugar às tendências opostas. Nesses indivíduos, a consciência é unilateral, impotente para imaginar duas direções contrárias da ação, para suscitar em si mesma esses estados antagônicos cuja presença caracteriza as consciências superiores. Nesse caso, o sentimento vivo da obrigação desaparece no momento do ato, mas não tarda a reaparecer em seguida, uma vez realizado o ato e abolida a tendência que o produziu. É assim que, no mesmo indivíduo, é possível ver se sucederem estados de imoralidade absoluta e, algumas horas depois, remorsos muito vivos, muito sinceros, mas sempre estéreis. É porque tal indivíduo, dotado de um temperamento impulsivo, é incapaz, no momento do mau impulso, de evocar o impulso contrário com bastante força para paralisar parcialmente o primeiro. Os estados de consciência antagônicos se realizam nele sucessiva em vez de simultaneamente; não se trata de um monstro, mas de um impotente do ponto de vista moral: sua vontade sofreu uma alteração análoga àquela que se produz nos doentes afetados pela "abulia". Estes são impotentes para passar da concepção do ato à sua execução: eles desejam sair, desejam passear e são incapazes disso; o desejo não tem neles a força determinante necessária à ação. Nos indivíduos atingidos de alguma forma pela abulia moral, não é a potência de execução que falta, é a potência de representar simultaneamente e de maneira completa os motivos ou os motores da ação. Nas pesagens da balança interior, existe sempre certo número de pesos esquecidos, e é somente quando os pratos da balança se inclinam que esses pesos são reencontrados.

3º – *Loucura moral*, ou seja, intervenção de impulsos *anormais* (como aqueles que levam algumas crianças a destruir por destruir, a fazer o mal por fazer o mal, a atos de impudor, a comer seus excrementos etc.). Esses impulsos anormais mais ou menos irresistíveis podem coexistir com os impulsos normais e com a lástima pela ação cometida. Um dipsomaníaco não é um bêbado, um cleptomaníaco não é um ladrão, nem um piromaníaco é um incendiário, nem alguém que tem um impulso homicida é um verdadeiro assassino; os primeiros protestam o tempo todo contra ações das quais eles às vezes têm horror; seu senso moral está reduzido à impotência prática, mas não alterado.

4º – *Idiotismo moral*, isto é, ausência total ou parcial dos impulsos altruístas, intelectuais, estéticos etc. O idiotismo moral é impossível de encontrar em estado completo, mas o vemos todos os dias em estado parcial: como existem crianças e homens que, em certos pontos da conduta, permanecem invencivelmente grosseiros! Em outros, o altruísmo está inteiramente ausente, e isso de chofre, sem que eles tenham sofrido um treinamento prévio como os criminosos profissionais. As tendências morais podem estar quase completamente ausentes em um indivíduo; tal é o exemplo citado por Maudsley de um pastor que envenenou a mulher com a mais completa tranquilidade e sem experimentar o menor protesto interior. Nesses casos extremos, estão ausentes ao mesmo tempo o sentimento atual da obrigação moral durante a ação e o remorso moral após a ação.

5º – *Depravação moral*, produzida por impulsos normais de uma intensidade anormal (cólera, vingança etc.) que terminam por se agrupar, se coordenar, se racionalizar, contrabalançar o senso moral e às vezes substituí-lo inteiramente. Então, produz-se um idiotismo moral que não é primitivo, mas subsequente; ele assinala o derradeiro grau da dissolução moral, porque corresponde a uma evolução de sentimentos-força e de ideias-força em um sentido contrário à direção normal: é a própria organização da imoralidade. Dostoievsky diz, falando dos criminosos que observou na Sibéria: "Não há o menor sinal de vergonha ou arrependimento... Durante vários anos, não observei o menor sinal de contrição nem o mais ínfimo mal-estar pelo crime cometido... Certamente, a vaidade, os maus exemplos, a jactância ou a falsa vergonha contribuíam muito para isso... Enfim, parece que, durante tantos anos, eu deveria ter captado algum indício, mesmo que fosse o mais fugidio, de uma lástima, de um sofrimento moral. Positivamente não percebi nada...". Garofalo acrescenta: "Sua insensibilidade moral é tamanha que, na corte de justiça, os assassinos que confessaram seu crime não recuam diante da descrição dos detalhes mais escabrosos; sua indiferença é completa com relação à vergonha com a qual cobrem sua família, para com a dor de seus parentes"[11].

Desse modo, o instinto moral, em vez de ser essa faculdade imutável em seu princípio que nos representam certas escolas, é um produto complexo da evolução, sujeito por isso mesmo à dissolução, à decadência, assim como ao aperfeiçoamento. O educador deve ter no espírito esse caráter ao mesmo tempo tão elevado, mas até certo ponto instável, do senso moral. Não somente os indivíduos, mas os povos inteiros se moralizam ou se desmoralizam. E como a moralidade

---

11. Garofalo, *Revue philosophique* de março de 1887, p. 234.

é para eles uma condição de progresso e mesmo de existência, eles ascendem ou descendem na vida, são vitoriosos ou vencidos no combate pela existência conforme enriquecem ou empobrecem seu tesouro de moralidade hereditário.

A moralidade de um povo é, portanto, com sua saúde e seu vigor, o objeto capital da educação. Todo o resto vem apenas em segundo lugar. As qualidades intelectuais, por exemplo, sobretudo os conhecimentos, o saber, a instrução, têm muito menos importância para um povo do que seu vigor moral e físico. Assim, o educador não deveria jamais inverter a hierarquia das qualidades necessárias aos povos: que ele não se esqueça do que fez a força e a vitalidade das religiões, ou seja, que elas moralizaram os povos, e quanto mais sua influência declina, mais é necessário substituí-la por todos os outros meios de moralização.

v. – **Papel da hereditariedade e da educação no senso moral**

O senso moral é, como dissemos, um produto superior da educação, no sentido mais amplo dessa palavra, que abrange toda a ação do meio físico e social. Não queremos dizer, com base nisso, que a moralidade seja artificial; queremos dizer somente que se trata de uma segunda natureza somada à natureza primitivamente animal pela ação e pela reação de nossas faculdades e do meio. O homem, como vimos, fez para si mesmo sua lei moral por meio dos poderes superiores que pouco a pouco adquiriu no decorrer da evolução, por meio da educação em parte espontânea, em parte forçada, ora individual, ora coletiva. É claro que a hereditariedade também tem seu papel na gênese do instinto moral. Determinemos, portanto, o papel dessas duas influências.

Segundo Wundt, não é certo que a própria intuição do espaço seja inata; em todo caso, as simples percepções dos sentidos não o são, apesar de sua repetição constante ao longo dos séculos; o cego de nascença não tem a percepção nata da luz, nem o surdo a do som; não se pode, portanto, falar de "intuições morais inatas" que suporiam uma multiplicidade de representações muito complexas relativas ao próprio agente, a seus semelhantes e a suas relações com o mundo exterior[12]. Sem dúvida, mas não admitimos intuições morais totalmente formadas, e Spencer, é certo, foi muito longe nesse caminho. Uma tendência não é uma intuição, e de fato existem tendências hereditárias, umas morais, outras imorais. Como todos sabem, Darwin demonstrou que o medo se tornou hereditário em certos animais selvagens. Assim, quando as ilhas Falkland foram visitadas pelo homem pela primeira vez, o grande cão-lobo (*Canis antarcticus*) apresentou-se sem nenhum temor diante dos marinheiros de

---

12. *Ethik* [Ética], p. 345.

Byron[13]. Ainda há pouco tempo, um homem poderia facilmente, com um pedaço de carne em uma das mãos e um facão na outra, degolá-lo durante a noite. Em uma ilha do mar de Aral, os antílopes, geralmente tão tímidos e vigilantes, em vez de fugirem, examinavam os homens com uma espécie de curiosidade. Originalmente, na costa da ilha Maurício, o peixe-boi não tinha nenhum medo do homem; aconteceu o mesmo, em diversas regiões do globo, com as focas e a morsa. Os pássaros de certas ilhas só lenta e hereditariamente adquiriram um terror salutar do homem. "No arquipélago de Galápagos", diz Darwin, "pude empurrar com o cano do meu fuzil falcões que estavam sobre um galho e ver pássaros pousarem sobre um balde de água que eu lhes estendia para que nele bebessem." Existe aí, se não uma intuição, ao menos a associação de movimentos reflexos e de sentimentos quase reflexos com uma representação, a do homem. Por que, portanto, no próprio homem, a representação do homem não despertaria, por tendência hereditária, um prazer particular e uma inclinação não mais para fugir, mas para se aproximar, para falar um com o outro, para socorrer um ao outro, para pôr o outro em seu lugar? Quando uma criança cai debaixo de um carro, lançamo-nos em seu socorro com um movimento quase instintivo, assim como

---

13. Trata-se do vice-almirante John Byron (1723-86), da Armada Britânica. [N. T.]

nos afastaríamos naturalmente de um precipício. A imagem do outro toma, assim, o lugar da imagem de nós mesmos. Os pratos da balança interior, eu, tu, invertem-se constantemente. Esse mecanismo delicado é produzido em parte pela hereditariedade. O homem, portanto, se suavizou, se domesticou, se civilizou; hoje em dia, ele é parcialmente selvagem, parcialmente civilizado ou civilizável. O resultado da educação ao longo dos séculos fixou-se, assim, na própria hereditariedade, e essa é uma das provas do poder que tem a educação, se não sempre para o presente, ao menos para o futuro.

Conhecemos também os exemplos de recuo e de atavismo. Os instintos guerreiros e nômades que caracterizam a vida selvagem persistem em certos homens civilizados; é difícil, para certas naturezas, adaptar-se a esse meio complexo resultante de uma multiplicidade de opiniões e de hábitos chamado civilização. Só é possível ver nisso, diz Ribot, um fundo de selvageria primitivo conservado e restabelecido pela hereditariedade. Assim, o gosto pela guerra é um dos sentimentos mais geralmente espalhados entre os selvagens; para eles, viver é lutar. "Esse instinto, comum a todos os povos primitivos, não foi inútil para o progresso da humanidade se — como se pode crer — assegurou a vitória dos povos mais inteligentes, dos mais fortes, sobre alguns mais maldotados. Porém, esses instintos guerreiros, conservados e acumulados pela hereditariedade, transformaram-se em uma verdadeira causa de destruição, carnificina e ruína. Depois de terem servido para criar a vida social, eles só fazem destruí-la; depois de terem assegurado o triunfo da civilização, eles só trabalham para sua perda. Mesmo quando esses instintos não põem em luta duas nações, eles se manifestam na vida ordinária, em certos indivíduos, por um temperamento querelador e belicoso, que conduz muitas vezes à vingança, ao duelo e ao homicídio.[14]" O mesmo vale para o espírito de aventura: os povos selvagens o tem em tão alto grau que se lançam no desconhecido com uma despreocupação infantil. Esse espírito de empreendimento e de imprevidência, útil na origem para abrir novos mundos para o comércio, as viagens, a ciência e a arte, transformou-se em certos indivíduos em uma fonte de agitações vãs ou ruinosas, as únicas que seu meio permite, "como a paixão pelo jogo, pela agiotagem e pela intriga, a ambição egoísta e turbulenta dos conquistadores, sacrificando nações inteiras aos seus caprichos"[15]. Vê-se por vezes reaparecerem nos descendentes distantes velhos instintos de estirpe, adormecidos ou latentes durante um grande número de gerações e que se manifestam como um inexplicável retorno ao tipo moral dos antepassados. As classes superiores da sociedade, mais em evidência, nos ofe-

---

14. Ribot, *L'hérédité* [A hereditariedade].
15. Ribot, *idem*.

recem os mais impressionantes exemplos disso: como se o lazer e a independência que a fortuna lhes assegura, livrando-as da influência do meio local e das condições de vida atuais de seu povo, pusessem em liberdade algumas "forças psíquicas", retidas em seus contemporâneos. "Assim", diz madame Royer, "vemos eventualmente o instinto do roubo se manifestar não apenas em nossas crianças de povos civilizados, nos quais a educação quase sempre o corrige desde cedo, mas persistir às vezes nos adultos e, por uma potência irresistível, arrastar a alguns delitos — desculpáveis apenas por seu caráter evidentemente fatal — algumas mulheres de nossas antigas castas nobres, tristes herdeiras dos velhos instintos de nossos conquistadores bárbaros.[16]"

---

16. Aquilo que sempre distinguiu os selvagens das Filipinas dos outros povos da Polinésia é a paixão indomável pela liberdade. Em uma batida feita na ilha de Luçon por alguns soldados nativos, sob as ordens de um oficial espanhol, capturaram um pequeno negro de cerca de três anos. Ele foi levado a Manila. Quando um norte-americano pediu ao governo para adotá-lo, ele foi batizado com o nome de Pedrito. Quando atingiu a idade de receber alguma instrução, esforçaram-se para dar a ele toda aquela que era possível adquirir nessas regiões remotas. Os velhos residentes da ilha, conhecendo o caráter dos *negritos*, riam por dentro vendo as tentativas feitas para civilizar aquele. Eles prediziam que mais cedo ou mais tarde se veria o jovem selvagem retornar para as montanhas. Seu pai adotivo, esforçando-se para vencer, anunciou que levaria Pedrito para a Europa. Ele fez Pedrito visitar Paris, Londres e só o levou de volta para as Filipinas depois de dois anos de viagem. Com essa facilidade com a qual a raça negra é dotada, Pedrito, ao retornar, falava espanhol, francês e inglês; ele só calçava finas botas envernizadas, "e todo mundo em Manila se lembra ainda hoje da seriedade, digna de um *gentleman*, com a qual ele recebia os cumprimentos das pessoas que ainda não lhe tinham sido apresentadas".

Sabemos como o clima, o ar, a configuração do solo, a dieta, a natureza dos alimentos e das bebidas, tudo aquilo que a fisiologia compreende sob os termos técnicos de *circunfusa*, *ingesta* etc., conformam o organismo humano por sua ação incessante; como essas sensações latentes e surdas que não chegam à consciência, mas penetram incessantemente em nós, formam ao longo do tempo "esse modo *habitual* da constituição chamado temperamento". A influência da educação, segundo Ribot, é análoga; ela consiste em um meio moral e resulta em criar um *hábito*. Ribot chega a observar que esse meio moral é mais complexo, heterogêneo e cambiante do que qualquer meio físico. "Porque a educação", diz ele, "em seu sentido exato e completo, não consiste somente nas lições de nossos pais e de nossos professores: os costumes, as crenças religiosas, as cartas, as conversas ouvidas ou surpreendidas são outras influências mudas que agem

---

Dois anos apenas haviam se passado desde o retorno da Europa quando ele desapareceu da casa de seu protetor. Os galhofeiros triunfaram. Provavelmente, jamais se saberia o que aconteceu com o filho adotivo do filantropo ianque se ele não tivesse tido um encontro singular com um europeu. Um naturalista prussiano, parente do célebre Humboldt, resolveu escalar o Mariveles (montanha situada não muito distante de Manila). Ele tinha quase atingido o cume quando se viu subitamente diante de uma nuvem de pequenos negros. O prussiano se preparava para desenhar alguns retratos quando um dos selvagens, aproximando-se dele sorridente, perguntou-lhe em língua inglesa se ele conhecia em Manila um norte-americano chamado Graham. Era nosso Pedrito. Ele contou toda sua história, e, quando terminou, foi em vão que o naturalista tentou convencê-lo a voltar com ele para Manila. Cf. *Revue des Deux-Mondes* [Revista dos Dois Mundos], 15 de junho de 1869.

sobre o espírito como as percepções latentes agem sobre o corpo e contribuem para nossa educação, ou seja, para nos fazer contrair hábitos." Apesar disso, Ribot dedica-se a restringir a influência da educação e a reivindicar contra ela os direitos do inatismo, porque, diz ele, "a causa do inatismo é a nossa". "Que determinadas qualidades psíquicas", acrescenta ele, "se originem de uma variação espontânea ou de uma transmissão hereditária, neste momento não importa; o que precisamos mostrar é que elas preexistem à educação, que algumas vezes as transforma, mas não as cria jamais."

Por que — perguntaremos a Ribot — a educação não poderia criar certas qualidades psíquicas? A palavra *criar* não pode ser tomada em um sentido absoluto tanto para a hereditariedade quanto para a educação. A hereditariedade não cria, propriamente falando: ela fixa e acumula certas qualidades, que, muitas vezes, foram adquiridas por essa educação no sentido amplo que Ribot acaba de definir tão bem. Os adversários da hereditariedade, se acreditarmos em Ribot, cometeram um grande erro ao explicar por uma causa exterior, a educação, aquilo que é devido a uma causa interior, o caráter: "Sua polêmica quase sempre consistiu em apresentar o seguinte dilema, decisivo aos seus olhos: ou os filhos não se parecem com os pais — e, então, onde está a lei de hereditariedade? —, ou os filhos se parecem moralmente com os pais — e, então, por que buscar outra causa para isso além da educação? Não é natural que um pintor ou um músico ensine sua arte a seu filho? Que um ladrão treine seus filhos para o roubo? Que uma criança nascida na devassidão seja maculada pelo meio?". Em nossa opinião, se o dilema do qual fala Ribot não demonstra a influência da educação, ele prova ao menos que a influência da hereditariedade, em uma multiplicidade de casos, não é demonstrável e que é quase sempre impossível estabelecer a linha demarcatória entre as duas influências.

Gall, reconhecemos, mostrou bem que as faculdades que se encontram em todos os indivíduos da mesma espécie existem neles em graus muito diferentes e que essa variedade de aptidões, inclinações e caracteres é um fato geral comum a todas as classes de seres, independentemente da educação; porém, segundo pensamos, a existência de variedades *naturais* não impede de maneira alguma a de variedades *adquiridas*. Entre os animais domésticos, os cães de caça, ou bracos, estão longe de demonstrar a mesma agudeza de olfato, a mesma arte de perseguir, a mesma segurança em se deter; os cães pastores estão longe de ser dotados do mesmo instinto; os cavalos de corrida de uma mesma raça diferem em velocidade, os de tração da mesma raça diferem em vigor. Isso também vale para os animais selvagens. Todos os pássaros canoros têm naturalmente o canto de sua espécie; mas a arte, o timbre, o alcance, o encanto da voz variam de um para outro. Que seja: mas também tem sido mostrado que os pássaros canoros podem aprender a cantar melhor, assim como os cavalos de raça a correr melhor.

No homem, Ribot acredita que alguns exemplos bem escolhidos são suficientes para demonstrar o papel do inatismo (que nada mais é, quase sempre, do que a hereditariedade) e para pôr fim a todas as explicações incompletas extraídas da influência da educação. Lembremo-nos de como D'Alembert, criança enjeitada, criado pela viúva de um pobre vidraceiro, sem recursos, sem conselhos, mesmo perseguido pelas zombarias de sua mãe adotiva, de seus colegas e de seu professor, que não o compreendia, não deixou de seguir seu caminho sem perder a coragem e se tornou, aos 24 anos, membro da Academia de Ciências, o que foi apenas o começo de sua glória. "Suponhamos que ele tivesse sido criado pela mãe, a senhorita De Tencin, admitido desde cedo no salão onde se encontravam tantos homens de espírito, iniciado por eles nos problemas científicos e filosóficos, refinado por suas conversações; e os adversários da hereditariedade não deixariam de ver em seu gênio o produto de sua educação." Esse *gênio*, responderemos nós, não pode ser o *produto* da educação, mas a educação não tem a pretensão de conferir o gênio: ela o desenvolve, o coloca em funcionamento e pode produzir o talento. A biografia da maior parte dos homens célebres mostra, se quisermos acreditar em Ribot, que a influência da educação foi sobre eles ora nula, ora nociva, quase sempre fraca. Se considerarmos — diz ele — os grandes capitães, ou seja, aqueles cujo início é mais fácil de constatar porque é mais ruidoso, veremos que Alexandre começou sua carreira de conquistador aos vinte anos; Cipião, o Africano (o primeiro), aos 24 anos; Carlos Magno, aos trinta anos; Carlos XII, aos dezoito anos; o príncipe Eugênio já comandava o exército da Áustria aos 25 anos; Bonaparte comandava o exército da Itália aos 26 anos, entre outros exemplos. "Em muitos pensadores, artistas, inventores e sábios, a mesma precocidade mostra o quanto a educação é pouca coisa em comparação ao inatismo." Vemos que Ribot fala constantemente dos homens de gênio, ainda que seja verdade que, mesmo entre eles — os Alexandres, os Carlos XII e os Bonapartes —, a narrativa das ações gloriosas realizadas por outros quase sempre tenha sido a causa ocasional da manifestação do gênio. Para concluir, Ribot acredita reduzir a influência da educação aos seus justos limites dizendo: "Ela jamais é absoluta e só tem ação eficaz sobre as naturezas medianas". Suponhamos que os diversos graus da inteligência humana sejam escalonados de tal modo que constituam uma imensa série linear partindo da idiotia, que está em um extremo, à genialidade, que está no outro extremo. Segundo Ribot, a influência da educação, nos dois extremos da série, está no seu mínimo. Sobre o idiota, ela não tem quase nenhum domínio: esforços inauditos, prodígios de paciência e de habilidade resultam geralmente em alguns resultados insignificantes e efêmeros. Porém, à medida que se sobe para os graus médios, essa influência aumenta. Ela atinge seu máximo nessas naturezas medianas que, não sendo boas nem más, são um pouco aquilo que o acaso faz delas. Depois, se nos elevamos em direção às formas superiores da inteligência, vemos novamente a influência da educação decrescer e, à medida que ela se aproxima da mais alta genialidade, "tender para o *mínimo*". Admitimos de bom grado, em suas duas primeiras aplicações, essa lei engenhosa das variações de influência, sem concluir daí que a educação "só tenha *ação eficaz* sobre as naturezas medianas". Com efeito, vemos bem por que um idiota é pouco educável, mas não vemos por que as grandes qualidades naturais do gênio não o tornariam acessível à educação. Quanto mais se é naturalmente inteligente, mais se é capaz de aprender e de se tornar *sábio* pela educação. Quanto mais se é naturalmente *generoso*, mais se é capaz de se tornar *heroico* pela educação etc. Pensamos, portanto, que o gênio realiza ao mesmo tempo o *máximo* de *hereditariedade* fecunda e de *educabilidade* fecunda.

Não é raro — como ainda se tem observado — encontrar crianças céticas nas famílias religiosas ou crianças religiosas em famílias céticas; devassos no meio de bons exemplos; ambiciosos, embora nascidos em uma família modesta e pacífica; mas, uma vez que alguns pais são religiosos, isso não significa que sejam bons educadores religiosos; um cético pode produzir a crença como reação nos filhos, *et invicem*[17]. Dificilmente é possível compreender um ceticismo hereditário ou uma devoção hereditária.

De resto, conclui Ribot, reinar sobre as naturezas medianas ainda é um belo papel; porque, "se são as naturezas superiores que *agem*, são as medianas que *reagem*; e a história nos ensina que a marcha da humanidade resulta tanto das reações que entravam o movimento quanto das ações que o precipitam". Podemos aceitar essa conclusão, acrescentando a ela que a educação pode e deve reinar sobre as naturezas *superiores* assim como sobre as naturezas medianas. A velocidade já adquirida é uma condição a mais para adquirir uma ainda maior.

É, sobretudo, na ordem moral (da qual Ribot quase não fala) que a educação reina. É difícil pretender que se nasça virtuoso por hereditariedade. Pode-se certamente ter uma bondade, uma doçura, uma generosidade natural, mas tudo isso não é ainda a moralidade propriamente dita. Essa é verdadeiramente filha da inteligência, que concebe o melhor, que apresenta para si mesma um objetivo ideal e que, tendo consciência de um primeiro *poder* de realiza-

---

17. "E reciprocamente." [N. T.]

ção proveniente do próprio pensamento, erige como *lei*, como *dever*, a realização completa do *ideal*. Para desenvolver essa tendência ascendente, esse *sursum*[18] contínuo, a educação tem uma enorme potência; ela é, em nossa opinião, segundo as circunstâncias, a grande moralizadora ou a grande desmoralizadora.

A tendência da vida à maior intensidade interna e à maior expansão é, para nós, inerente à própria vida. É o motor inicial. Essa tendência torna-se moral, primeiramente, quando a procura da maior intensidade interna ocorre no sentido das atividades superiores e psíquicas; é uma questão de boa direção. Ora, está claro que essa boa direção pode ser produzida pela educação, assim como pode também se achar naturalmente facilitada e como que predeterminada parcialmente pela hereditariedade, que faz que certas tendências e sentimentos predominem sobre os outros. A hierarquia moral entre os sentimentos se acha então mais fácil de ser estabelecida. A tendência ao máximo de vida torna-se ainda moral, em segundo lugar, quando a tendência à expansão externa se manifesta pelo acordo com os outros, pela simpatia e pela afeição, em vez de pela violência e pela brutalidade. Ainda aqui, a educação e a hereditariedade desempenham um papel considerável. A educação termina por colocar os outros no mesmo pé que nós em nossos

---

18. "Para o alto." [N. T.]

pensamentos, em nossos sentimentos, e por isso mesmo em nossas vontades. A hereditariedade, por sua vez, transmite a disposição à brandura, à benevolência, assim como pode transmitir a disposição à violência e à brutalidade.

Resta o elemento de obrigação, de dever, essa forma vinculada por nós à ideia da vida mais intensiva e mais expansiva. Mostramos que a obrigação é um *poder* que, tendo consciência de sua superioridade, se opõe àquilo que lhe é inferior ou contrário e se traduz assim para si mesmo como *dever*: eu posso mais e melhor, portanto, eu *devo*; é um contraste, um sentimento de divisão consigo mesmo que faz que se ponha em seu pensamento uma *lei* superior àquela que se realiza ou que se vê realizada. Essa tendência ao desdobramento do poder *máximo* se acumula de duas maneiras: pela educação e pela hereditariedade. Quanto mais se faz, mais se quer fazer; quanto melhor se faz, melhor se quer fazer: é uma velocidade adquirida, uma necessidade de ultrapassar incessantemente a si mesmo, como o artista que quer sempre fazer uma obra-prima superior às suas obras precedentes. Quanto à forma de *lei*, de *imperativo*, de *mandamento interno*, que é realmente uma espécie de impulso e de coação interna, ela tem as características instintivas que pertencem a tudo aquilo que é hereditariamente transmissível. Nascemos cada vez mais policiados pela lei interna; a criança civilizada, em vez de ser, como o selvagem, *sem lei*, *sem freio*, está totalmente pronta para receber esse jugo da lei interior. A educação encontra nela uma espécie de legalidade preestabelecida, de *legalismo* natural, mas ela corrobora a lei interior pela enorme força dos hábitos adquiridos. Hoje em dia, antes de tudo, a educação deve, portanto, conservar e desenvolver esse produto superior da própria educação: a moralidade. É necessário, entre as crianças, acumular a força moral por meio dos bons hábitos. Como o dever nada mais é do que a consciência do poder superior, é preciso antes de mais nada dar esse poder ou, pelo menos, a persuasão desse poder, que ela mesma tende a produzir.

Herbart viu muito bem a tendência do espírito humano à "*maximação*"[19], que é, segundo Kant, o caráter mais geral da "razão prática". Ele compreendeu o partido que deve ser tirado disso, o papel que ela deve desempenhar na educação. No transcurso da vida, cada um é levado a formular para si algumas regras de conduta que variam segundo o gênero de vida, os gostos, as preferências, os hábitos e as necessidades. Tanto o devasso quanto o trabalhador, tanto o criminoso quanto o filantropo obedecem a certas regras constantes que são, no fundo, a formulação teórica de suas práticas. Esse caso, aparentemente singular, tem origem — segundo Herbart — no fato de que a própria ação prece-

---

19. Ou seja, a transformação de algo em uma "máxima", em um axioma. [N. T.]

de necessariamente da análise, da crítica da ação. A própria consciência moral não existe totalmente pronta na alma da criança; ela se desenvolve gradativamente à medida que esta é chamada a agir. Se, portanto, queremos exercer sobre as crianças uma influência moral, devemos direcionar suas *ações* antes de lhes ensinarmos algumas máximas: é preciso, segundo Herbart, deixar para elas mesmas o cuidado de formular algumas regras de conduta adequadas aos hábitos virtuosos que nelas teremos inculcado desde cedo. "Os homens, se nem sempre gostam de praticar suas máximas, jamais se esquecem de transformar em máximas suas práticas. Ora, isso não oferece nenhum inconveniente no caso em que as práticas são boas." A ideia é verdadeira, mas Herbart a exagera acreditando ser inútil *maximar* com as crianças. É bom habituar a criança a fazer para si própria uma *lei*, um *dever*, uma *obrigação*; mas, como não se pode contar com sua absoluta espontaneidade, é necessário primeiramente impor-lhe uma *lei* que ela reconheça ser justa e racional. A lei será, então, aceita, e a autonomia subsistirá até na obediência. No entanto, para isso, é forçoso que se queira e se aja por si mesmo como um verdadeiro legislador, ou seja, com perfeita uniformidade e permanente constância. Assim, a influência da educação somar-se-á à da hereditariedade, que bem pode bastar para produzir o gênio, mas jamais será suficiente para produzir a verdadeira moralidade.

Capítulo 3 – A educação física e a hereditariedade – o internato – o esgotamento

I. Necessidade absoluta da educação física para a educação de um povo. — Razões que fazem, em nossos dias, que ela seja negligenciada. — O sedentarismo e seus perigos. — A prematuração.

II. Questão do *internato*. — As vilas escolares na Inglaterra. — O tutorado. — A Alemanha. Os Estados Unidos.

III. Questão do *esgotamento*. – Necessidade dos lazeres e dos jogos. A ginástica, suas vantagens e suas insuficiências.

IV. O trabalho manual nas escolas.

V. As colônias de férias e as viagens de férias.

VIVI. A progressão física de um povo e a *natalidade*.

1. A primeira pena usada para escrever foi, dizem, um ramo de trigo. Foi com a haste do grão que nutre o corpo que se preparou o primeiro alimento da inteligência.

O que se pode sempre desenvolver sem inconveniente em uma criança, independentemente do sexo a que ela pertença, são as forças do corpo, sendo a saúde física, em todo caso, um bem desejável. A sobrecarga intelectual, ao contrário, fatigando o corpo, pode desequilibrar o próprio espírito. "Para enrijecer a alma", diz Montaigne, "é necessário endurecer os músculos." "Quanto mais o corpo é fraco", diz Rousseau, "mais ele comanda; quanto mais ele é forte, mais ele obedece."

A razão de ser de nossa educação de alta pressão é que ela é o produto natural da fase de civilização que atravessamos. Nos tempos primitivos, observa Spencer, quando atacar e se defender eram a primeira das atividades sociais, o vigor corporal tornava-se o objetivo essencial da educação; assim, ela seria quase inteiramente física. Pouco se preocupava, então, com o cultivo do espírito, o qual, mesmo nos tempos feudais, era tratado com desprezo. Hoje, porém, quando reina no mundo um estado de paz comparativa, a força muscular só serve praticamente para os trabalhos manuais e o sucesso na vida depende quase inteiramente da força da inteligência, nossa educação tornou-se quase tão somente intelectual. Em vez de respeitarmos o corpo e negligenciarmos o espírito, respeitamos o espírito e negligenciamos o corpo. "Poucas pessoas", acrescenta Spencer, "aparentam compreender que existe uma coisa no mundo que poderia ser chamada de *moralidade física*. Os homens parecem crer geralmente que lhes é permitido tratar o corpo como bem entendem."

Embora as más consequências dessa conduta sobre aqueles que se tornam culpados dela e sobre as gerações futuras sejam muitas vezes tão funestas quanto às do crime, eles não se acham nem um pouco criminosos. É verdade que, no caso da embriaguez, por exemplo, reconhece-se o que a transgressão tem de vicioso; mas ninguém parece inferir disso que, se determinada transgressão das leis da higiene é condenável, todas as transgressões da mesma natureza também o são. A verdade é que todo prejuízo causado voluntariamente à saúde é um *pecado físico*.

O objetivo da educação é desenvolver todas as potencialidades de um ser, fazê-lo agir em todos os sentidos, fazê-lo *despender* o máximo possível e, para isso, fazer que ele realize somente despesas fáceis de reparar, que incitem mesmo à reparação e, de algum modo, sejam *reparadoras*. O exercício ao ar livre é o modelo dos dispêndios desse gênero. O modelo contrário é a permanência prolongada em um meio malsão, como certas fábricas, como o simples escritório mal-arejado do funcionário, como os salões nos quais se gasta boa parte da existência inútil das classes burguesas. Enfim, como as escolas e colégios da França, onde o sedentarismo é exagerado. O maior inimigo para a saúde do corpo é o sedentarismo; para o espírito, é o hábito da desatenção. O ideal do educador é, portanto, obter da criança durante um curto momento toda a sua atenção e depois deixar que ela afrouxe a pressão e repare o gasto.

11. Há muitos defeitos de higiene nos estabelecimentos de ensino: o tempo das refeições é muito curto, os estudantes comem muito rapidamente e em silêncio, o que torna a digestão difícil. O ar viciado das salas de aula vai se corrompendo cada vez mais com a duração do trabalho. Nós nos revoltaríamos com a ideia de comermos todos no mesmo prato; porém, na realidade, nas salas de aula dos colégios, respiramos todos, como dissemos, "no mesmo prato" ou, antes, fazemos ainda melhor: tornamos a respirar um ar já várias vezes exalado.

Além de boa alimentação e ar puro, é essencial uma quantidade de sono bem distribuída. Apenas a alimentação é insuficiente para recuperar os gastos do sistema nervoso, e um dos grandes inconvenientes da educação moderna é encurtar o sono das crianças ou distribuí-lo mal.

Todo mundo reconhece os perigos que o internato pode apresentar com relação à higiene: aglomerações muito grandes, enclausuramento malsão para o espírito e o corpo; planos rígidos, regras estritas, que quebram quase sempre, na criança, esse impulso da vontade que uma educação bem-entendida deve visar fortalecer; dificuldade do recrutamento dos professores internos; afastamento da família, que se desinteressa, ao passo que a própria criança se desafeiçoa. Foram necessários os mais violentos esforços de Napoleão I para povoar os liceus de internos; a criação de 6.400 bolsas não parece ter sido suficiente. Além disso, a decisão de 18 de janeiro e o decreto de 15 de novembro de 1811 fecharam abruptamente os pequenos pensionatos estabelecidos tanto nas casas dos professores universitários quanto nas de outras pessoas. O internato é, portanto, uma instituição artificialmente implantada na França pela mão todo-poderosa do Estado. Napoleão queria que o aluno do liceu já fosse um soldado e um funcionário. Do ponto de vista dos costumes, Sainte-Claire Deville, há cerca de vinte anos, chamou a atenção da Academia das Ciências Morais e Políticas sobre a questão do internato: "A moral experimental, que me perdoem essa expressão", dizia ele, "não pode ser praticada no homem tanto quanto a fisiologia experimental. Porém, quando se trabalha com animais e, levando-se suficientemente em conta a inteligência humana, procura-se descobrir as causas físicas dos defeitos e dos vícios nas crianças, que, em certos momentos de seu desenvolvimento, estão tão próximas dos animais, estou persuadido de que seja possível chegar a algumas consequências práticas de um elevado interesse... Em geral, todas as vezes em que alguns animais de um mesmo sexo, sobretudo do sexo masculino, são reunidos e colocados para viver em uma domesticidade restrita, observa-se inicialmente uma grande excitação dos instintos de reprodução e, em seguida, uma temível perversão desses mesmos instintos. Coloquem, ao contrário, seja em bandos, seja em completa liberdade, esses animais destinados a viver em sociedade e vocês verão imediatamente predominar as características normais do animal... Aquilo que se passa em um rebanho se passa igualmente em uma reunião de crianças do sexo masculino, qualquer que seja ela, educada por quem quer que seja e protegida pelas mais estritas regras de vigilância, de dia ou de noite. O inconveniente mais grave desses vícios para a sociedade é o desenvolvimento exagerado, entre os vinte ou trinta anos, das faculdades genésicas de onde nascem a devassidão e a lubricidade". As consequências para a hereditariedade e para um povo são manifestas.

O Estado faz muito pela instrução e pouco pela educação. Entreguem a educação ao Estado e ela terminará nesses grandes internatos, herança dos jesuítas dos séculos XVII e XVIII, nos quais a criança, separada da família, não adquire nem distinção, nem amabilidade. A educação — diz Renan — é o respeito por aquilo que é realmente bom, grande e belo; é a polidez, "encantadora virtude que substitui tantas outras". É o tato, que também é quase uma virtude. O professor pode ensinar tudo isso, "essa pureza, essa delicadeza de consciência, base de toda moralidade sólida, essa flor de sentimento que será um dia o encanto do homem, esse refinamento de espírito que consiste em inapreensíveis nuances? Onde a criança e o jovem poderão aprendê-los? Nos livros, nas lições atentamente escutadas, nos textos aprendidos de cor? Oh!, de maneira nenhuma; essas coisas são aprendidas na atmosfera onde se vive, no meio social no qual se está situado. Elas são aprendidas pela vida em família, e não de outro modo". A instrução é dada na sala de aula, no liceu, na escola; a educação é recebida na casa paterna; os mestres, nessa perspectiva, são a mãe, as irmãs... "Somente a mulher, profundamente séria e moral, pode curar as chagas do nosso tempo, refazer a educação do homem, trazer de volta o gosto pelo bem e pelo belo." Para isso, é necessário retomar a criança, não confiá-la a mãos mercenárias, só se separar dela durante as horas reservadas às aulas.

Os defensores do internato falam de correção mútua dos caracteres. Isso significa que é possível aprender bastante rápido no colégio, por respeito a punhos sólidos, a guardar dentro de si algumas asperezas de caráter, mas acreditar que elas terão desaparecido por esse motivo é esquecer que o meio hostil, formado imediatamente pelas crianças com relação àqueles que as incomodam, é apropriado também para desenvolver a insociabilidade.

Porém, se o internato é um mal, ele não deixa de ser um mal necessário, e aqueles que exigem que o Estado o suprima nos liceus não veem aonde vão chegar. Existe apenas cerca de uma centena de liceus e mais ou menos a mesma quantidade de colégios e estabelecimentos livres, nos quais o ensino secundário pode ser ministrado de maneira adequada. Ora, há 36 mil comunas e, em cada uma delas, várias crianças que devem ir para a escola. Portanto, o internato é, para os pequeno-burgueses da província, o único meio — ou o mais simples — de fazer que seus filhos sejam instruídos sem sacrifícios muito pesados. Se o Estado o suprimisse hoje, em primeiro lugar teria de temer a concorrência dos pensionatos clericais. Depois, iríamos vê-lo ser restabelecido no dia seguinte por particulares. A instrução pública, em vez de ser um serviço do Estado, tornar-se-ia uma especulação privada, a pior das indústrias. Vejam esses pequenos pensionatos: eles têm os inconvenientes dos liceus sem ter suas vantagens nem sua disciplina. O dono do pensionato tem, acima de tudo, o temor de perder um aluno; ele fecha os olhos para tudo que acontece. Os professores, aqui, ganham pouco; julguem o que eles podem ser. A alimentação também é a que é possível, pela soma mínima que as famílias pagam. Por fim, deve-se temer mais a imoralidade, graças à ausência de vigilância e de responsabilidade do diretor perante as autoridades universitárias. Deixem fazer, deixem passar, e, sobretudo, abafemos qualquer escândalo.

Visto que o internato não pode ser suprimido atualmente, ao menos seria possível aperfeiçoá-lo. Para avaliar em que sentido ele poderia ser reformado e mesmo parcialmente substituído, recordemos o que ocorre nas nações estrangeiras.

Na Inglaterra, a escola de instrução secundária — Harrow, por exemplo — é uma verdadeira aldeia. Diversas construções, moradias dos professores e de seus alunos, agrupam-se em torno do edifício que contém as salas de aula, e em volta de tudo isso se estendem vastos terrenos destinados aos jogos da pela, de bola e de críquete. Os alunos, reunidos somente nas horas de aula, deixam a escola logo depois da lição para retornar à casa na qual residem.

Com efeito: os alunos enviados pelas famílias como pensionistas a uma escola pública são confiados por elas a um dos professores, cuja casa se torna a deles e nela permanecem — o que é fundamental — *durante todo o tempo de sua estadia na escola*. Ali eles reencontram, até certo ponto, a vida em família. Eles almoçam e jantam com o professor, com sua mulher, mãe e irmãs. Uma criança pode ter dez professores, mas sempre tem o mesmo tutor. Assim, os professores podem realizar o programa que lhes é proposto pelos estatutos; eles se tornam, para os alunos, os substitutos de seu pai: *in loco parentis*[1].

Quanto ao alojamento dos pensionistas, dois sistemas dividem as grandes escolas: em algumas (Eton, por exemplo), cada aluno geralmente tem seu cubículo. Em outras (como em Rugby), dormitórios de dois a dezesseis leitos reúnem, somente à noite, diversos alunos. Porém, existe um ponto sobre o qual todas estão de acordo: a completa liberdade deixada aos alunos fora das salas de aula. Terminada a lição, a criança entra, sai, brinca, trabalha como e quando lhe apraz. A única regra, mas absoluta, é a hora da lição, a das refeições e a do fechamento — que, no verão, ocorre às nove horas e, no inverno, ao cair da noite. A única obrigação é ter terminado a tempo o dever imposto. "Uma punição severa atingiria qualquer esquecimento, qualquer negligência." Em tais condições, a vigilância, tal como é entendida na França, é literalmente impossível: fora das horas de aula, as crianças vigiam e governam a si mesmas.

Os mais velhos, ou melhor, os alunos das turmas superiores, *monitors, prepositors, prefects*, são investidos legalmente de poder e preservam energicamente seus direitos. O supervisor de estudos é suprimido de uma vez por todas. Acrescentemos que, se esse sistema viesse a prevalecer na França, ele sofreria forçosamente alguns abrandamentos, certos costumes — co-

---

1. "No lugar de um parente." [N. T.]

mo o *fagging*², por exemplo — não teriam nenhuma chance de se estabelecer entre nós.

A objeção é de que o ensino secundário, na Inglaterra, tem um caráter totalmente aristocrático. A estadia em Eton ou em Harrow custa de 8 mil a 12 mil francos. Por esse preço, pode-se ter *conforto*. Seria necessário saber se é fácil para um pequeno-burguês e, sobretudo, para um pequeno camponês fazer seus estudos clássicos. Há, é verdade, pensões mais baratas e também um grande número de bolsistas. Por infelicidade, os próprios ingleses nos informam que estes últimos são tratados com um supremo desdém por seus condiscípulos da aristocracia.

Harrow, Eton e Rugby, que são os principais estabelecimentos de ensino secundário, correspondem mais ou menos aos nossos grandes liceus; cerca de 800 alunos em Eton e 500 em cada um dos dois outros, entre treze e dezoito anos. Oito horas de trabalho por dia, no máximo; quase sempre seis ou sete; os jogos atléticos, a pela, o futebol, a corrida, o remo e, sobretudo, o críquete ocupam todos os dias uma parte da jornada. Além disso, duas ou três vezes por semana as aulas cessam ao meio-dia para que eles aconteçam.

Mostramos, de acordo com os franceses, as vantagens do sistema inglês; perguntemos aos próprios ingleses quais

---
2. Segundo esse costume, os estudantes calouros serviam como criados pessoais aos veteranos. [N. T.]

são os defeitos dele. O primeiro é o *esgotamento físico*, que contrasta estranhamente com nosso esgotamento intelectual. Esse esgotamento físico tomou conta de todas as classes do país, mesmo aquelas que pareceriam, por sua situação, mais bem situadas para escapar dele: as classes aristocráticas. E, por uma oposição bizarra àquilo que ocorre na França, se os médicos, na Inglaterra, levantam a questão do esgotamento, é do esgotamento *físico*, e eles conduzem o ataque contra o abuso dos *jogos de força*. O adversário mais declarado dos jogos de força na Inglaterra é um romancista contemporâneo, Wilkie Collins, que, em *Marido e mulher*, estudou, entre outras questões, "o entusiasmo atual pelos exercícios musculares, assim como sua influência sobre a saúde e a moral da geração que está sendo educada na Inglaterra", e assim se exprime no prefácio de seu livro, escrito em 1871:

> Quanto aos resultados físicos da mania do desenvolvimento dos músculos, que se apoderou de nós nos últimos anos, é seguro que a opinião emitida neste livro é a do corpo médico em geral, tendo à frente a autoridade de Skey. E é certo que a opinião emitida pelos médicos pode ser confirmada pelos pais de todas as partes da Inglaterra, mostrando seus filhos para apoiá-los. Essa nova forma de nossa excentricidade nacional tem suas

vítimas para atestar sua existência — vítimas alquebradas e enfermas para o resto de seus dias.

Quanto aos resultados morais, posso ter razão ou estar errado, vendo, como faço, uma aproximação entre o desenvolvimento desenfreado dos exercícios físicos na Inglaterra e o recente desenvolvimento da grosseria e da brutalidade entre certas classes da população inglesa. Porém, é possível negar que a grosseria e a brutalidade existem e, mais ainda, que adquiriram desenvolvimentos formidáveis entre nós nos últimos anos? Tornamo-nos tão vergonhosamente familiarizados com a violência e com a injúria que as reconhecemos como um ingrediente necessário em nosso sistema social e classificamos nossos selvagens, como uma parcela representativa de nossa população, sob a denominação recentemente inventada de *roughs* (rude, grosseiro — vadio). A atenção pública foi direcionada, por centenas de escritores, para o *rough* sujo e maltrapilho. Se o autor deste livro tivesse se contido nesses limites, teria arrastado todos os leitores consigo, mas ele é bastante corajoso para chamar a atenção pública para o *rough* de cara lavada e decentemente trajado, e ele deve se manter na defensiva perante leitores que não teriam observado essa variedade ou que, tendo-a observado, preferiram ignorá-la.

Matthew Arnold, por sua vez, não tem medo de declarar que a grande massa de seus compatriotas é composta de bárbaros, que são recrutados, sobretudo, na aristocracia, de filisteus, que formam o grosso da burguesia, e de uma vil multidão, que ele qualifica duramente de populacho. Ele considera que o caráter de determinada classe da sociedade depende principalmente da maneira como ela concebe a felicidade. Ora, os bárbaros, segundo ele, gostam apenas das dignidades, da consideração, dos exercícios do corpo, do esporte e dos prazeres ruidosos. Os filisteus não apreciam senão a confusão e a febre dos negócios, a arte de ganhar dinheiro, o conforto e as bisbilhotices. Quanto ao populacho, não existe outra felicidade além do prazer de berrar, de agarrar o outro pelo pescoço e de quebrar tudo — *bawling, hustling, and smashing* —, acrescentando a isso a cerveja barata. Matthew Arnold sustenta que na Inglaterra a educação pública é insuficiente, tende a aumentar o número dos bárbaros e dos filisteus e faz pouca coisa para abrandar a brutalidade do populacho, que seria bom que o governo se envolvesse com isso, que cabe tão somente ao Estado instruir e educar os povos, que esse é um sistema com o qual a França se dá bem.

Entretanto, uma das principais autoridades universitárias, Edward Lyttleton, assinalou na *Nineteenth Century* o abuso dos jogos atléticos nas escolas. Os pais e o público encorajaram de tal maneira esses jogos e uma multidão tão numerosa assiste a eles que se tornaram a preocupação dominante, quase exclusiva, de incontáveis alunos. Se um aluno é robusto e habilidoso, mesmo que seja o último dos ignorantes, coloca-se sobre sua cabeça a esperança dos próximos triunfos. Ele se torna o senhor e o senhor absoluto. Professores e diretores são obrigados a se subordinar às necessidades dos jogos. A cultura intelectual é passada para trás pela cultura atlética. Quanto à moralidade, Lyttleton sustenta que, se os jogos são úteis para *refrear* certas desordens, eles não têm em si mesmos nada de moralizador. "Os puros trabalhadores são tão morais quanto os puros atletas." Segundo Lyttleton, a causa desse excesso é o entusiasmo do público e sua intervenção exagerada no espetáculo dos jogos.

Apesar de todos esses inconvenientes, é forçoso, no entanto, reconhecer que essa educação de atletas, mantida em justos limites, é para um povo uma condição de regeneração e de força hereditária. Se os preguiçosos, na Inglaterra, tornarem-se hércules, é um consolo e uma compensação para um povo. Quanto aos nossos preguiçosos, são criaturas cansadas, arrasadas, apropriadas para fazer desaparecer nosso povo.

Examinemos agora como as coisas se passam na Alemanha. Um homem particularmente competente sobre esta questão, Michel Bréal, vai nos informar. Lá, procura-se alguma família de boa vontade, gozando de uma reputação honorável, que queira dar à criança casa e comida. Ela é recebida como colega das crianças da casa, tem seu lugar na família. Tudo isso por uma remuneração às vezes surpreendentemente pequena. O jovem hóspede não é um estorvo; um quartinho desocupado lhe basta e seu lugar na mesa não aumenta muito a despesa. A Alemanha pratica há duzentos anos o modo que acabamos de descrever e não pensa em renunciar a ele: "atualmente, de cada mil alunos que frequentam os ginásios, não chegam a existir cem que estejam colocados fora da vida familiar"[3]. No entanto, o internato existe na Alemanha, em estado de exceção.

Em matéria de organização escolar, os Estados Unidos se inspiraram ao mesmo tempo na Alemanha e na Inglater-

---

3. Esse sistema também existia antigamente na França. "Eu nasci", diz Renan, "em uma pequena cidade da Baixa-Bretanha, onde havia um colégio mantido por respeitáveis eclesiásticos que ensinavam muito bem o latim. Dessa casa exalava um perfume de vetustez que, quando penso nisso, ainda me encanta: acreditávamo-nos transportados para os tempos de Rollin ou dos solitários de Port-Royal. Esse colégio dava educação a toda a juventude da pequena cidade e dos campos em um raio de seis ou oito léguas ao redor. Ele contava com muito poucos internos. Os jovens, quando não tinham parentes na cidade, moravam na casa dos habitantes, vários dos quais encontravam, no exercício dessa hospitalidade, pequenos benefícios. Os pais, quando vinham quarta-feira ao mercado, traziam para os filhos as provisões da semana; os que viviam na mesma casa faziam a limpeza em comum com muita cordialidade, alegria e economia. Esse sistema era o da Idade Média. Ele ainda é o da Inglaterra e da Alemanha, países tão avançados para tudo aquilo que concerne às questões de educação."

ra; ali se encontram, para as classes abastadas, colégios em tudo semelhantes ao de Harrow, por exemplo.

Até que ponto esses diversos sistemas são aplicáveis em nosso país, com nossos costumes atuais? Com relação à adoção do sistema tutorial inglês, objeta-se que, se o professor preencher ao mesmo tempo o ofício de tutor, é difícil que a função não sofra, desse modo, algum detrimento. Não se junta impunemente o trabalho da preparação de uma aula com o cuidado absorvente de uma educação privada. "A universidade", diz Bersot, "tem um corpo de professores muito distinto e muito considerado, de uma condição de fortuna modesta, mas independente das famílias cujos filhos educa, inteiramente entregue aos trabalhos das aulas ou então associando a eles outros trabalhos que contam entre as mais sérias obras de nosso tempo. Não temos nenhuma vontade de que ele deixe de ser aquilo que é e de fazer aquilo que faz bem." Representando nossos professores como *inteiramente entregues aos trabalhos das aulas*, Bersot esquece que nove décimos deles, ao contrário, passam o dia dando aulas particulares, *explicações*, não menos absorventes e estupidificantes do que o *tutorado*[4]. Está bem evidente, além disso, que eles apenas se encarregariam de pensionistas.

---

4. Termo que designa o sistema ou programa de acompanhamento regular de estudantes de nível universitário. [N. E.]

A escola-modelo alsaciana, na qual a maior parte das reformas reclamadas pelos pedagogos modernos foi introduzida, conseguiu substituir o internato pelo regime tutorial. Recentemente, o diretor da escola felicitava-se por isso com justa razão. Ele opunha à vida do interno no melhor dos liceus a existência da criança em uma das casas dos professores. A criança deita em sua cama; sua vida privada é vigiada como seria por seu pai e sua mãe, mas ela é respeitada. Ela se levanta cedo, não ao som do sino ou do tambor, mas porque todo mundo na casa se levanta e porque diz a tradição que o trabalho da manhã é o mais sadio e frutuoso. Ela faz os deveres ou aprende as lições, seja sozinha no seu quarto — se já é crescida —, seja em uma sala comum, com alguns amiguinhos de sua idade, sob a vigilância paternal do chefe da família ou algumas vezes de um jovem mestre, também professor na escola, que é como um irmão mais velho de seus alunos. Os dias de folga, a quinta-feira, o domingo, são quase sempre dedicados a longas caminhadas. Busca-se no campo a possibilidade para os alunos se entregarem aos divertimentos que são a melhor parte da existência da juventude inglesa, a marcha, os jogos violentos, o ciclismo, a natação, a patinação; e, também aí, os pensionistas encontram muitas vezes seus camaradas de fora. Na verdade, a vida ao ar livre, os grandes passeios, os exercícios do corpo são uma tradição não somente na própria escola, mas na maior parte das famílias que enviam suas crianças a ela.

Como modelo de internato aperfeiçoado podemos ainda citar a Escola Monge, onde os alunos conversam durante as refeições e, sobretudo, as crianças dormem, em um lugar arejado, dez horas, e os adolescentes, nove horas, enquanto o aluno do liceu, a partir do 13º ano, tem direito apenas a oito horas de sono no verão.

O grande inconveniente é a questão financeira. Na própria Escola Alsaciana, onde o regime tutorial parece ter sido estabelecido em condições particularmente econômicas, o preço médio da pensão se eleva a 2.500 francos para as crianças pequenas e a 3 mil francos para as outras.

Nosso ensino primário superior é atualmente provido de *bolsas familiares* que constituem uma adaptação muito feliz do sistema alemão. Os titulares dessas bolsas são colocados em famílias residentes ao alcance das escolas, e o Estado paga uma soma de 500 francos por sua pensão. Se levarmos em conta que esses bolsistas têm geralmente entre 12 e 16 anos, seria possível esperar que uma quantia média de 700 francos bastaria para a pensão familiar dos alunos do ensino secundário. Que acrescentemos a essa despesa os custos com os estudos, avaliados em 300 francos, em média, e a despesa total não excederá à do internato comum. O sistema familiar não levanta, portanto, do ponto de vista financeiro, as mesmas objeções que o sistema tutorial. A dificuldade seria encontrar famílias que apresentassem todas as garantias desejáveis para que fosse possível confiar-lhes as crianças sem hesitação. Bréal e Raunié creem que elas não fariam falta. Os pais dos alunos externos se ofereceriam muitas vezes para receber em casa alguns dos companheiros de estudos de seus filhos. Seriam constituídos, assim, pequenos grupos de estudantes para com os quais a família adotiva deveria ter alguns cuidados e vigilância.

O externato deixa para a família sua parcela de ação legítima e necessária. Em Paris e em nossas grandes cidades, antes de mais nada, é o externato que seria necessário desenvolver.

Na França, temos o defeito da uniformidade. Por que todos os nossos liceus e colégios teriam de ser organizados pelo mesmo modelo? Por que não se tentaria a introdução parcial, na França, das vilas escolares inglesas, do tutorado e, por fim, do sistema familiar? Mas, ao mesmo tempo, é preciso reformar o internato. Para isso, abrandar a disciplina; permitir que as crianças tenham a palavra onde puderem falar sem inconveniente; melhorar a vigilância, confiando-a a homens mais autorizados[5]; organizar mesmo a disciplina mútua, por meio de alunos monitores, de colegas graduados.

---

5. Cf. *Réforme de l'enseignement secondaire* [Reforma do ensino secundário], p. 243.

Como a autoridade fundamentada na capacidade é a única que não é fictícia, os supervisores de estudos só podem ser considerados com a condição de serem verdadeiramente supervisores, ou seja, de corrigirem os deveres e fazerem recitar as lições. Mas como fazer isso em um alojamento com 25 a trinta alunos? Jules Simon propôs restabelecer o sistema, abandonado na França, de confiar uma parte da vigilância a alunos. Já se escutam daqui as reclamações: é uma espionagem! "De maneira alguma", responde Jules Simon, "não existe espionagem a céu aberto.[6]" Podem-se dar os galões de sargento-mor a alguns alunos e estender até a hora do estudo a autoridade que lhes é confiada durante os exercícios. Não há aí espionagem nem prejuízo ao companheirismo. A partir do momento em que uma pequena parcela das funções de vigilância coubesse aos melhores alunos, elas mudariam de caráter aos olhos de todos, e os repetidores poderiam vigiar também, sem contrariar suas funções. "Eu vi", acrescenta Jules Simon, "esse sistema ser praticado, na minha infância, em vastíssima escala. Tínhamos apenas um único supervisor de estudos para sessenta alunos ou mesmo mais; mas havia em cada banco um aluno encarregado de manter a ordem e que cumpria muito bem essa tarefa, sem ser malvisto por isso e sem deixar de ser um colega. O professor saía sem dificuldade; o silêncio nem por isso deixava de

---

6. *Idem*, p. 239.

continuar. Tudo é uma questão de se acostumar. As graduações militares são um ótimo veículo para conseguir isso." Precisamos saber que somos praticamente os únicos, em toda a Europa, a não utilizar os alunos grandes para manter os pequenos na disciplina. É verdade que o francês, por sua natureza, é tão indisciplinado!

Seria preciso também reformular os passeios. No tempo dos jesuítas e na maioria dos colégios dirigidos pelos católicos, faziam-se com muita frequência grandes passeios. Propunha-se um objetivo: um velho castelo, um sítio notável, a beira do mar. Geralmente havia uma merenda servida sobre a relva ou mesmo um almoço, quando o tempo permitia. Era preciso sempre fazer uma grande caminhada para chegar ao objetivo, mas ela era feita alegremente, e mesmo a fadiga era um prazer. "Pensei", diz Jules Simon, "em introduzir esse costume em nossos colégios. Eu tinha imaginado dar aos nossos passeios um objetivo instrutivo[7]. É, sobretudo,

---

7. Assim, quando o tempo não estivesse firme e o campo fosse impossível, devia-se ir, segundo ele, ao Museu do Louvre. Ora se deviam fazer acompanhar por um professor de desenho, ora, na maioria das vezes, por um professor de história ou de literatura.
"Outro dia, teríamos visitado Cluny, a Casa da Moeda ou a Escola de Belas-Artes. Um professor de história nos teria conduzido à Biblioteca Nacional para admirar os livros, os manuscritos, as medalhas, as estampas e o próprio palácio, repleto da história de Mazarino. Simplesmente percorrendo as ruas, em uma cidade que foi o principal palco da história da França, existe sempre alguma coisa a aprender. Notre-Dame, no coração da cidade, está cheia de ensinamentos. Por si só, ela conta a metade da história da França. Foi lá que Henrique IV foi escutar o *Te*

o campo que devia atrair as crianças; é lá que elas deviam se aprovisionar de alegria e de saúde. Nas excursões geológicas, o professor, antes da partida, reúne os exploradores e lhes dá, em vinte minutos, algumas noções gerais sobre o terreno que vai ser estudado; depois, cada um apanha um martelo e um saco e se apressa a ir tomar, em pleno campo, uma lição

---

Deum logo após sua entrada em Paris; e foi lá também que, depois da abjuração de Gobel, foi inaugurado o culto à deusa Razão. Nessa praça do Hôtel de Ville, ou melhor, em um recanto dessa praça – porque nossos antepassados gostavam de se amontoar – enforcou-se, esquartejou-se, supliciou-se na roda, torturou-se e queimou-se. Ali, soltaram-se muitos fogos de artifício. Clamaram 'Viva o rei' a todos os reis da França e 'Viva a República' a todos os governos provisórios; até que, por fim, em um dia de eterna vergonha, transformou-se em ruína sinistra o palácio da cidade de Paris. Subindo a rua Saint-Antoine, não se encontra nada do Hotel Saint-Paul nem mesmo da Bastilha. *Etiam periere ruinae* [Até as ruínas pereceram]. Teríamos evocado, em torno do Hotel de Rambouillet, as sombras do grande Corneille, de Chapelain e de Voiture. Teríamos visitado o quarto onde morreu Voltaire, a rua em que morava J.-J. Rousseau, aquela onde nasceu Molière e a praça para onde seu corpo foi levado quando não se sabia se seria possível obter um pedaço de terra para depositar seus despojos. Esta cidade eternamente agitada deixa que tudo seja destruído, ora pelo tempo, ora pelas revoltas, ora à custa de seus edis; ela não prodigaliza as estátuas nem as inscrições: razão a mais para buscar devotamente os vestígios da história, *campos ubi Troja* [os campos onde existiu Troia]. Mesmo para compreender a história da Revolução, é preciso ter se dado conta das transformações de Paris. Se ignorarmos que havia todo um bairro, teatros, palácios, um mercado, o hotel dos pajens e duas casernas entre o Louvre e as Tulherias, não é possível explicar o que aconteceu em 10 de agosto. Quantos parisienses saberão onde ficava sediada a Convenção? Onde era o salão dos *feuillants*? E o dos jacobinos? Os estudantes de medicina que visitam o Museu Dupuytren nem sempre sabem que estão no Clube dos Cordeliers. Esse obelisco, entre os Campos Elísios e as Tulherias, estará lá para esconder o local do cadafalso revolucionário ou para assinalá-lo?"

cuja lembrança não se apagará. As ciências dos fatos, a história, a história natural, a geografia, se aprendem pelos olhos. Montaigne não se contentava com passeios para seu pupilo — ele queria verdadeiras viagens; esse é também o ponto de vista de Locke. Nada seria mais fácil e menos custoso, como demonstrou Bouillier, do que uma viagem de um liceu a outro, para o mar ou as montanhas, para uma cidade curiosa de visitar, de Paris para o interior ou do interior para Paris, mediante paradas ao longo do caminho nos liceus ou colégios, que serviriam como bons albergues gratuitos, e mediante uma redução de preço nas estradas de ferro para o uniforme do estudante, assim como ocorre com a farda do militar. Finalmente, tudo se regularia por uma troca entre os ecônomos, que teriam mutuamente dado hospitalidade a divisões de estudantes em viagem.

Os internatos deveriam ser estabelecidos fora das cidades e, tanto quanto possível, sobre colinas: se existisse na França, como na Inglaterra e na Alemanha, grandes colégios em pleno campo, na proximidade das florestas ou, melhor ainda, nas altitudes do Delfinado ou dos Pireneus, a moda acabaria por adotá-los como o lugar de educação obrigatória para as crianças da classe abastada. Assim se poderia combater a degenerescência da burguesia, muito mais rápida na França do que em outros lugares, porque o costume de restringir o número de filhos valia como a seleção natural das superioridades.

Outros poderiam ser estabelecidos na proximidade das grandes cidades, embora sempre no campo e perto de uma estrada de ferro ou de uma linha de bonde. As companhias entregariam aos alunos e aos professores, com base em um certificado do diretor do colégio — assim como já se pratica em alguns lugares da França e em toda a Bélgica e a Alemanha —, passes escolares a preços extremamente reduzidos. Seria mesmo possível organizar todos os dias, para levar as crianças pela manhã e trazê-las à tarde, comboios especiais, semelhantes àqueles que transportam todos os domingos os estudantes de Paris para Vanves, para Fontenay etc. Desse modo seriam eliminadas, tanto para as crianças quanto para os professores residentes na cidade, as dificuldades oriundas da distância.

III. Uma questão que também dividiu e quase apaixonou a opinião dos homens inteligentes é a do esgotamento.

Spencer observa com razão que, em todas as profissões e em todos os negócios, uma competição cada vez mais ardente utiliza as forças e as capacidades dos adultos. O mal é duplo. Os pais têm de lutar vigorosamente para não ser esmagados na luta industrial ou comercial; ao mesmo tempo, devem arcar com as despesas consideravelmente aumentadas de casa; são, portanto, obrigados a trabalhar o ano inteiro, desde cedo até bem tarde da noite, a se privar de exercício e a encurtar as férias. Eles transmitem aos filhos uma constituição enfraquecida por esse excesso de dedicação. Depois disso, essas crianças, comparativamente frágeis, predispostas a sucumbir sob a pressão de um trabalho extraordinário, têm de seguir um curso de estudos infinitamente mais extenso do que seguiam, nas gerações precedentes, as crianças que não tinham sido previamente enfraquecidas. As consequências desastrosas que podiam ser previstas são visíveis de todos os lados, sobretudo para as moças, e a hereditariedade as acumula. Em uma criança e em um rapaz, o emprego das forças vitais é premente e diverso; é necessário cuidar da substituição cotidiana dos tecidos que o exercício corporal destrói e dos tecidos cerebrais que foram gastos pelos estudos da jornada; é preciso cuidar ainda do crescimento do corpo e do desenvolvimento do cérebro; a esses dispêndios de força devem-se somar aqueles que resultam da digestão de uma grande quantidade de alimentos, necessária a todo esse trabalho. Ora, para desviar a força de uma direção a outra, é preciso fazê-la estancar em uma dessas direções. É o que o raciocínio mostra *a priori*, e a experiência, *a posteriori*. Todo mundo sabe que o excesso de trabalho corporal diminui a potência do espírito. A prostração temporária produzida por alguns esforços acelerados ou por uma marcha de dez léguas leva o espírito à preguiça; depois de um mês de viagem a pé, sem intervalos de repouso, a inércia mental é tamanha que são necessários vários dias para superá-la; entre os camponeses que passam a vida no trabalho braçal, a atividade intelectual é fraca. Durante os acessos de crescimento súbito que ocorrem algumas vezes na infância, o dispêndio extraordinário de energia é seguido de uma prostração física e intelectual. Um violento exercício muscular, depois que se comeu, interrompe a digestão, e as crianças submetidas desde cedo a trabalhos duros tornam-se franzinas. Esses fatos mostram que o excesso de atividade, de um lado, implica a diminuição de atividade, de outro. Ora, a lei que é manifesta nos casos extremos é verdadeira em todos os casos e sempre. Esses importunos deslocamentos de forças ocorrem de modo tão certo quando se efetuam de maneira insensível e contínua como quando se efetuam de maneira violenta e súbita. "Portanto se, na juventude, o dispêndio de força aplicada ao trabalho intelectual ultrapassa as intenções da natureza, a soma de forças restante, que deve ser aplicada às outras necessidades, cai abaixo daquilo que deveria ser, provocando inevitavelmente males de uma espécie ou de outra.[8]"

O cérebro que, durante a infância, é relativamente volumoso, mas imperfeito como organização, irá se organi-

---
8. Cf. Spencer, *De l'éducation* [Da educação], 3ª parte.

zar se o fizerem realizar suas funções com muita atividade, de maneira mais rápida do que a que convém a essa idade; mas o resultado será, mais tarde, que ele não terá atingido as dimensões nem a força que poderia ter. "E essa é uma das causas, talvez a principal, pela qual as crianças precoces e os jovens que, durante certo tempo, não conhecem rivais tantas vezes param de chofre e frustram as esperanças que neles tinham sido depositadas por seus pais." São necessários anos de repouso forçado para fazer desaparecer as moléstias produzidas, sob várias formas e em diversos graus, por esse abuso prolongado do trabalho cerebral. Algumas vezes, é o coração que é principalmente afetado: palpitações habituais, pulso fraco; diminuição do número dos batimentos de 72 para cinquenta e até menos. Outras, é o estômago que sofre mais: sobrevém uma dispepsia, que faz da vida um fardo e só pode ser curada com o tempo. Em muitos casos, o coração e o estômago são afetados ao mesmo tempo. Quase sempre o sono é curto e interrompido, e geralmente há um maior ou menor abatimento intelectual. Um sistema de trabalho excessivo é errôneo de qualquer ponto de vista. Ele é errôneo do ponto de vista dos conhecimentos a adquirir, porque o espírito, assim como o corpo, não pode assimilar além de certa soma de alimentos: ele logo rejeita o excesso de fatos que se lhe apresentam. Em vez de se tornarem "pedras do edifício intelectual", os fatos nada mais fazem que passar pela memória. Ele é errôneo porque seu efeito é inspirar a falta de gosto pelo estudo. E também é errôneo porque supõe que a *aquisição* dos conhecimentos é tudo: ele esquece que a *organização* dos conhecimentos é muito mais importante. "Para essa organização" — diz Spencer — "duas coisas são necessárias: o tempo e o trabalho espontâneo do pensamento. Não são os conhecimentos acumulados no cérebro, como a gordura no corpo, que são de grande valor, mas os conhecimentos convertidos em músculos do espírito." Uma máquina comparativamente pequena e imperfeita, mas funcionando a alta pressão, trabalhará mais do que uma máquina grande e muito perfeita funcionando com a pressão baixa. Que loucura seria, portanto, querendo aperfeiçoar a máquina, danificar sua caldeira, de modo que ela não possa mais fornecer vapor[9]!

O esgotamento do qual lamenta Spencer é muito mais excepcional na Inglaterra do que na França, onde ele é a própria regra. Os alunos dos liceus de Paris têm quatro horas de aula por dia e sete horas de estudo — ou seja, onze; na retórica e na filosofia lhes é permitida uma vigília facultativa de meia hora. Onze horas e meia de trabalho por dia! Durante a pequenina recreação que lhes é concedida, eles ficam em um canto, conversando uns com os outros ou passeando, "como burgueses sérios". A corda, a bola, o jogo da

---
9. *Idem.*

pela não são mais conhecidos em nossos liceus. "Será que existem muitos entre nós, homens feitos, que trabalham onze horas por dia?", pergunta Jules Simon. Trabalhar bem vale mais do que trabalhar muito. A demonstração disso foi feita experimentalmente nas escolas de Londres. Mr. Chadwick, inspetor das escolas ou das oficinas na Inglaterra, foi um dos propagadores das escolas de meio período. Em Londres, ele fez a seguinte experiência: em uma escola, pegava o 1º, o 3º, o 5º e o 7º ano e formava com eles uma série; depois, o 2º, o 4º, o 6º e o 8º etc., para fazer com eles uma segunda série: duas séries de forças quase iguais. Uma dessas séries trabalhava o dia inteiro, e a outra, apenas a metade do tempo; depois disso, elas faziam juntas um exercício escolar. A escola de meio período quase sempre vencia a escola de tempo integral, e "se ela a vencia nos trabalhos escolares, a vencia de modo bastante diferente nas recreações". Foi demonstrado que duas horas de bom trabalho valem mais do que quatro horas de trabalho arrastado.

Qual é o número de professores que têm os alunos de retórica dos liceus de Paris? Jules Simon, antigo ministro da Instrução Pública, está mais bem situado do que qualquer um para nos informar isso. Existe, em primeiro lugar, um professor de retórica francesa e um de retórica latina. O professor de retórica francesa dá cinco horas de aula por semana; o de retórica latina, seis. Em seguida, há o professor de matemática por duas horas, o de química se contenta com uma hora, o de alemão ou de inglês, à escolha, também uma hora; depois o professor de história, que exige três horas. Todos os seis professores têm um programa muito carregado. "Assim, o professor de retórica francesa não ensina unicamente a retórica, ele dá um curso de história literária. Naturalmente, o professor de retórica latina ensina a mesma coisa em latim. Depois, vem o professor de alemão ou de inglês, que lhes ensina a história da literatura alemã ou da literatura inglesa; é mesmo aquilo que ele lhes ensina melhor. É consenso que, se alguém quer saber inglês ou alemão, é necessário aprendê-lo depois de ter terminado seus estudos. O professor de história lhes ensina a história e a geografia, mas com tal riqueza de detalhes e erudição tão maravilhosa que esse ensinamento não pode dar ideia do conjunto de uma região nem do encadeamento dos fatos." O que podem fazer essas crianças diante desses seis professores que lhes apresentam uma grande quantidade de "teses sobre os autores franceses, os autores latinos, os autores gregos e os autores alemães", demonstrações que não acabam mais sobre a geometria e sobre a aritmética, intermináveis nomenclaturas de história natural, uma quantidade de fatos históricos de fazer um beneditino[10] se arrepiar? "O melhor a fazer para esse es-

---

10. Os monges beneditinos eram conhecidos como os mais eruditos da Igreja Católica. [N. T.]

tudante de tantos mestres é registrar o mais rápido possível todas essas belas coisas na cabeça. Que ele evite dizer, à medida que elas se apresentem: 'Detalhe, o que quer de mim? Ideia, o que quer de mim?'. Ele não tem tempo, ele não tem tempo. Se ele lhes dissesse: 'Vejamos um pouco o que você significa...', o professor já estaria duas ou três ideias à frente, e ele não teria mais chance de alcançá-lo; o vizinho e o concorrente teriam armazenado uma dúzia de ideias enquanto ele se deteria, assim, na primeira: ele seria o último da classe! Quando ele assim se encheu e se abarrotou, quando empilhou e comprimiu todas as suas mercadorias, chega um momento em que é obrigado a dizer para si mesmo: não há mais lugar! E o professor chega pelas suas costas e lhe diz: 'Mais um pouco de coragem! Eis aqui ainda uns cinquenta fatos que eu lhe trago e uma dúzia de demonstrações'. O produto claro é que no final do ano nossos estudantes estão repletos de ideias que não compreendem e de fatos que não verificaram. Os fatos são verdadeiros? As ideias são falsas? Não é assunto deles. Trata-se de reter, não de julgar. Um júri de professores se reúne em becas de seda amarela ou rosa; eles obrigam os delinquentes a comparecer perante eles e os fazem sortear alguns números. 'Cavalheiros, há cinquenta fatos a serem ditos para cada número.' Se um candidato responde: 'Eu sei sessenta' (o que é raro), ele passa em primeiro lugar." E depois? Esse bacharel, esse licenciado ou esse doutor, o que ele é? Um armazém em cujos baús e prateleiras há todos os tipos de ideias das quais ele não conhece o valor e de fatos dos quais ele não sabe a autenticidade; sua memória está de tal maneira sobrecarregada que, quando ele tenta viver arrastando esse fardo atrás de si, ele o espalha por todos os lados pelo caminho. Ela se torna vazia; mas como foi cultivada à custa do resto e como, por conseguinte, o resto jamais existiu, uma vez perdida a provisão, não há nenhum meio de constituir outra; nem força nem método para estudar sozinho, nem juízo para discernir e avaliar, nem vontade para se decidir. É um bacharel, não é um homem; porque o que será o homem se não for o juízo e a vontade? O professor é — acrescenta Jules Simon — a primeira vítima do mandarinato. Começam por lhe impor os programas que ele impõe às nossas crianças, e, antes de tirar delas a liberdade, tem-se muito cuidado em tirar a de seus mestres. O maior crime que pode cometer um professor em sala de aula é ser ele mesmo; se ele tiver a infelicidade de não seguir exatamente o programa e de não se conformar cegamente às instruções e às circulares, estará perdido. É um indisciplinado, um orgulhoso, não progredirá jamais. Ele deve se considerar feliz de não perder o emprego. "Eu não o *ataco*", diz Simon, "ao contrário, quase ousaria dizer que o *lastimo*, porque, na realidade, ele está ausente dessa sala de aula na qual está pregado quatro horas por dia. A maior crítica que faço a essa educação extenuante é que, esmagando os mestres, ela os suprime. Esses alunos que passam da retórica francesa à retórica latina, do alemão à história, da química à matemática me dão a impressão de estar sendo abandonados. Sua educação se faz completamente sozinha, porque é feita por muitas pessoas. Há professores, não mais mestres; há ouvintes, estudantes, não mais discípulos; há a instrução, não mais a educação; forma-se um bacharel, um licenciado, um doutor, mas formar um homem está fora de questão; pelo contrário, passam quinze anos destruindo sua virilidade. Devolvem à sociedade um pequeno mandarim ridículo que não tem músculos, não sabe saltar uma barreira, não sabe abrir passagem, não sabe dar um tiro de fuzil, não monta a cavalo, tem medo de tudo e, em contrapartida, abarrotou-se de todos os tipos de conhecimentos inúteis, não sabe as coisas mais necessárias, não pode dar um conselho a ninguém, nem a si mesmo, tem necessidade de ser dirigido em todas as coisas e, sentindo sua fraqueza e tendo perdido seus limites, atira-se como último recurso ao socialismo de Estado. 'É preciso que o Estado me tome pela mão, assim como fez até aqui a universidade. Só me ensinaram a ser passivo. Um cidadão, dizem vocês? Eu seria talvez um cidadão se eu fosse um homem.'"

Sabemos que a Academia de Medicina incomodou-se com esse esgotamento. Peter pronunciou-se energicamente sobre essa questão. Os programas universitários, segundo ele, não são feitos para aquilo que se pode chamar de média das aptidões intelectuais; eles a ultrapassam, e a cada dia, sob o pretexto de completá-los, os tornam ainda mais impossíveis. Quando um músculo se fatiga em excesso, ele experimenta uma curvatura, causada pela acumulação dos produtos de desintegração; do mesmo modo, o cérebro fatigado além da medida está exposto a um atravancamento dos resíduos da vida, a uma verdadeira curvatura. O primeiro sintoma desse estado é a dor de cabeça violenta, a cefaleia. Se essa primeira advertência não é ouvida, se o trabalho persiste, se a curvatura aumenta, a cefaleia torna-se periódica, cada vez mais frequente, exasperando-se sob o esforço intelectual. Uma espécie de véu se estende sobre a inteligência, as ideias se embaralham. Existe aí, diz Peter, algo de análogo à *cãibra dos escritores* no músculo, um espasmo funcional que atinge o cérebro. E esse é apenas o início dos fenômenos patológicos.

O esgotamento cerebral e intelectual praticamente não existe nas escolas primárias[11]. No ensino secundário, ele só

---

11. O esgotamento pode existir nas cidades, mas não nas escolas rurais. As crianças fazem muito poucos deveres de casa e faltam muitas vezes à escola para sentirem a fadiga cerebral. Os perigos que existem realmente na escola de aldeia não provêm da sobrecarga do espírito, mas da permanência em uma atmosfera necessariamente viciada. Eis a chaga. Eis o remédio: obrigar as comunas atrasadas e recalcitrantes a oferecer locais escolares suficientemente vastos e munidos de um bom mobiliário. Contudo, eis algumas regras a seguir para não fatigar as crianças nas escolas primárias: "Regras formuladas pela Sociedade de Higiene de

existe, sem dúvida, para um terço dos alunos, aqueles que querem chegar aos primeiros lugares da classe, ou aqueles que se preparam para um exame, ou aqueles que querem entrar em uma escola do governo[12]. Mas nem por isso deixa

---

Genebra (*Revue pédagogique* de 15 de março): devem-se atribuir as primeiras horas da manhã às matérias que necessitem de mais esforço intelectual. As lições devem ser interrompidas de hora em hora por uma recreação que permita ao estudante entregar-se a um exercício corporal". Na França, o regulamento não permite uma recreação de hora em hora; mas é possível mandar os alunos fazerem alguns movimentos com os braços, ficando de pé em seu lugar. "Geralmente, o professor deve suspender o ensino quando surpreende alguns sinais de fadiga ou de agitação em seu auditório e conceder-lhe um repouso de alguns instantes sem que ninguém saia do lugar. Cada lição deve ser dada de tal maneira que a criança seja alternadamente ativa ou passiva, isto é, que seja intimada a falar, a escutar e a aplicar o ensinamento dado. Serão evitados os trabalhos escritos prolongados. Só devem ser ensinadas coisas bem compreensíveis. Os deveres de casa devem ser muito limitados. Eles serão proporcionais à idade da criança; deverão poder ser feitos com gosto e prazer, e satisfazer às exigências da qualidade mais do que às da quantidade. O trabalho imposto como castigo deve, em geral, ser proibido e deve, em todos os casos, apelar para a inteligência da criança."

12. Se, na Escola Central de Artes e Manufaturas, os alunos trabalham apenas sete horas, eles têm de trabalhar em casa quatro ou cinco horas, às vezes mais. Na Escola Politécnica, os cursos e os estudos duram onze horas e meia, e durante as recreações os alunos laboriosos trabalham na biblioteca. Nos liceus de moças, nas classes das professoras primárias, o trabalho é igualmente excessivo.

Quando, apesar de uma instrução real, vemos entre 25 mil e 30 mil rapazes e moças, sem fortuna, não podendo encontrar emprego, lamentamos que com essa instrução não lhes tenha sido ensinado um ofício, uma profissão manual que, além de prevenir o esgotamento e o sedentarismo escolares, teria podido eventualmente pô-los a salvo da necessidade. "Visto que", diz Lagneau, "a instrução militar é, assim como a instrução escolar, obrigatória para todos, cabe aos ministros da Guerra e da Instrução Pública se entenderem para que a ginástica, a esgrima, a natação, a equitação, as marchas, o manejo das armas e as manobras

de haver, mesmo para os professores, certo esgotamento que consiste na frequência de aulas muito extensas e em sessões de estudos muito longas em ambientes confinados. É inútil ficarem sem fazer nada, pois se fatigam e se gastam mesmo assim apenas pelo efeito do sedentarismo. De resto, é muito ditoso que existam alguns preguiçosos: eles salvam um povo de uma degenerescência mais rápida.

Na Inglaterra, o número de horas dedicadas ao trabalho do cérebro é metade do nosso. As escolas mais laboriosas dificilmente exigem mais de sete ou oito horas de trabalho por dia; as outras se contentam com seis.

A Alemanha também pode servir de modelo, mas mais ainda para a divisão do que para a redução do trabalho. É o que fazia Bersot dizer: "Vendo as aulas alemãs interrompidas de hora em hora ou a cada 45 minutos por recreações, tem-se vergonha de nossa barbárie, que fecha as crianças em uma sala de aula por três horas seguidas, três horas pela manhã e três horas à tarde, em uma idade em que se está inebriado pelo movimento, e não se compreende como se

---

militares, vindo tomar lugar entre os trabalhos intelectuais das salas de aula e dos estudos, previnam o esgotamento e o sedentarismo escolares, colaborando, assim como as ciências e as letras, para a obtenção dos diplomas e certificados de estudos e permitindo restringir a duração do serviço militar. Porém, é necessário também que uma lei análoga à de 19 de maio de 1874, opondo-se ao trabalho manual excessivo das crianças nas manufaturas, venha igualmente se opor ao trabalho intelectual excessivo de nossas crianças, de nossos jovens nos estabelecimentos de ensino."

tenha pegado, para submeter a esse regime, as crianças francesas, que são as mais petulantes de toda a criação". Entre nós, dois estabelecimentos livres, a Escola Monge e a Escola Alsaciana, deram o exemplo.

Na Escola Monge, por exemplo, as onze horas e meia, às vezes mesmo as doze horas de trabalho por dia dos estudantes, são reduzidas a nove; os pequenos trabalham apenas sete horas e meia. A duração máxima do trabalho sem repouso é de duas horas e meia. Todos os alunos da Monge dedicam meia hora por dia à ginástica — três vezes mais do que concedem nossos liceus[13].

A vantagem, tanto nas competições nacionais quanto nas competições privadas, não cabe apenas nem talvez, principalmente, à superioridade do saber. Ela se deve, sobretudo, à ampla provisão, natural ou adquirida, de energia física e de bom senso intelectual, que são as únicas coisas que permitem que o saber seja plenamente valorizado. Assim, a Comissão de Higiene, inspirando-se no exemplo dos Estados Unidos, evoca com razão a *regra americana dos três 8*: 8 horas de sono + 8 horas de trabalho + 8 horas de liberdade = 24 horas. "Pensamos", diz a Comissão, "que essa regra é excelente e que é preciso considerar oito horas de trabalho como um máximo que jamais deve ser atingido pelos alunos das es-

---

13. Cf. Burdeau, *L'école monge* [A escola Monge].

colas primárias e jamais deve ser ultrapassado pelos outros. É preciso reduzir a duração das aulas a uma hora e meia.[14]"

É preciso multiplicar e animar as recreações[15].

Enfim (e sobretudo), é preciso favorecer os exercícios do corpo, necessários para os indivíduos e para um povo. Outrora, com seu *Emílio*, Jean-Jacques Rousseau ensejou, a favor desses exercícios, um movimento que se propagou principalmente na Alemanha e que, desenvolvido pelas aspirações nacionais e guerreiras durante a guerra de independência, deu nascimento à ginástica alemã. A esta foi oposta uma forma teórica do exercício corporal, a *ginástica sueca*,

---

14. Para cada aula de duas horas, há em média uma perda de 35 minutos, quando não de quarenta. Além disso, submete-se ao mesmo regime o garoto de onze anos e o adolescente de dezoito. Abusa-se dos deveres nas turmas mais baixas e das lições para ocupar os dias da criança. O estudo da tarde começa às cinco horas para terminar às sete e meia ou às 7h45. Duas horas e meia, inteiras, em colóquio com um tema, uma tradução ou um problema matemático.

15. Não se brinca mais, pelo menos a partir do terceiro ano; circula-se ao redor de um triste pátio, geralmente sem árvores, da direita para a esquerda — diz o Dr. Gauthier —, e não da esquerda para a direita, em certos liceus onde o movimento giratório *sinistrorsum* é considerado subversivo. Não se canta mais; os gritos são sediciosos ou ao menos maltolerados; eles fatigam os ouvidos dos professores e do diretor. Não se sabe mais jogar bola nem boliche, pular corda, pular carniça, jogar malha, jogar o jogo do urso, brincar de pique etc. Anda-se, gira-se por essas gaiolas estreitas que são chamadas de pátios; "se faz frio ou se chove, encolhem-se nos cantos; conversam sobre assuntos por vezes maliciosos e suspeitos que os estabelecimentos religiosos preferem, com justeza, substituir pelos exercícios violentos nos quais tomam parte os próprios professores". Além disso, essas recreações duram ao todo duas horas e cinquenta minutos, para os pequenos, e apenas uma hora e cinquenta minutos, para os maiores.

cujo pensamento fundamental é que seria necessário "limitar os exercícios a alguns movimentos, em verdade variados, mas tão simples quanto possível". Esses movimentos, executados ao encontro de certas resistências, deviam "fortalecer metodicamente cada músculo em particular e fazer atingir o ideal de uma musculatura atlética". Tem-se ainda atacado a ginástica alemã situando-se do ponto de vista dos ingleses e de seu esporte. Os ingleses não conheceram até hoje nada análogo à ginástica alemã. Separados mais do que nunca do continente durante a Revolução Francesa e o período do Império, eles ficaram praticamente alheios ao movimento iniciado por Rousseau. As aspirações de Jahn[16], que tinham — mesmo que em pequeno grau — uma marca do chauvinismo alemão, dificilmente podiam ser aceitas na Inglaterra. Mas os ingleses, como observa Dubois-Reymond, sentiam menos necessidade da ginástica do que as nações do continente. Graças à vida campestre das classes ricas e à educação em comum dos jovens nos estabelecimentos públicos, havia sido introduzido entre eles um grande número de lutas e de jogos nacionais, dos quais já falamos, e que, pela variedade dos movimentos que exigem, são um excelente exercício para o corpo: os alpinistas ingleses que escalaram o Chim-

---

16. Friedrich Ludwig Jahn (1778-1852), educador alemão nascido na Prússia, que utilizou a ginástica como elemento de sua luta nacionalista. [N. T.]

borazo são a prova disso. Vimos que a paixão com a qual se acompanha, em todas as partes da Grã-Bretanha, as disputas anuais entre os oxfordianos com as cores azul-escuro e os cambridgeanos com as cores azul-claro só pode ser comparada ao entusiasmo dos gregos por seus jogos nacionais; ela incita a juventude aos maiores esforços.

Se, com o conhecimento que temos hoje da essência dos exercícios corporais, julgamos as três formas desses exercícios — a ginástica alemã, a ginástica sueca e o esporte inglês —, observamos em primeiro lugar o pouco valor da segunda para o desenvolvimento corporal de uma juventude sadia. O exercício do corpo — diz Dubois-Reymond — não é somente, como acreditam erroneamente os observadores superficiais, um exercício dos músculos, mas é ao mesmo modo, e até mesmo mais, um exercício da substância cinzenta do sistema nervoso central. Essa simples observação é a condenação, do ponto de vista fisiológico, da ginástica sueca. Esta pode fortalecer os *músculos*, mas não pode tornar *fáceis alguns movimentos compostos*. "É possível mesmo supor o caso de uma educação corporal que daria aos músculos isolados de um Kaspar Hauser[17] uma força gigantesca, sem que a

---

17. Esse jovem alemão, nascido provavelmente em 1812 e falecido em 1833, surgiu subitamente em Nurembergue, em 1828. De origem misteriosa, ele foi criado como um prisioneiro, sem contato com o mundo exterior e com os seres humanos, o que lhe causou sérias disfunções físicas e comportamentais. Sua história foi contada pelo cineasta Werner Herzog no filme *O enigma de Kaspar Hauser* (1974). [N. T.]

vítima de semelhante experiência pudesse simplesmente caminhar. A ginástica sueca só é boa como *meio terapêutico*, para conservar ou *restabelecer a atividade* de certos grupos musculares (porque pouquíssimos músculos podem ser contraídos isoladamente *ao sabor de nossos desejos*).[18]"

Quanto ao valor relativo da ginástica alemã e do esporte inglês, este último responde melhor, de certo ponto de vista, às exigências resultantes da análise fisiológica. Ele produz hábeis corredores, saltadores, dançarinos, lutadores, cavaleiros, nadadores, remadores e patinadores. Porém, segundo Dubois-Reymond, a ginástica alemã oferece a possibilidade de dar a um número ilimitado de alunos de todas as idades e condições a oportunidade de se exercitar, empregando um diminuto número de aparelhos e de modo independente das circunstâncias externas, que muitas vezes são impossíveis de obter; além disso, ela tem a seu favor a vantagem moral de um esforço que se propõe ao "aperfeiçoamento de si mesmo como um objetivo ideal, sem nenhuma utilidade imediata, exatamente como a educação intelectual que é visada nos ginásios alemães"; enfim, a escolha inteligente dos exercícios alemães, confirmada e depurada pela experiência, conduz a uma maior uniformidade no desenvolvimento do corpo do que aquela que poderia ser atingida se o indivíduo, obedecendo às suas

---

18. Dubois-Reymond, *L'exercice* [O exercício].

inclinações determinadas por uma circunstância qualquer, se entregasse, como na Inglaterra, de acordo com seus caprichos e com um ardor ditado pela ambição, seja ao exercício do remo ou da equitação, seja ao jogo da pela ou à escalada de montanhas. O jovem exercitado à maneira alemã possui a grande vantagem de ter formas de movimentos adaptadas a cada posição do corpo, do mesmo modo que o matemático que recebeu uma instrução sólida é provido de métodos para cada problema. Nada, aliás, impede o ginasta alemão de passar dos exercícios teóricos a não importa qual exercício prático de utilidade imediata. "Como ele aprendeu a aprender, ele adquirirá bem rapidamente a destreza que suas disposições naturais lhe permitem atingir; do mesmo modo como nos dizem que o aluno do ginásio se iguala bem rapidamente, no laboratório, ao aluno dos cursos profissionalizantes."

De resto, todos os exercícios do corpo são prestigiados pelos alemães; a marcha, a equitação, o ciclismo, a canoagem e a esgrima com sabre são infinitamente mais difundidos na Alemanha do que na França; o governo exige que nos estabelecimentos escolares sejam dedicadas duas horas por dia aos exercícios físicos, sob a direção de um professor especializado. Existe em Berlim um grão-mestre da ginástica assim como em Paris existe um grão-mestre da universidade. Lá se acredita que um povo desprovido de músculos, no qual predomina a vida cerebral e que nada mais tem senão nervos, está mal preparado para a luta pela existência[19].

Os jogos ingleses não merecem todas as críticas que lhes são dirigidas por Dubois-Reymond em nome da ginástica muito científica dos alemães, e esta ainda se parece muito com uma aula. Aqui, como em outros casos, para remediar os males causados por um tratamento artificial, recorreu-se a outro tratamento artificial. Como havia sido proibido o exercício espontâneo e os efeitos da ausência de exercício eram bem-vistos, adotou-se aquilo que Spencer chama de "um sistema de exercício factício". Que isso seja melhor do que nada, admitimos como Dubois-Reymond; mas que seja um equivalente do jogo, negamos como Spencer. Os inconvenientes do exercício ginástico são ao mesmo tempo positivos e negativos. Em primeiro lugar, esses movimentos regrados, necessariamente menos variados do que aqueles que resultam dos jogos dos estudantes, não asseguram uma repartição igual da atividade entre todas as partes do corpo; de onde resulta que, como o exercício recai sobre uma parcela do sistema muscular, a fadiga chega mais cedo. O dr. Lagrange mostrou que a ginástica com aparelhos conduz, quando se persiste muito em certos exercícios, a um desenvolvimento desproporcional de certas partes do corpo. Não so-

---

19. Cf. Cambon, *De France en Allemagne* [Da França na Alemanha].

mente a soma do exercício é desigualmente distribuída, mas esse exercício, não sendo acompanhado de prazer, é menos salutar; mesmo quando não entediam os alunos, na condição de lições, esses movimentos monótonos tornam-se fatigantes pela falta do estímulo do jogo. Servem-se, é verdade, da emulação como estimulante; mas esse não é de maneira alguma um estímulo contínuo, como o prazer que se mistura com os jogos variados. Além de a ginástica ser inferior ao jogo livre como *quantidade* de exercício muscular, Spencer mostra que ela também é inferior no aspecto da *qualidade*. Essa ausência comparativa de prazer, que faz que se abandonem rapidamente os exercícios artificiais, faz também que eles produzam apenas efeitos medíocres. A ideia vulgar de que, se obtemos a mesma soma de exercício corporal, pouco importa se ele é agradável ou não, contém um grave erro. "Uma excitação cerebral acompanhada de prazer tem sobre o corpo", diz Spencer, "uma influência altamente fortificante." Vejam o efeito produzido sobre um doente por uma boa notícia ou pela visita de um velho amigo! Observem como os médicos recomendam às pessoas fracas as companhias alegres. Lembrem-se do bem que faz à saúde a mudança de ambiente. "A verdade é que a felicidade é o mais poderoso dos tônicos." Acelerando as pulsações, o prazer facilita a realização de todas as funções; ele tende, assim, a aumentar a saúde quando a possuímos e a restabelecê-la quando a perdemos. Daí a superioridade intrínseca do jogo sobre a ginástica. "O extremo interesse que as crianças têm pelos jogos e a alegria desordenada com a qual se entregam às mais extravagantes brincadeiras são tão importantes em si mesmos para o desenvolvimento do corpo quanto o exercício que os acompanha. Toda ginástica que não produz esses estímulos intelectuais é defeituosa." Assim, mesmo concordando que os exercícios metódicos dos membros valem mais do que a ausência de qualquer exercício e que é possível servir-se deles com vantagem como de um meio suplementar, Spencer conclui — com razão — que eles jamais podem substituir os exercícios indicados pela natureza. Tanto para as moças quanto para os rapazes, os jogos aos quais os impelem seus instintos naturais são essenciais para seu bem-estar.

Na França, associamos demasiadamente a ginástica ao militarismo. Sob a influência de uma ideia nobre, certamente, mas muito específica, há uma tendência a militarizar cada vez mais a educação. "O que se pode chamar de esporte *militar*, por oposição ao esporte *puro e simples*", diz De Coubertin[20], "não produzirá bons cidadãos. As numerosas sociedades de tiro e de ginástica que têm sido fundadas desde a guerra[21] constituem, não se pode negar, uma

---
20. Pierre de Coubertin (1863-1937), educador e atleta francês que foi um grande entusiasta dos esportes, tendo sido responsável pelo restabelecimento dos Jogos Olímpicos. [N. T.]
21. A Guerra Franco-Prussiana, encerrada em 1871. [N. T.]

escola de disciplina e de patriotismo; no entanto, o aparato militar do qual elas se cercam só é apropriado para engendrar visões estreitas, para extinguir a iniciativa individual que elas deveriam ter como objetivo desenvolver. Nesse aspecto, as duas ou três sociedades náuticas existentes em Paris são bem mais úteis do que as 33 sociedades de ginástica que contam com 3.041 membros nas vinte regiões administrativas de nossa capital.[22]"

De Laprade indagava-se, com um espanto muito legítimo, como era possível explicar que, achando tão bom imitar os gregos em sua poesia, escultura, filosofia e política, tivéssemos adotado o contrário de seu sistema naquilo que eles tinham de melhor: a educação física da juventude. Se, reduzindo a oito as horas de trabalho, reserva-se uma hora e meia para as refeições, restarão três horas e meia para as recreações e duas horas para os exercícios ginásticos. É preciso, portanto, recolocar os jogos em evidência e em vigor. Depois de terem tomado emprestado o internato dos jesuítas, cometeram o erro de não tomar igualmente emprestado deles seu corretivo, que eles tiveram a sabedoria de conservar. Os jogos e exercícios físicos ocupavam um amplo lugar em seus colégios de outrora. As escolas dos jesuítas são quase as únicas nas quais os alunos ainda jogam e correm como nos velhos tempos. "Eis aí", diz Legouvé, "a educação

---

22. *L'éducation en Angleterre* [A educação na Inglaterra].

que eu gostaria de tomar emprestada dos reverendos padres: a educação das pernas."

Infelizmente, é inútil dizer às crianças para jogar. Como vocês querem que elas joguem se as deixam em pátios que seriam estreitos demais para um sexto delas? Dupanloup relata as seguintes palavras que lhe foram ditas, um dia, por seus alunos: "Se o senhor soubesse, diretor, como nos chateia nos divertirmos dessa maneira!". As coisas são, no entanto, assim: chega-se, assim, a impor um jogo e dar castigos, punições às crianças que não tomam parte neles ou não demonstram bastante animação — o que é, certamente, muito engenhoso. Então, para evitar os castigos imerecidos, as crianças aprendem a hipocrisia e fingem brincar até que o vigia tenha virado novamente as costas e elas possam retomar a conversa interrompida.

A ginástica no liceu ocorre durante as recreações, e, como há muitos alunos para o mesmo trapézio, cada um praticamente não dá mais de uma cambalhota por dia, menos na quinta-feira e no domingo. "Por que, então", indaga com razão De Coubertin, "o ginásio não está sempre aberto, permitindo que os estudantes exercitem os bíceps todas as vezes que bem lhes aprouver?"

No verão, existe a ginástica dos banhos frios, que dura dois meses do ano: no resto do tempo, ninguém se lava. Um colégio tem uma piscina: é o liceu de Vanves, organizado, aliás, com um cuidado todo especial. Infelizmente a piscina, por não ser coberta, não pode ser usada no inverno. Uma simples comparação: em Harrow, diz De Coubertin, cada aluno (eles são quinhentos) paga cerca de doze francos por ano para a manutenção da piscina; não é caro.

Para voltar ao exercício por excelência, aos jogos, nas raras ocasiões em que se viram colegiais franceses deixados livres para se agrupar para um jogo qualquer, sempre se observou o ardor que eles dedicavam a isso.

O que falta, portanto, aos nossos colegiais não é animação, mas espaço suficiente para se divertir. Aí está a verdadeira dificuldade: os terrenos são sempre caros nas cidades, mas, como notamos, nada impede que, no interior, se adote o próprio campo como jardim. E, em relação a Paris, o Estado poderia conceder os lugares necessários nos terrenos que lhe pertencem, e as companhias de estrada de ferro transportariam a preços reduzidos as tropas de estudantes[23].

IV. Assim como o jogo, o trabalho manual tem um resultado higiênico e serve para fortalecer um povo por meio do indivíduo. Na Inglaterra, existem por toda parte oficinas nas quais os alunos se dedicam a diversos trabalhos manuais, de

---

23. Depois que este livro foi escrito, Philippe Daryl publicou uma excelente obra sobre o renascimento físico [*Renaissance physique*] e os jogos, e foi formada uma sociedade para a educação física da juventude. O ministério nomeou algumas comissões encarregadas de estudar o problema.

marcenaria e de metalurgia, sob a direção de um operário competente. É a realização dos votos de Jean-Jacques Rousseau; mas este era guiado por um indefinível sentimento ao mesmo tempo poético e igualitário ao exprimir esse voto, e os ingleses viram muito simplesmente "o lado prático da questão, a vantagem que existe em saber se servir das mãos para talhar a madeira ou o ferro". Os jovens norte-americanos que, na Universidade de Ithaca, estudam a alta matemática, a filosofia ou a história, não têm nenhuma vergonha de passar várias horas do dia nas oficinas para ganhar honrosamente o dinheiro necessário à aquisição desse saber que os conduzirá mais tarde, talvez, às mais altas funções do Estado. Um quinto dos alunos tirou proveito, em 1870, da facilidade que lhes é dada. Os trabalhos que eles executaram foram pagos pela universidade com 15 mil francos, e os professores puderam observar que todos aqueles que haviam, assim, se entregado a um labor físico tinham tirado, tanto quanto os outros, proveito das lições ministradas em todas as classes. Três horas de trabalho manual não causaram nenhum dano aos trabalhos do espírito. Entre nós, para as escolas primárias, a legislação introduziu o trabalho manual nos programas, e as instruções ministeriais informaram aos professores primários que o novo ensino, claramente concebido fora de qualquer intenção profissionalizante, devia visar, sobretudo, fornecer à criança a destreza manual, ensinar o uso elementar das ferramentas, o refinamento do gosto e o conhecimento do mundo material que a cerca. "O trabalho manual", diz Emerson, "é o estudo do mundo exterior." Por trabalho manual, nas escolas, entende-se comumente o uso das principais ferramentas, do ferro e da madeira. O verdadeiro objetivo desse trabalho, introduzido na educação geral, não é *ensinar à criança determinada profissão*, mas simplesmente *desenvolver suas faculdades intelectuais, estéticas e físicas*, seu conhecimento real das coisas e sua *habilidade*. A bancada do marceneiro e a bigorna do ferreiro podem ser empregadas nessa educação sem que se trate de formar um marceneiro ou um ferreiro. Seu efeito deve ser, sobretudo, familiarizar o estudante com as propriedades da madeira e do ferro, habituar seus olhos e suas mãos a trabalhar em conjunto, acostumá-lo às medidas exatas; enfim, ensiná-lo a executar com gosto, por meio de suas ferramentas, um objeto do qual lhe é fornecida apenas a imagem desenhada. A disciplina da oficina deve, nesse sentido, ser considerada complementar à da classe de desenho; elas são inseparáveis; uma dá o conhecimento da *forma*, a outra, o da *substância*.

Considerar demonstrado que o melhor ensinamento é aquele que se busca nos livros é o que Spencer chama de um preconceito medieval.

Para dizer a verdade, todo jogo é um trabalho quando se deseja ser bem-sucedido nele. O jogo é o primeiro trabalho das crianças pequenas. Ele já permite julgar seu caráter, desenvolvê-lo no sentido da perseverança e da energia ativa. O ideal é a fusão mais frequente possível do jogo e do trabalho, das recreações e dos ensinamentos.

As férias devem ser empregadas nos exercícios do corpo, nas caminhadas, sobretudo nas montanhas, onde o ar é mais puro. "É em meio a elas", diz Tyndall[24], "que todos os anos venho renovar meu contrato de aluguel com a vida e restabelecer o equilíbrio entre o espírito e o corpo, equilíbrio que a excitação puramente intelectual de Londres é, sobretudo, apropriada para destruir." Visando distrair e ocupar de maneira inteligente os jovens durante os dois meses de férias, o *Clube Alpino Francês* organizou caravanas escolares, cujo objetivo é assim definido: "Reunir alguns jovens da mesma idade, transportá-los para as montanhas, diante dos grandes espetáculos da natureza; prepará-los por meio de caminhadas em comum, com a mochila nas costas e o bastão ferrado na mão, para as provas do voluntariado de um ano e mesmo para as fadigas da guerra; assegurar-lhes ao longo da viagem a vigilância benevolente de um chefe experiente e lições de física, de geologia e de botânica, dadas ao ar livre, sob o céu azul, durante as paradas; distrair o espírito, sem deixar de instruí-lo; educar a alma fortalecendo o corpo." Muitos grandes estabelecimentos entraram

---

24. John Tyndall (1820-93), físico britânico nascido na Irlanda. [N. T.]

hoje nessa via e instituíram viagens durante as férias e feriados. Há nisso, além de uma excelente aplicação da *higiene*, uma ideia moral e patriótica. Essas viagens, que necessitam de despesas bastante elevadas, infelizmente não estão ao alcance de todos os bolsos. Assim, Cottinet havia imaginado levar as crianças durante um mês, seja para o campo, seja para o litoral, sem que isso custasse nada para os pais, graças às subscrições voluntárias. "Ora" — diz ele — "a experiência demonstrou que esse simples mês de campo constitui para elas uma cura heroica. E foi possível constatar essas duas coisas de igual eloquência: antes de sua partida para o campo, o peso dessas crianças e a circunferência de seu peito estavam muito abaixo, lamentavelmente, da média designada para sua idade; na volta, a proporção se inverteu: elas cresceram cinco, dez e até vinte vezes mais do que o normal!"

O professor que dirigia a colônia de garotos instalada em Bussang introduziu um aperfeiçoamento no controle higiênico dos resultados obtidos. É um *quadro individual* da condição física de cada criança. Esse quadro tem como base, antes da partida, as declarações dos pais e do diretor da escola, ao mesmo tempo que um exame aprofundado. Ele se completa, no retorno, pela comparação dos resultados adquiridos. Se os médicos vinculados às nossas escolas primárias adotassem, generalizando-o, esse método, se estabelecessem para cada criança uma *planilha da condição sanitária*, que eles revisariam uma vez por mês ou por trimestre, haveria um grande progresso. Nós nos daríamos conta daquilo que as crianças ganham em força e em saúde, essas duas riquezas primordiais para o indivíduo e para um povo.

É ainda mais urgente reorganizar a educação física na França pelo fato de que a força corporal está diminuindo em nosso povo. A hereditariedade acabará, se isso não for posto em ordem, por levar a uma degenerescência progressiva, e nossa inteligência, longe de ganhar, perderá com isso. Temos a superstição da instrução intelectual, sendo um povo intelectualista; precisamos nos curar disso, nos persuadir de que um homem robusto e fecundo é mais importante para um povo do que um homem que mobiliou sua memória com uma multidão de conhecimentos, a maior parte dos quais inútil.

VI. À questão da hereditariedade e da educação se vincula a da fecundidade física e da natalidade, enquanto submetida à vontade do homem, às suas crenças, às suas ideias, aos seus interesses aparentes ou reais. Essa questão é capital para o povo francês. Já tratamos disso em outra parte e devemos repetir aqui o quanto é importante compreender bem o perigo que nos ameaça.

No último recenseamento feito na Alemanha, em dezembro de 1885, a população do novo império alcançava o total de 46.855.704 habitantes. Em 1870, o número de indivíduos presentes no mesmo território era de apenas 40.816.249. Se levarmos em conta o número de imigrantes para as terras além-mar e o excedente de nascimentos, o crescimento efetivo atinge a soma de 535.444. De um ano para outro, a população do império alemão aumenta assim em mais de meio milhão de habitantes. Suponhamos que esse movimento continue; com o crescimento proporcional do período decenal de 1871 a 1880, serão necessários apenas sessenta anos para elevar ao dobro a atual população da Alemanha. Após as guerras do primeiro império, em 1816, os territórios da Confederação Germânica que fazem parte da Alemanha unificada de hoje contavam juntos 24 milhões de habitantes. Eles poderão ter 170 milhões por volta do final do próximo século[25], com uma densidade de 315 indivíduos por quilômetro contra 84 em 1880, sem crescimento territorial. Comparado com os progressos do império alemão, o movimento da população, na França, permanece quase estacionário, atingindo apenas o total de 37.321.186 indivíduos no recenseamento de 1881, contra 32.569.223 em 1831[26]. Acusou-se um aumento anual de apenas 0,2% no in-

---

25. A expectativa de Guyau não se confirmou, já que a população estimada da Alemanha, em 2010, era de 81.644.000 habitantes. Fonte: *Encyclopaedia Britannica*. [N. T.]
26. A população estimada da França, em 2010, era de 62.962.000 habitantes. Fonte: *Encyclopaedia Britannica*. [N. T.]

tervalo entre os dois últimos levantamentos quinquenais, ou seja, seis a sete vezes inferior ao crescimento numérico dos alemães. Esse é um fato grave, digno de chamar a atenção não somente dos estatísticos, mas, sobretudo, dos estadistas preocupados com o futuro, porque deixar de avançar, para uma nação, é ficar para trás e deixar a preponderância política passar para as mãos de povos mais vigorosos.

Myers[27], examinando nossos capítulos relativos à população em *L'irréligion de l'avenir* [*A irreligião do futuro*][28], atribui ao "pessimismo francês moderno" a influência deprimente sobre a natalidade na França. Nós não compreendemos bem a influência esterilizante que é assim atribuída ao pessimismo. Perguntamo-nos se o pessimismo, uma vez generalizado em um povo, pode por si só levar à infecundidade. Os chineses e os japoneses são embalados desde a infância com a ideia de que toda a existência não é nada; além disso, eles não têm nenhuma doutrina definida sobre a imortalidade pessoal; a religião budista é, nesse ponto, mais negativa do que positiva: nem por isso eles deixam de proliferar. É porque eles têm o culto da família, como os antigos judeus, que também pouco acreditavam na imortalidade[29].

---

27. Guyau provavelmente se refere ao poeta e ensaísta britânico Frederic William Henry Myers (1843-1901). [N. T.]
28. São Paulo: Martins Fontes, 2013. [N. E.]
29. Será que existe mesmo um "pessimismo francês moderno"? Não sei se seria melhor ele ter dito: *modern pessimism in France*. Sem dúvida, o pessimismo esteve durante certo tempo — e ainda está — na moda nos

Nesse problema, aquilo que deve nos interessar, sobretudo, é o espírito das massas, principalmente dos camponeses, que sozinhos *povoam* ou *despovoam* um país.

Ora, o camponês francês é totalmente o contrário de um pessimista: é muito hábil em considerar — como ele diz — a vida pelo lado bom. Aliás, a grande parte da nação francesa conservou um fundamento de espiritualismo, e se o camponês muitas vezes rejeita os dogmas religiosos, nem por isso ele se torna menos respeitoso com relação ao gran-

---

salões de Paris, onde um bom número de entediados e de extenuados enfarpela-se com prazer com esse nome sério. Porém, nenhum filósofo francês — desde Taine, Renouvier e Ravaisson até Fouillée e Ribot — defendeu o pessimismo. Romancista, gênio poderoso, mas com tendências sombrias e muitas vezes obscenas, Zola dedicou-se a evocar em seus livros imagens mais ou menos horríveis, mas trata-se aí de um caso particular e mais de uma questão de temperamento artístico do que de doutrina filosófica. Vocês me falarão, sem dúvida, em Renan, mas esse admirável escritor, se teve seus dias de pessimismo, parece agora convertido ao otimismo. Talvez, em suas horas de desabafo, ele nos diga que a verdade deve estar entre os dois e que não é ruim sustentar sucessivamente as duas teses. Na poesia, nosso maior nome, Victor Hugo, não tem nada de pessimista ou mesmo de alguém que duvida: ele sempre lutou com todas as forças contra as ideias de negação. Talvez não se possa dizer o mesmo dos grandes poetas ingleses Byron e Shelley, de Heinrich Heine, na Alemanha, e de Leopardi, na Itália. São citados entre nós alguns *poetae minores*: madame Ackermann, Baudelaire e Richepin. Porém, madame Ackermann, que escreveu alguns versos pessimistas muito bem cunhados, embora um tanto declamatórios, e Baudelaire — esse, sim, um verdadeiro desequilibrado — só têm sido apreciados em um círculo restrito. Quanto a Richepin, como levar a sério esse hábil versificador e declamador? As pessoas o leem como assistem a um malabarista cheio de habilidade. Seu pessimismo não passa de uma "matéria" para versos franceses, assim como as matérias para versos latinos do liceu e da Escola Normal.

de problema da morte: o mais incrédulo, em sua linguagem simples, lhe dirá que enterrar um homem ou um cão não é a mesma coisa; a morte, para ele, deve ser acompanhada de palavras de esperança; daí, aos seus olhos, a utilidade do padre. E esse estado de coisas não data de hoje. Mas é verdadeiro dizer que esses princípios, respeito pela morte e crença hesitante na imortalidade, comparados ao verdadeiro defeito do camponês francês, que é ser um calculista muito reflexivo — cada vez mais reflexivo —, não são suficientes para fazê-lo passar a essa consequência prática, talvez um pouco imprevista e bem difícil de vincular a eles: crescei e multiplicai-vos. A partir do momento em que os motivos econômicos e sociais se encontram na linha de frente, a questão da fecundidade torna-se objeto de reformas econômicas e sociais, um assunto também de educação moral e pública.

É essencial, na educação pública, não tratar abertamente da questão da infecundidade voluntária, mas mostrar as vantagens de uma população numerosa para um povo, para a pátria e para a família. Os números que acabamos de transcrever sobre a população alemã são, por si, bastante eloquentes. Existem alguns preconceitos econômicos, morais e sociais a serem dissipados na França — e os economistas não tiveram uma pequena participação na difusão desses preconceitos. Não é difícil, nas escolas primárias e nos liceus, ensinando a geografia e a economia política, insistir quanto ao elemento de poderio, de riqueza intelectual e de seleção social que traz para os Estados uma população considerável. Conferências feitas aos soldados, aos operários e aos camponeses também podem mostrar as vantagens da população numerosa; não há necessidade, para isso, de entrar em detalhes capazes de chocar os ouvidos pudicos. É importante somente habituar todos os espíritos a considerar o futuro da nação e do povo.

Capítulo 4 – Objetivo e método da educação intelectual

I. Objetivo e objeto da educação intelectual.

II. Métodos de ensino; cultivo da atenção; intuição e ação; a memória; preconceitos relativos ao cultivo da memória.

III. Escolha dos conhecimentos a inculcar; distinção entre os conhecimentos de luxo e os conhecimentos verdadeiramente úteis.

I. A educação da infância e da primeira juventude não tem e não deve ter outro objeto que não ela mesma. Se partirmos do princípio de que todas as faculdades humanas encontram-se em um cérebro de criança, o objetivo da educação será favorecer o desenvolvimento normal, completo e harmonioso do conjunto dessas faculdades, cujo equilíbrio — como já se observou — a vida desde cedo irá se encarregar de romper.

É importante, no mais alto grau, que no momento de dar o passo decisivo na vida o jovem sinta bem, por si mesmo, o que ele é e tudo o que ele é, a fim de que seja com conhecimento de causa que ele prefira um caminho a outro, que ele se entregue à faculdade verdadeiramente dominante, se tiver uma. Em poucas palavras, a educação prepara o terreno; nele se semeará mais tarde, quando chegar o tempo da educação profissionalizante; porém, para que a semente brote, é necessário que o terreno inteiro esteja preparado, porque ninguém sabe o lugar preciso onde ela germinará.

Na educação, o primeiro lugar deve caber aos interesses comuns do indivíduo e da espécie, àquilo que pode desenvolver ao mesmo tempo a intensidade e a expansão da vida. Não é possível considerar o indivíduo unicamente em si mesmo, como um ponto no espaço, abstraindo-se o ambiente moral e intelectual que o cerca e a atmosfera terrestre, que talvez sejam, em pé de igualdade, as próprias condições de sua vida. Se a primeira necessidade é viver, a segunda seguramente é encontrar um meio para isso, ou seja, adaptar-se ao seu ambiente. Ora, como o homem é feito para viver entre os homens, nunca seria demais conformar a criança à vida social, contrabalançar nela os instintos egoístas, que são os primeiros a se manifestar, pelo desenvolvimento dos instintos altruístas e sociais, que devem representar, um dia, um grande papel na sua vida individual. Agora, se a preeminência pertence aos interesses comuns do indivíduo e da espécie, quais são esses interesses comuns? A conservação do indivíduo, seguramente, é indispensável à própria espécie, e a educação deve tender a garantir a manutenção, o desenvolvimento e a força da vida física, já que disso depende a força hereditária de um povo. Eis, portanto, se quiserem, a primeira necessidade, base das outras: daí a importância da ginástica e da higiene, tão apreciadas pelos gregos e muito negligenciadas por nós. Ainda se poderia assinalar aqui, em certa elite, uma possível antinomia entre os interesses do corpo e os do estudo. A própria teoria da evolução admite que o progresso da espécie se realiza à custa de certo número de indivíduos. Para que se façam os Pascal e os Newton, é necessário consentir em certa usura corporal produzida pelo estudo. Mas essa é, em suma, a exceção, e a boa saúde de um povo, sua força e sua energia física são, elas mesmas, uma condição prévia para a produção dos gênios excepcionais.

Depois do desenvolvimento físico, ou mesmo antes, se for necessário, devemos colocar o desenvolvimento moral, que é a finalidade suprema do indivíduo e a própria condição de existência para a sociedade. É forçoso reconhecer que, em nosso sistema de educação, quase não temos mais cuidado com esse desenvolvimento moral do que com o desenvolvimento físico: nossos alunos se moralizam (ou se desmoralizam) como podem, do mesmo modo como eles se portam como podem, bem ou mal. Nenhum auxílio de meios sistemáticos, nenhum *método* é, desde a mais tenra idade, empregado na moralização: instrui-se e se confia na virtude moral da instrução, isso é tudo. Ora, essa virtude nem sempre é tão grande quanto se imagina, ao menos para tudo aquilo que é objeto de *saber* propriamente dito: a aritmética, a física e a química não têm o poder de "formar o coração".

Assim, antes da instrução intelectual e científica, deve-se colocar a educação estética, porque aquilo que está mais próximo do bem é o belo e porque a ação moralizadora menos indireta cabe à estética, à arte, à literatura, àquilo que tão bem tem sido chamado de humanidades. A instrução intelectual e científica só chega, portanto, em último lugar.

É possível, na instrução intelectual, perseguir três objetivos: elevar o espírito e fazê-lo olhar todas as coisas mais do alto; aplicá-la a alguma finalidade prática, um ganha-pão, um ofício etc.; ou simplesmente mobiliá-la como um salão, com tecidos brilhantes, cerâmicas chinesas ou lacas japonesas. Este último objetivo é o mais frequentemente buscado hoje em dia; a instrução torna-se um objeto de enfeite, de coquetismo na moça e de vaidade no homem. Trata-se de um deplorável desvio do verdadeiro caminho. Fazer entrar no cérebro a maior soma de ideias generosas e fecundas com o menor dispêndio de força possível é o verdadeiro objetivo da educação intelectual. Uma vez que se tiver configurado em um bom sentido o cérebro de cada indivíduo, a hereditariedade fixará em um povo maior capacidade cerebral. A educação e a hereditariedade, aqui e alhures, serão o complemento uma da outra.

II. Os psicólogos têm demonstrado que a expressão física dos sentimentos, imitada por reflexo, engendra os próprios sentimentos, e já vimos que esses sentimentos se propagam por sugestão. É, portanto, fácil para o mestre que se sente bem entre seus alunos transmitir-lhes a alegria. O interesse que ele manifesta por aquilo que diz, por aquilo que faz, pelo trabalho que manda realizar é transmitido a todos por simpatia. O silêncio leva, por sugestão, ao silêncio. O exemplo da ordem termina por formar hábitos de ordem. Não podemos nos dispensar de trabalhar quando todo mundo trabalha em torno de nós. Os nervos são excitados pelas atitudes dos trabalhadores; eles acabam por irritar-se a ponto de a inação tornar-se um sofrimento. "Não existe", diz Herbert, "criança com boa saúde que se recuse a trabalhar quando se encontra em um meio cheio de emulação para o trabalho."

É, portanto, menos difícil do que geralmente se acredita conduzir o jovem ao amor pelo trabalho. De resto, o pouco gosto que ele às vezes demonstra pelo trabalho, no início, deve-se mais a uma falta de hábito e de método do que à preguiça propriamente dita. Começaremos a desenvolver nele a faculdade de observação por meio das *lições de coisas*; apresentaremos a ele os fatos concretos antes das verdades abstratas; procuraremos tornar o estudo agradável. A característica comum dos métodos modernos é conformar a educação à marcha natural da evolução na criança — o que não implica, aliás, uma completa *permissividade*, já que a criança tem necessidade de que o alimento intelectual lhe seja preparado e servido em certa ordem. Os princípios gerais de educação que, segundo Spencer, podem ser considerados estabelecidos são: 1º – o espírito vai do simples ao composto; 2º – o espírito vai do indefinido ao definido; 3º – o desenvolvimento individual da criança reproduz as fases do desenvolvimento histórico da humanidade; 4º – é preciso encorajar o desenvolvimento espontâneo; 5º – a atividade intelectual é, em si mesma, agradável, e o estudo bem dirigido deve produzir o interesse, e não o desgosto. Resumindo, a aquisição dos conhecimentos deve ser o resultado da atividade espontânea da criança; como o exercício normal das faculdades é agradável em si, o estudo, se bem dirigido, deve ser interessante.

No entanto, ainda aqui é preciso evitar o abuso; transformar o trabalho em uma verdadeira brincadeira, instruir-se brincando é uma má preparação para a vida. A vida é uma brincadeira? Kant teve razão em dizer: "É uma coisa funesta habituar a criança a encarar tudo como uma brincadeira...

É de elevada importância ensinar as crianças a trabalhar: o homem é o único animal que tem necessidade de fazê-lo". Já Spencer quer adotar como critério superior do bom método o *prazer* das crianças. O interesse, a admiração, pode ser; mas o prazer? O divertimento?... Longe de subordinar o trabalho ao prazer, é preciso que a criança encontre prazer no próprio trabalho, no exercício de suas faculdades e no sentimento de dever cumprido. A vida é *trabalho* e submissão a *regras*; não a representem para as crianças como um jogo de bola ou de boliche: seria desmoralizá-las e, em vez de produzir homens, preparar para a sociedade crianças grandes. Aquele que só sabe jogar e julga tudo de acordo com seu prazer é egoísta e preguiçoso.

De resto, o próprio jogo exige também certo trabalho. Porque, não esqueçamos, o prazer encontrado no jogo torna-se muito rapidamente o interesse pela dificuldade a ser vencida, e a prova disso é que, no dia que o jogo deixa de ser difícil, ele quase sempre deixa de divertir. Portanto, trata-se simplesmente de levar a criança a aplicar a uma tarefa séria a soma de atenção, de perseverança e de ordem nas ideias que ela natural e gradualmente dedica aos seus jogos. E, em definitivo, ensiná-la a se interessar por todas as coisas é ensiná-la a perseverar, ou seja, a conhecer o esforço, a querer; é moralizá-la tanto quanto instruí-la.

O cultivo da atenção é o segredo de todo "treinamento intelectual". A atenção produz o *agrupamento* mais ou menos sistemático das representações e das ideias, de maneira que nenhuma permaneça isolada em nós, de maneira que cada uma atraia e desperte preferencialmente as imagens ou as ideias que apresentam com ela certa similitude, uma analogia lógica ou estética. A desatenção, ao contrário, consiste no aborto de cada representação, que passa e morre em nós sem ter dado lugar a nenhum agrupamento duradouro. A atenção é, portanto, tanto uma questão de método quanto de potência natural para a inteligência. Adquirir o hábito da atenção é simplesmente não deixar abortar um estado de consciência importante sem tê-lo ligado com outros, sem ter feito dele uma espécie de sistema psíquico[1].

A atenção é a ordem e a honestidade do pensamento. Trata-se de não deixar romper-se a trama de nossas ideias, de fazer como o tecelão que amarra todos os fios partidos. Há espíritos nos quais os fios se quebram incessantemente, é verdade, mas quase sempre é possível reatá-los com um pouco de esforço. É uma questão de vontade, e a atenção aparece assim como uma moralidade elementar, a própria moralidade da inteligência, a arte da conduta no foro íntimo.

A atenção nada mais é que a perseverança aplicada. Assim, antes que as faculdades intelectuais tenham se desen-

---

1. Cf. Paulhan, *Revue scientifique*, 28 de maio de 1887.

volvido na criança, seria importante habituá-la à perseverança, que posteriormente se manifestará na esfera das ideias. É preciso que a criança adquira certa constância nas ações e nos deveres, a fim de tê-la mais tarde nos pensamentos. "Ele só era infeliz quando pensava", diz Voltaire de Cândido, e acrescenta: "Ocorre o mesmo com a maioria dos homens". A felicidade suprema seria, portanto, não pensar? Não, mas ser senhor do próprio pensamento e saber dirigi-lo, o que é a coisa mais difícil deste mundo. Adquire-se o hábito de ser superficial como qualquer outro hábito: é uma falta de atenção e de coragem, um defeito não menos moral do que intelectual e que pode ser corrigido com a vontade.

A atenção direcionada para um objetivo produz o método. Existe uma lei que diz que quanto mais um trabalho qualquer exigir maior dispêndio de esforço, uma tensão mais forte, mais medido e metódico ele deve ser. Ora, o trabalho intelectual é o que constitui para o organismo o dispêndio mais custoso, o mais lento de se reparar: é, portanto, aquele que deve ser executado da maneira mais regular, mais metódica. Como ele é o que existe de menos maquinal e de menos involuntário em nós, é necessário, como compensação, realizá-lo em horas mais regradas, conferir-lhe o caráter de um exercício normal da atividade, que encontra todos os dias no orçamento interior os recursos correspondentes aos gastos exigidos. Tudo o que é desordenado no trabalho intelectual mata o indivíduo e, sobretudo, sua descendência. Daí o perigo da vida de artista, que quase sempre é a mesma coisa que a "vida de boêmio". Os grandes produtores intelectuais na ordem das ciências, e mesmo das artes, foram quase sempre aqueles cujo trabalho era regular como o de um operário, com intervalos de repouso suficientes.

Na mesma medida em que é necessário desenvolver a atenção, sobretudo exigindo a *continuidade* do pensamento, é importante não extenuá-la. A maneira pela qual a criança muito nova deve aprender muitas coisas sem se fatigar é a mesma pela qual ela aprende a língua materna: escutando o murmúrio contínuo das palavras que ressoam em torno dela só quando está disposta a isso, deixando essas palavras entrarem em sua cabeça mais do que as colocando nela, deixando que elas se fixem como pregos em seu cérebro por meio da repetição. Não se desenvolve a atenção fatigando-a, a não ser em detrimento da saúde geral. Uma criança passa um tempo mais ou menos longo aprendendo uma lição; acredita-se que ela está atenta, e ela mesma acredita nisso, mas na realidade ela só aprende a lição graças a somente alguns instantes de verdadeira atenção; todo o resto é tempo perdido. O ideal de uma boa educação é aumentar a intensidade da atenção e diminuir o tempo que não é dado nem à atenção, nem a um repouso completo e verdadeiramente higiênico: é um cultivo intensivo sem deixar que a terra descanse. Quando exigimos de uma criança um longo esforço de atenção, esgotamo-la sem proveito. Mas é possível, mantendo-a na companhia de pessoas inteligentes e cujos pensamentos sejam bem encadeados, habituá-la também a não pular de um assunto para o outro, a conservar seu espírito em determinado círculo de ideias, sem permitir que ele fuja bruscamente pela tangente. Para cavar um terreno em um ponto, não é necessário dar cinquenta golpes de picareta por minuto: pode-se levar tanto tempo quanto se quiser; o essencial é cavar no lugar certo. Como a duração da atenção é sempre mais ou menos proporcional à curiosidade, é possível aumentar muito esse tempo ampliando a esfera da curiosidade. Pelo simples fato de que tornamos a atenção mais duradoura e, assim, a *exercitamos*, multiplicamos com esse exercício a própria faculdade da atenção. A *duração* da atenção é, com efeito, a *medida de sua potência* e um dos *meios* de produzi-la.

Tem sido adotado em nossas escolas o método de ensino pelo aspecto (lições de coisas); mas fazer ver não é tudo. É necessário conseguir fazer compreender, fazer raciocinar e agir; os olhos não devem ser um meio cômodo de substituir a inteligência, mas um recurso para desenvolvê-la. Existe um método ainda melhor do que o ensino pelo aspecto, é o ensino pela ação: mandar as próprias crianças fazer as coisas que hoje nos contentamos em lhes mostrar. Esse método parece bem preferível: a ação é um raciocínio concreto que grava ao mesmo tempo as ideias no espírito e nos dedos. Na América, em vez de fazer a criança compreender no papel o funcionamento de uma máquina a vapor, oferece-se a ela um modelo simplificado; é necessário que ela o desmonte peça por peça, reajuste-as e refaça por si mesma a máquina. O eminente físico inglês Tyndall escreveu um estupendo volume sobre a eletricidade, para mostrar que uma criança com uma inteligência comum poderia construir por si mesma a maior parte dos instrumentos de demonstração empregados na eletricidade, com uma despesa de alguns francos. É preciso desenvolver por todos os meios a iniciativa da criança. Deve-se fazer isso na própria sala de aula por meio dos deveres orais, dos deveres escritos, dos resumos em voz alta ou escritos etc. A maiêutica é o melhor método de educação sempre que ela é possível[2].

---

2. "Meu pai me acostumava, suave e pacientemente, a ver e a pensar por mim mesmo, em vez de me impor suas ideias, que meu temperamento dócil e submisso teria cegamente aceito. Jamais vi professor mais modesto e menos dogmático. Ele não afirmava nada e se contentava em atrair minha atenção para as coisas, sem dizer o que sabia sobre elas. Quando entrávamos em um bosque, por exemplo, ele me dava uma lição a cada passo, e eu não me sentia na escola. Eu tinha adquirido imperceptivelmente o hábito de estudar as camadas de terra todas as vezes em que um declive cortado as expunha. Eu chamava os animais e as plantas pelo nome e os classificava hesitando um pouco, e ele me deixava seguir, a não ser para me trazer de volta, com uma palavra ou um sorriso, quando eu me enganava. Ele tinha o dom de considerar tudo do ponto de vista prático: ele distinguia cuidadosamente os animais úteis dos nocivos, e eu aprendi desde cedo a respeitar a toupeira, o sapo, o morcego, a cobra, os pássaros insetívoros e todos os nossos amigos desconhecidos." Edmond About, *O romance de um homem de bem*.

O essencial é provocar o desejo da ação e a própria atividade. Por toda parte e sempre, triunfam entre nós os métodos puramente mnemotécnicos. Era esse falso saber que Leibniz chamava engenhosamente de *psitacismo*. Qual é o objetivo do homem? *Ser homem*, no sentido verdadeiro e completo, emanar dele tudo aquilo que está na natureza humana. Qual é o caminho e o meio para isso? *A ação*. Voltaire escrevia essas palavras em 1727, renovando o princípio da Antiguidade, a tradição da Grécia, a filosofia da *energia*, da ação. O mesmo pensamento, indicado por Locke, manifesta-se no livro inglês por excelência, o *Robinson*[3]. Ela é reproduzida no *Emílio*. Michelet, por sua vez, é entusiasta da ação. É necessário — diz ele — *recompor o próprio homem*, não mais mutilá-lo exagerando determinada parte, determinada faculdade, e suprimindo as outras; não destruir nele as faculdades ativas, levar novamente para a sala de aula a vida e o movimento. O suplício das salas de aula, no ensino atual, é a passividade, a inércia e o silêncio aos quais é condenada a criança. "*Receber sempre sem dar jamais!* Mas isso é o contrário da vida. Seu curso alterna essas duas coisas; avidamente ela recebe, mas não fica menos feliz de espalhar e dar." Tornemos os alunos mais ativos na sala de aula, associemo-nos a eles no ensino.

---

3. Guyau refere-se a *Robinson Crusoe*, escrito por Daniel Defoe e publicado em 1719. [N. T.]

Perguntamo-nos muitas vezes se é necessário que o ensino vá do concreto ao abstrato, do particular ao geral, do empírico ao racional. Sim, para as crianças muito pequenas. Mas não se pode exagerar nem estender além da medida esse método, sob o pretexto de que ele representa: 1º – a evolução natural do espírito; 2ª – a evolução histórica das próprias ciências. Em primeiro lugar, as crianças generalizam desde muito cedo e são levadas a abstrair à primeira vista. Elas são *simplistas* e às vezes raciocinadoras em excesso. A criança tem um espírito essencialmente lógico: o que foi feito uma vez, por exemplo, ela exige que seja repetido, exatamente nas mesmas condições. Ela, tão caprichosa por natureza, não admite o capricho nos outros. É porque ela carece da experiência das diversas condições e da diversidade dos resultados. E os povos são como as crianças: são raciocinadores simplistas, quase sempre incapazes de ver, em um problema político ou moral, três ou quatro dados ao mesmo tempo.

Assim, acreditamos que seja preciso deixar um lugar, e o primeiro, para o método racional e sintético, nos estudos nos quais ele é particularmente indicado, como os estudos gramaticais ou lógicos. Mas acreditamos que é possível combinar os dois métodos na maior parte dos estudos, e é importante, sempre que se tratar de ciências de observação, fazer os alunos observarem por si mesmos, empregarem o ensino da ação.

Uma vez que o espírito seja capaz de receber e de adquirir, trata-se de determinar qual é o alimento intelectual mais conveniente, a qualidade e a dose de *saber* a ser adquirido. Há uma grande diferença entre a ingestão dos alimentos e sua digestão, entre o "empanturramento da memória" e a assimilação. A escolha dos alimentos intelectuais deve ser regulada segundo a natureza dos cérebros. Trata-se de fazer entrar o máximo de elementos preciosos na circulação intelectual com o mínimo possível de desperdício.

Uma parcela dos preconceitos da antiga psicologia ainda se encontra na educação; imagina-se demasiadamente a memória como uma faculdade simples, única, isolada. Diz-se: *exercitar* a memória, *desenvolver* a memória; mas, de fato, só se pode exercitar e desenvolver apenas determinada memória, a das palavras, a dos números etc. A memória é um *hábito*, e não desenvolvemos a *memória em geral* porque enchemos o cérebro da criança com determinadas palavras, com determinados números, do mesmo modo como não desenvolvemos o *hábito em geral* porque lhe inculcamos o hábito de saltar com os pés juntos ou jogar bilboquê. Em vez de dar memória a uma criança forçando-a a se lembrar de coisas insignificantes, nós realmente tiramos sua memória, porque essas coisas sem valor vão tomar em seu cérebro o lugar de ideias mais importantes. Sabemos que o número de conhecimentos que cabe em um cérebro humano de capacidade mediana é, no fim das contas, limitado, que um expulsa o outro, que a procura das palavras, por exemplo, prejudica a das ideias, que as coisas fúteis prejudicam as coisas sérias. Portanto, não somente é ruim armazenar no cérebro os conhecimentos mesquinhos — o que o esvazia, por assim dizer, enchendo-o —, mas também se cria assim uma facilidade de adaptação com relação a essas coisas, tornando o espírito e a memória impróprios para as ideias verdadeiramente úteis e sérias. Como a memória é uma faculdade de adaptação, nós a deformamos em vez de exercitá-la se a adaptamos aos conhecimentos de ordem inferior. Uma coisa, aliás, é a facilidade da memória; outra é sua tenacidade. O abuso dos concursos, dos exames e dos programas, determinando uma soma precisa de conhecimentos a serem adquiridos para uma data fixa, longe de tender a desenvolver a tenacidade da memória, tende antes a suprimi-la. Todos nós conhecemos essa sensação de bem-estar intelectual que se segue aos dias de exame e pela qual sentimos o cérebro se descarregar de tudo que nele foi jogado apressadamente, recuperar seu equilíbrio, esquecer. O exame, para a grande maioria dos alunos, não é senão a permissão para esquecer. O diploma quase sempre é, de fato, o privilégio de se tornar novamente ignorante; e essa ignorância salutar, que retorna gradualmente depois do dia da prova, é por vezes tanto mais profunda quanto mais tensão de espírito o aluno manifestou para reunir no dito dia todo o seu saber, em razão do esgotamento nervoso que resulta disso.

O papel da instrução é, sobretudo, dar ao espírito os quadros nos quais virão se agrupar os fatos e as ideias que a leitura e a experiência da vida fornecerão em seguida. Os fatos e as ideias só têm uma influência real e útil sobre o espírito se, à medida que eles se produzem, o espírito os sistematiza e os coordena com outros fatos e com outras ideias; senão, eles permanecerão inertes e serão como que inexistentes. Um dos princípios da educação é exatamente a impotência do educador para oferecer outra coisa além de *direções* gerais de pensamento e de conduta. A instrução mais completa só fornece conhecimentos necessariamente insuficientes, que serão de alguma maneira engolidos pela multidão de experiências que compõem uma vida.

É necessário, portanto, distinguir os verdadeiros conhecimentos de luxo dos de necessidade. Enganamo-nos gravemente na classificação desses conhecimentos; a história, por exemplo, é em grande parte um luxo; a higiene, uma necessidade. É preciso afastar dos conhecimentos que são verdadeiramente de luxo todos aqueles que não se mostrem intelectualmente muito bem dotados. As partes superiores do ensino estão atravancadas. Exames preliminares deveriam podar todos os galhos destinados a não produzir nada; seria uma economia de seiva humana.

Por conhecimentos de *luxo* não entendemos de maneira alguma as altas verdades e os princípios especulativos das ciências, as belezas da literatura e das artes; esse pretenso *luxo* é necessário, em nosso modo de ver, porque ele é o único meio de *elevar* os espíritos, de moralizá-los através do amor desinteressado pelo verdadeiro, pelo belo. São todos os pretensos conhecimentos úteis ou necessários, isto é, as aplicações das ciências e as narrativas detalhadas da história, que são *supérfluos*. É necessário, portanto, distinguir no ensino os conhecimentos considerados não utilitários dos *inutilizáveis*; essa distinção é fundamental porque a instrução deve certamente elevar-se muito acima do utilitário, do usual, do terra a terra; e, no entanto, ela deve evitar, com o mesmo cuidado, abarrotar um espírito com conhecimentos desproporcionais à faculdade que ele possui de fazer uso deles.

O educador deve, em primeiro lugar, estabelecer a regra geral de que todo conhecimento seria bom *para um espírito cujo poder de assimilação fosse ilimitado*; em segundo lugar, de que todo conhecimento é uma sobrecarga para o espírito e representa um dispêndio inútil de força todas as vezes que não é bem assimilado; em terceiro lugar, de que é necessário, para determinar o número dos conhecimentos que se deseja verter em um espírito, considerar não somente a natureza destes, mas a relação que existe entre eles e a capacidade do espírito no qual se procura incuti-los.

A conclusão prática dessas teses gerais é que se todo homem, ao chegar à idade madura, deve estar provido de certa dose mediana de conhecimentos, essa soma de conhecimentos deve ser utilitária não no sentido vil da palavra, mas utilizável para o espírito, ou seja, assimilável; que não é possível querer alargar excessivamente essa fonte de conhecimentos dados a todos, porque o trabalho estéril que, dessa maneira, se faria o espírito realizar também estaria perdido para as forças do corpo; e que a melhor educação geral é aquela que deixa ao indivíduo o máximo de liberdade para complementar o que ele aprendeu na medida em que ele é capaz de aprender utilmente.

Uma coisa essencial que se deve ensinar à criança é a arte de ler metodicamente, assimilando o que se lê. Para isso, é necessário distinguir em um livro: 1º – as passagens essenciais do ponto de vista estético e moral; 2º – os fatos ou ideias essenciais do ponto de vista científico. É principalmente pela leitura que se continua a educação intelectual apenas esboçada durante os primeiros anos, algumas vezes pela simples leitura dos jornais e dos romances. E, no entanto, com um pouco de discernimento, seria possível extrair dos próprios jornais uma multidão de conhecimentos úteis.

Talvez o mais necessário a ser inculcado seja menos um fato, uma ideia, do que um sentimento, ou seja, o próprio amor por aprender; a esse sentimento é preciso juntar, além disso — para evitar que o espírito toque em tudo sem se ligar a nada —, o amor por estudar até o fundo, aprofundar-se. Esse desejo de se aprofundar é como a sinceridade perfeita, o desejo de encontrar o verdadeiro, porque basta um pouco de experiência para reconhecer que o verdadeiro jamais se encontra muito próximo das superfícies e que é preciso em toda questão cavar e penar para chegar a ele.

Deve-se observar que os conhecimentos mais difíceis de adquirir para a criança são também quase sempre aqueles entre os quais é impossível estabelecer um vínculo lógico e que não têm nada a ver com o raciocínio: datas sem importância, nomes geográficos inúteis de conhecer, pequenos fatos históricos. Tais conhecimentos fatigam o cérebro ao entrarem nele e, em vez de formá-lo introduzindo nele hábitos de raciocínio, o deformam; trata-se de força intelectual despendida em pura perda, de trabalho no vazio. Um dos inimigos do verdadeiro saber é, portanto, a *erudição*. E por erudição entendemos não o conhecimento do grego ou do sânscrito, mas o conhecimento de detalhes muito multiplicados nos quais o espírito se perde e se esgota. Faz parte da erudição conhecer em sua ordem cronológica todos os nomes dos merovíngios com sua data de nascimento e morte;

faz parte da erudição memorizar na série dos grandes cursos de água o nome do Roya, que separa, segundo nossa geografia, a França da Itália — o que é inexato.

A melhor educação é aquela que não é simplesmente *instrutiva*, mas *sugestiva* e, consequentemente, *diretiva*; aquela que introduz no cérebro não somente conhecimentos suscetíveis de um "duplo uso", como dizia Sócrates, mas sentimentos sociáveis e hábitos de agir ligados a hábitos de pensamentos elevados. Em outros termos, não se pode dar somente uma instrução *difusa* criando tendências opostas que dividem o espírito, mas uma instrução *coordenada*, *concentrada* em um mesmo ponto diretor e culminando em sugestões práticas.

Eis as regras que Descartes estabelecia para si mesmo e que ele declara "ter sempre obedecido em seus estudos":

1º – Destinar *pouquíssimas horas do dia* aos pensamentos que ocupam a imaginação (ciências concretas e artes); 2º – gastar *pouquíssimas horas do ano* com aqueles que ocupam apenas o entendimento (matemática e metafísica); 3º – dedicar todo o resto do tempo ao relaxamento dos sentidos, ao repouso do espírito e ao exercício do corpo.

Descartes relaciona entre os exercícios da imaginação todas as "conversações sérias" e tudo aquilo para que é preciso ter atenção; é por isso que ele se retirava para o campo. Leibniz, reproduzindo as regras de Descartes, diz: "Muito longe de nosso espírito ficar aguçado pelo excesso de estudos; pelo contrário, esse excesso faz que nosso espírito se torne obtuso por causa dele".

Poucas horas dedicadas por dia ao estudo serão suficientes para aquilo que é necessário saber? Elas serão suficientes, responde um de nossos filósofos contemporâneos[4], se, de um lado, o espírito bem-regulado conservou para o tempo em que se aplica ao estudo todos os seus recursos e se, de outro lado, limita-se o ensinamento ao que verdadeiramente importa saber. "As grandes verdades nas ciências, os grandes modelos nas letras e nas artes podem ser reduzidos, para a educação, a um pequeno número — e, assim, impressionarão ainda mais."

---

4. Ravaisson.

Capítulo 5 – A escola

 i. Insuficiência e perigos da instrução puramente intelectual. Resultados da estatística. Necessidade da instrução moral.
 ii. Possibilidade de ensinar a moral metodicamente. — O ensino da moral em suas relações com as confissões religiosas e com a "religião natural". — Necessidade de entregar ao Estado a direção do ensino moral e cívico.
 iii. A disciplina moral na escola primária e as escolas anarquistas de Tolstoi. — Método das reações naturais de Spencer. Sua insuficiência.
 iv. Necessidade do ensino cívico em todos os graus da instrução.
 v. Ensino estético.

A instrução primária dirige-se a essa massa que constitui o próprio fundamento da nação, seu fundo hereditário, com suas qualidades e defeitos; é importante, portanto, atuar em um sentido favorável sobre essas camadas profundas. Ora, é aqui, sobretudo, que é necessário, segundo as palavras de Montesquieu, ter "cabeças bem-feitas", e não "cabeças bem cheias"; é necessário também, sobretudo, ter corações no lugar certo.

A estatística judiciária constatava, no início deste século, entre cem acusados, 61 ignorantes contra 39 indivíduos que receberam alguma instrução. Diante de tal proporção de iletrados, acreditou-se que a ignorância fosse a principal causa da criminalidade e esforçaram-se para difundir a instrução primária. Hoje, quando a instrução é obrigatória, o resultado é simplesmente inverso: de cada cem acusados, setenta são alfabetizados e trinta são iletrados. Portanto, foi forçoso reconhecer que a maior ou menor proporção de ignorantes entre os criminosos estava ligada à maior ou menor ignorância das massas, e não ao efeito desmoralizante da ignorância por si só. Alguns autores, como Tarde, pensam que a instrução superior é a única poderosa o bastante para elevar o espírito a um grau no qual a ideia do crime não possa mais se produzir. Objetam-lhe que, se a criminalidade inclui poucas pessoas verdadeiramente instruídas, é porque, em nossos dias, para obter uma verdadeira instrução, já é preciso estar de posse de alguns recursos. Ora, com a abastança, muitas tentações desaparecem; além disso, a instrução superior constitui em si mesma um recurso, um ganha-pão. Se uma mesma instrução científica fosse dada a todos, muito provavelmente veríamos a estatística registrar um número elevado de criminosos instruídos, letrados, e dos mais perigosos. Podemos acrescentar, aliás, que há cinquenta anos, de cada cem criminosos, apenas dois haviam recebido a instrução superior; hoje em dia, a proporção é de quatro criminosos, e ela, sem dúvida, aumentará. Como observou Sócrates, o meio de impedir que a instrução seja uma arma nas mãos dos criminosos seria conferir uma participação mais ampla à educação moral e estética do que à instrução intelectual e científica, não conceber esta última sem a precedente e não acreditar que o conhecimento dos fatos e verdades de ordem positiva possa tomar o lugar do sentimento em uma boa educação.

O abuso da instrução muito puramente intelectual, longe de sempre moralizar, termina muitas vezes gerando apenas desclassificados. Se a criança, ao se tornar homem, não consegue o que ambicionava, ela responsabiliza por isso a sociedade, acusando sua má organização; daí por diante, ela verá tudo pelo lado ruim e detestará todo mundo. Se é fraca e esgotada, ela se alistará naquilo que foi chamado de "regimento dos *resignados*"[1], daqueles que baixaram a cabeça, não

---

1. De Coubertin.

se sentindo com forças para se revoltar, mas que estão sempre prontos a servir aos *revoltosos* quando estes tiverem feito o primeiro ataque. Se os segundos fazem o mal, não são os primeiros que os impedirão disso: ambos têm interesse nas revoluções, e aqueles que não ousam amarrar o guizo[2] seguramente não irão desamarrá-lo[3]. No início de seu tão curto reinado, o imperador Frederico III escrevia a Bismarck: "Considero que a questão dos cuidados a serem dados à educação da juventude está intimamente ligada às questões so-

---

2. Referência à fábula *Os ratos reunidos em conselho*, de Esopo. "Os ratos estavam reunidos em conselho e deliberavam sobre a maneira como poderiam se proteger das garras de um gato, que havia devorado um terço de seu povo. Como todos opinavam, o mais esperto entre eles defendeu que se devia amarrar um guizo no pescoço da fera perversa. Dessa maneira — disse ele —, escaparemos facilmente do inimigo e zombaremos dele. A ideia foi aprovada por toda a assembleia. Porém, era preciso achar um rato que ousasse amarrar o guizo no gato. Ora, todos recusavam essa missão: um estava com dor nos pés, outro enxergava mal. 'Não me sinto muito bem', dizia um; 'eu não saberia executar a coisa', dizia outro. E todos se retiraram sem ter feito nada. Moral: *Não pretendamos fazer aquilo de que não somos capazes.*" Fonte: *Aesop's fables in french*, Filadélfia, 1856. [N. T.]
3. Foi submetido às deliberações do Conselho do império russo um projeto de transformação das escolas *reais*. Essas escolas tinham por base as da Alemanha para o ensino moderno; achou-se que elas eram demasiado ou muito pouco clássicas; acusaram-nas de formar meios-sábios, ao mesmo tempo muito letrados e muito ignorantes das coisas práticas para seguir as carreiras industriais ou comerciais. Assim, quiseram transformá-las em escolas puramente *técnicas*. Seu ensino deverá ter como objetivo formar contramestres ou chefes de oficina, providos de cultura geral suficiente e de instrução profissional aprofundada, que poderão encontrar no comércio e na indústria uma colocação imediata e não correrão o risco de aumentar o número dos desclassificados, essa chaga das sociedades modernas.

ciais. Uma educação mais elevada deve se tornar acessível a camadas cada vez mais extensas; mas se deverá evitar que uma meia-instrução venha criar sérios perigos, dando origem a pretensões de existência que as forças econômicas da nação não poderiam satisfazer. É necessário igualmente evitar que, à custa de procurar exclusivamente aumentar a instrução, se venha a negligenciar a missão educativa". E, com efeito, o primeiro lugar na escola pertence ao ensino moral e cívico, que é o mais educativo.

II. Se a instrução deve ser antes de tudo *moral*, será possível ensinar metodicamente a ciência dos costumes? A moral é, para nós, em parte positiva e em parte conjectural. Existe na parte positiva um teorema fundamental que deveria, a nosso modo de ver, ser também o fundamento da instrução moral. Esse teorema, cuja importância mostramos mais acima, é o da *correlação entre a intensidade da vida e sua expansão em direção aos outros*. É o que chamamos de *fecundidade moral*. Em virtude de sua própria intensidade, como já vimos, a vida tende a transbordar para fora, a se espalhar, a se despender e, se despendendo, a aumentar; porque, repetimos, é a lei da vida só se conservar se dando, só enriquecer se prodigalizando. Essa lei é verdadeira mesmo para a vida física, que é, no entanto, a mais egoísta, a mais fechada, a mais aparentemente concentrada no eu. Todas as funções físicas não deixam de convergir para este termo comum: dispêndio, movimento para fora, expansão. A nutrição aumentada tende a despertar a necessidade de propagar nosso ser em outro ser; a respiração e a circulação exigem o movimento e o exercício, ou seja, um dispêndio exterior: toda vida robusta e intensa tem necessidade de ação. Quando se trata da vida psíquica, a necessidade de expansão é ainda mais viva, e, nesse domínio, a verdadeira expansão é aquela que ocorre em direção aos outros e, mais ainda, para os outros. A harmonia entre as forças é, na verdade, o único meio — ou o melhor — de conservar sua intensidade. Todo conflito é uma anulação de forças: exercer sua atividade contra outrem é terminar por gastá-la e por diminuir a si mesmo; é roubar de sua felicidade tudo que se concede à sua ambição. A mais alta atividade é aquela que se exerce não somente de acordo com os outros, mas ainda visando aos outros. De todas as teorias sobre os princípios da moral, que são as únicas verdadeiramente sujeitas à controvérsia séria, já é possível, portanto, extrair certo fundo de ideias comuns e fazer dele um objeto de ensino ou de propagação popular. Todas as teorias morais, mesmo as mais céticas ou as mais egoístas em seu ponto de partida, acabaram por constatar que o indivíduo não pode viver unicamente de si e para si, que o egoísmo é um encolhimento da esfera de nossa atividade, que termina por empobrecer e alterar essa própria atividade. O sentimento que está no fundo de toda moral humana é sempre o da generosidade; generosos e filantrópicos tornam-se, como mostramos em outra parte, os próprios sistemas de Epicuro e de Bentham[4]. É esse espírito de generosidade inerente a toda moral que um moralista pode e deve sempre se esforçar para evidenciar, para fazer penetrar no espírito de seus ouvintes.

Objeta-se que a propagação e o ensino das ideias morais, caso se tornem independentes das religiões, carecerão de um último elemento que tem sobre os espíritos religiosos um poder soberano: a ideia de sanção após a morte, ou ao menos a certeza dessa sanção. A isso já respondemos: o mais puro do sentimento moral é precisamente fazer o bem pelo bem. E se replicarem que esse é um ideal quimérico, sendo tão elevado, responderemos por nossa vez que a força do ideal, para se realizar, tornar-se-á tanto maior nas sociedades futuras quanto mais alto for situado esse ideal[5]. Acredita-se que as ideias mais elevadas são as menos fáceis de propagar nas massas: trata-se de um erro que o futuro desmentirá, sem dúvida, cada vez mais[6]. Os chineses, que são observadores muito notáveis, têm o seguinte provérbio: "Aquele que encontra prazer no vício e dor na virtude ainda

---

4. Cf. nossa *Morale d'Épicure* [Moral de Epicuro] e nossa *Morale anglaise contemporaine* [Moral inglesa contemporânea].
5. Cf. *Esquisse d'une morale* [Esboço de uma moral], p. 236-7.
6. Cf. *L'irréligion de l'avenir*, p. 352.

é noviço em ambas as coisas". O objetivo da educação moral é fazer as crianças encontrarem prazer na virtude e dor no erro. Não é a *utilidade* do bem que é necessário, sobretudo, lhes ensinar; é sua *beleza*, que faz que o bem proporcione por si mesmo um gozo imediato.

A escola utilitária, querendo fazer a educação moral se basear na imitação dos exemplos, na consideração da utilidade e nas consequências benfazejas do altruísmo, diminui nas crianças o espírito verdadeiramente moral, tirando delas o poder de fazer o bem pelo bem, independentemente do que os outros fizeram, fazem ou farão. Kant parecia prever de antemão a pedagogia inglesa, aplicação coerente da psicologia inglesa: investigando por que os tratados de moral, mesmo aqueles que mostram com o máximo de exemplos os felizes efeitos do bem, têm tão pouca influência, ele se perguntava se essa ineficácia não tinha sua razão na própria mistura do ideal do bem com elementos estranhos. "Os moralistas", diz ele, "jamais pretenderam reduzir seus conceitos à sua expressão mais pura; buscando por todos os lados, com as melhores intenções deste mundo, *motores* para o bem moral, eles estragam o remédio que querem tornar eficaz. Com efeito, a observação mais vulgar prova que, se nos é apresentado um ato de probidade livre de qualquer intenção interesseira, quanto a este mundo ou a outro, e no qual foi necessário mesmo lutar contra os rigores da miséria ou as seduções da fortuna; e se nos é mostrada, de outro lado, uma ação semelhante à primeira, mas para a qual colaboraram, levemente que seja, motores estranhos, a primeira deixa bem para trás a segunda e a obscurece: ela eleva a alma e lhe inspira o desejo de fazer o mesmo. As próprias crianças que atingem a idade da razão experimentam esse sentimento, e jamais deveriam lhes ensinar seus deveres de outra maneira. A moralidade tem mais força sobre o coração humano na medida em que se mostra mais pura." E, na verdade, não será esse um caso de pura lógica? Um desenlace feliz, por exemplo, implica a possibilidade do desenlace contrário, o qual é muito mais provável; o simples bom senso da criança é suficiente para assegurá-la disso. Querer provar que o melhor meio de chegar à felicidade utilitária é se entregar aos sentimentos altruístas não somente é sempre contestável, mas, além disso, é apelar para os próprios sentimentos egoístas para julgar uma causa que não é de sua alçada, ou seja, a do desprendimento; é se esquecer de que os sentimentos só podem ser julgados por seus pares. Endereces-e somente à generosidade quando se tratar de impulsos generosos e você será compreendido: os sentimentos mais elevados, quer dizer, os mais fortes, ao menos momentaneamente, sufocarão todos os outros, e o arrebatamento, o frêmito do sublime, será produzido.

Tentamos, em uma obra precedente[7], mostrar que as religiões não são de modo algum eternas, que elas têm uma parte mítica, dogmática e ritual, destinada a desaparecer. No estado ideal de *anomia religiosa* para o qual parecemos ir, todas as tendências de temperamento ou de estirpe nem por isso poderão encontrar menos com o que se satisfazer, e é necessário que o "culto do ideal" tenha aí seu lugar. De nossa parte, não desejamos de maneira alguma destruir e acreditamos mesmo que não se pode destruir nada, falando em termos absolutos. No pensamento humano, assim como na natureza, toda destruição não passa de uma transformação. A irreligião ideal, mesmo sendo para nós a negação dos dogmas e das superstições de nosso tempo, não está de modo nenhum isenta de um sentimento religioso renovado — idêntico a esse sentimento que corresponde sempre, em nós, a toda especulação livre sobre o Universo, idêntica ao próprio sentimento filosófico. Dogma, livre-pensamento, religião, irreligião — esses termos não passam de aproximações, e nas coisas não existem essas soluções de continuidade, esses hiatos, essas oposições artificiais que introduzimos nas palavras. Acreditamos, portanto, que as religiões atuais estão destinadas a desaparecer por uma dissolução muito lenta e, no entanto, segura; mas acreditamos também que o homem, independentemente de seu povo ou sua classe, *filosofará* sem-

---
7. *L'irréligion de l'avenir*. [N. T.]

pre sobre o mundo e sobre a grande sociedade cósmica. Ele o fará ora ingenuamente, ora profundamente, segundo sua crescente instrução e segundo as tendências individuais de seu espírito, tendências que irão se libertando e sempre se afirmando mais pelo próprio progresso da instrução.

Se é assim que acontece, não poderíamos admitir que se deva declarar guerra às religiões no ensino, porque elas têm sua utilidade moral no estado atual do espírito humano. Elas constituem um dos elementos que impedem o edifício social de se desagregar, e não é possível desprezar nada daquilo que é uma força de união, sobretudo com a tendência individualista e mesmo anárquica de nossos democratas.

Na França, as escolas públicas não podem ser *confessionais*, mas uma doutrina filosófica, tal como o amplo teísmo ensinado em nossas escolas, não é uma *confissão* nem um *dogma*: é a exposição da opinião filosófica em conformidade com as tradições da maioria. O ateísmo, por sua vez, não é um dogma nem uma confissão que possa ter o direito de excluir qualquer opinião contrária como se fosse uma injúria, como se fosse um atentado à liberdade de consciência. Nenhuma confissão é, portanto, ferida por um ensino de moral e de filosofia laica apropriado ao estado de espírito das crianças. O fanatismo antirreligioso oferece, além disso, sérios perigos, assim como o fanatismo religioso. O Estado, para preservar as crianças de ambos, deveria manter, desse modo, a alta direção do ensino primário. O Estado não pode e não deve se desinteressar de semelhantes questões. A primeira parte da política — disse justamente Michelet — é a educação; a segunda, a educação; e a terceira, a educação. Somente a intervenção do Estado pode impedir que a juventude do país seja educada em um estreito "particularismo"; apenas ela pode conservar as melhores tradições nacionais, opor-se a qualquer educação manifestamente antipatriótica ou imoral. Em poucas palavras, o Estado tem como tarefa transmitir à nova geração a herança que nos foi legada pelos séculos passados, os tesouros literários, científicos e artísticos que nossos ancestrais adquiriram à custa de tantos esforços. "A continuidade da tradição nacional é a verdadeira condição do progresso, a fonte inesgotável de um patriotismo esclarecido e fecundo. Ora, é de temer que, caso a educação nacional seja entregue à iniciativa privada, as preocupações baixamente utilitárias, a ausência de um horizonte suficientemente vasto e muitas outras causas contribuam para romper o laço que nos une a um glorioso passado. O único meio de evitar as hesitações, os erros e as faltas de nossos antepassados é estudá-los. Não pode haver progresso onde se desdenha tirar proveito das lições do passado.[8]" O Estado deve, além disso, manter o nível dos estudos em certa altura, zelar pela conservação das boas e

---

8. *L'éducation selon Herbart* [A educação segundo Herbart], por Roehrich.

fortes tradições nacionais, tomar medidas para que tudo que nossa civilização moderna oferece de grande e de belo seja transmitido às gerações futuras.

Quis-se, em nossos dias, substituir o Estado pela comuna e atribuir a ela o direito de dirigir inteiramente de acordo com sua vontade as escolas de sua alçada. Porém, respondeu-se com razão que a maior parte das comunas da França, mesmo essencialmente modificadas, seria incapaz de fundamentar um ensino sério. Na maioria dos casos, elas entregariam a educação da juventude a inovadores inteligentes, mas inexperientes, ou a charlatães; ora a congregações religiosas, ora a seitas antirreligiosas; tudo isso segundo a moda do dia e o impulso do momento. As comunas que se limitassem pura e simplesmente à rotina escolar se exporiam menos a decepções. A juventude de um país é seu orgulho e sua riqueza; não se poderia entregá-la nas mãos daqueles que desejam usá-la como cobaia de experimentos *in anima vili*[9] ou como instrumento de sua política. O Estado não pode tolerar que o futuro de toda uma geração seja posto em questão pelos representantes de um partido qualquer; ele deve manter a alta imparcialidade e o caráter desinteressado dos estudos[10].

---

9. "Em alma irracional", referindo-se a experiências feitas em animais. [N. T.]
10. Roehrich, *op. cit.*

III. A *disciplina* moral das escolas é uma questão importante. Rousseau queria que as crianças fossem confrontadas com as consequências naturais de suas ações. Spencer reproduziu a mesma teoria sob o nome de *reações naturais*, e Tolstoi realizou essa experiência em sua escola anárquica de Yasnaia. Muitas vezes se criticou, não sem razão, o princípio de Spencer. Um aluno leviano incomoda seu vizinho e distrai toda a classe: a reação natural, nesse meio, será um argumento *ad hominem*. Um tumulto se seguirá inevitavelmente e a ordem estará comprometida por toda a duração da aula. Se o professor intervém para chamar o perturbador à razão, eis a autoridade que aparece, eis o sistema das reações naturais que falha. Suponhamos um aluno simplesmente desatento durante uma lição. O professor não pode lhe fazer nenhuma advertência sem atentar contra a doutrina das reações naturais. Se um aluno foi desatento um dia sem ter nenhum dissabor por causa disso, ele será desatento no dia seguinte e em todos os outros. Um mau hábito é rapidamente adquirido, e a reação natural só se produzirá quando o mal for irreparável. As consequências da desatenção, da negligência habitual para um estudante são a ignorância, a inferioridade intelectual em relação aos seus condiscípulos laboriosos e, por fim, as dificuldades da vida resultantes dessa inferioridade. Porém, o prejuízo só se fará sentir muito tempo depois das faltas escolares, e então elas serão irreparáveis[11]. A natureza incita, sobretudo, as crianças a se desenvolver fisicamente. Daí sua necessidade de se mover sem cessar, sua aversão por tudo aquilo que impõe a imobilidade. Quase todas as faltas das crianças derivam de sua turbulência, ou seja, do exagero na satisfação de uma necessidade. A fadiga é a única reação natural da atividade extenuante. A criança que negligenciou seus deveres escolares para se entregar ao jogo até se cansar não se sentirá punida, por sua falta moral, pela fadiga física. O repouso lhe devolverá a aptidão para o movimento e o desejo de recomeçar os exercícios que a haviam fatigado; mas ela não será levada por nenhum impulso puramente físico ao estudo negligenciado. O espírito da criança não saberia estabelecer nenhuma espécie de relação entre o esquecimento de um dever e a fadiga resultante do exercício muito violento ou muito prolongado que roubou o tempo destinado a esse dever. A reação natural falha em seu objetivo: ela não afasta do jogo e não é levada ao estudo[12]. A necessidade de uma regra manifesta-se mesmo para os atos mais instintivos da criança. A saciedade lhe inspira repugnância pelos alimentos, repugnância que pode chegar até a aversão; eis aí uma reação natural. Mas uma sensação mais viva, um sabor que lhe agrade, pode produzir outra reação natural que a leva a comer além da necessidade. A água

---

11. Cf. Chaumeil, *Pédagogie psychologique* [Pedagogia psicológica].
12. Cf. os princípios de Herbart sobre a educação, segundo Roehrich.

gelada é agradável quando se está suando; a reação natural é uma fluxão de peito; será preciso esperar por ela? Definitivamente, o homem entregue às reações naturais desceria na escala animal; ele nem mesmo viveria.

Tolstoi, em sua *Escola de Yasnaia Poliana*, parte do princípio de que toda regra na escola é ilegítima, que a liberdade da criança é inviolável, que o professor deve até mesmo receber dos alunos a indicação das matérias a serem estudadas e dos métodos a serem seguidos. Tolstoi acreditava que a verdadeira liberdade existe antes de qualquer cultura, que a Providência basta para conduzir ao verdadeiro e ao bem os homens entregues a si mesmos. Daí essa bela desordem em sua escola, que ele descreve de maneira encantadora. O professor entra na sala de aula. No chão estão estendidas, empilhadas, as crianças gritando e berrando. "Vocês acabam comigo, crianças. Chega! Parem de me puxar os cabelos!" "Piotr Mikailovitch!", grita para o professor uma voz saída do fundo da pilha, "pode mandar eles me largarem?" "Bom dia, Piotr Mikailovitch!", gritam as outras, continuando a algazarra. O professor pega livros e os distribui àqueles que o seguiram até o armário. Os alunos deitados no alto da pilha pedem alguns, por sua vez. Pouco a pouco, a pilha diminui. Vendo os livros nas mãos da maioria dos colegas, os retardatários correm para o armário gritando: "E para mim?... E para mim?... Dê-me o livro de ontem... E eu quero o livro de Koltsov[13]..." etc. Se ainda restam dois que, no calor da luta, continuam a rolar pelo chão, os outros, já sentados nos bancos, com o livro na mão, gritam para eles: "Por que vocês estão demorando tanto? A gente não escuta nada... Chega!". Os combatentes se submetem; esbaforidos, eles pegam seus livros e se sentam, não sem mexer um pouco as pernas no primeiro momento, em consequência da agitação ainda não acalmada. O ardor da batalha se desvanece, e o ardor da leitura começa a reinar na sala de aula. Com o mesmo fogo com que puxava ainda há pouco os cabelos de Michka, o aluno lê agora o livro de Koltsov: seus lábios estão ligeiramente entreabertos, seus olhinhos brilham, sem ver nada em torno deles além do livro. "São precisos tantos esforços para arrancá-lo de seu livro quanto, anteriormente, da briga." Eles se sentam onde bem lhes apraz: nos bancos, nas mesas, no parapeito da janela, no chão ou na poltrona — que é objeto da cobiça geral. A partir do momento em que um deles tem a ideia de se instalar nela, apenas por seu olhar outro colega adivinha sua intenção, e ambos se atiram sobre ela, que é de quem levar a melhor. O mais ágil se estende, com a cabeça muito mais baixa do que o encosto; mas ele lê tão bem quanto os outros, porque se empenha muito em sua tarefa. "Durante a aula, jamais os vi cochichando, nem beliscando uns aos outros, nem rindo em surdina, nem batendo

---

13. Alexei Vasilievich Koltsov (1809-42), poeta russo. [N. T.]

com os dedos, nem se queixando um do outro ao professor. Quando um aluno, oriundo da escola do sacristão ou da do distrito, vem fazer uma queixa, dizem-lhe: 'Mas como! Você mesmo também não belisca?'"

Segundo Tolstoi, obrigá-los materialmente é tarefa impossível. Quanto mais forte grita o professor — isso já aconteceu —, mais forte gritam os alunos: os gritos do professor nada mais fazem do que excitar os alunos. Quando se consegue pará-los, desviar sua atenção para outro lado, esse pequeno mar vai se agitando cada vez menos até se acalmar. Porém, na maior parte do tempo, é preferível não dizer nada. Aparentemente a desordem toma conta, cresce a cada instante, não conhece mais limite, parece que nada pode detê-la, senão a coação, "quando basta esperar um pouco para ver essa desordem (ou esse fogo) acalmar-se por si mesma e produzir uma ordem bem melhor e mais estável do que aquela que poríamos em seu lugar".

À tarde, observa-se uma particular falta de gosto pela matemática e pela análise, e uma paixão pelo canto, pela leitura e, sobretudo, pelas narrações. "Para que serve tanta matemática?", dizem eles. "Contar histórias é bem melhor." Todas as aulas da tarde distinguem-se das da manhã por um clima especial de tranquilidade e poesia. "Venha à escola no crepúsculo e você não verá luz nas janelas, tudo é calmo. Somente a neve nos degraus da escada, um fraco e surdo murmúrio, um movimento atrás da porta, um garoto que, segurando-se no corrimão, sobe os degraus de dois em dois, mostram que os estudantes estão ali. Você avança na penumbra, olha para o rosto de um dos pequenos: ele está sentado, olhando com prazer para o professor; a atenção lhe franze as sobrancelhas; pela décima vez, ele tira do ombro o braço de um colega que nele se apoia. Você faz cócegas no pescoço dele e ele sequer sorri. Ele balança a cabeça como se estivesse expulsando uma mosca; ele está totalmente absorvido na narrativa misteriosa e poética, quando a grande cortina do templo se divide por si mesma em duas e quando tudo se torna negro sobre a terra: essa narrativa é para ele penosa e doce... Mas eis que o professor terminou de contar. Todos se levantam do lugar, comprimem-se em torno do mestre e, um gritando mais forte do que o outro, tratam de repetir tudo o que guardaram. Os que foram proibidos de falar, porque se sabe que conhecem a história, nem por isso se conservam mais tranquilos: eles se aproximam do outro professor e, se ele não está, de um colega, de um estranho, mesmo do homem que acende o aquecedor; vão de um canto para outro, em grupos de dois ou três, suplicando a qualquer um que os escute. É raro que apenas um repita a história. Eles se distribuem em grupos, cada um buscando seus iguais em inteligência, e contam, encorajam-se mutuamente, corrigem uns aos outros. 'Pois bem, repitamos juntos!', diz um aluno a outro. Mas este último, sabendo que não está bem preparado, dirige-se a um terceiro. Depois que eles repetiram tudo, finalmente se acalmam. São trazidas algumas velas, e seu pensamento se volta para outro objeto. Por volta das oito horas, os olhos se turvam; boceja-se frequentemente; as velas queimam com menos brilho, apara-se menos vezes o pavio. Os mais velhos ainda se mantêm de pé, mas os mais novos e os piores alunos começam a adormecer, com o cotovelo sobre a mesa, com a vaga cantilena do professor."

Quando as crianças estão fatigadas ou na véspera de uma festa, subitamente, sem dizer palavra, na segunda ou terceira aula depois do jantar, dois ou três estudantes se lançam pela sala e apanham vivamente seus chapéus:

"— Aonde vocês vão?

— Para casa.

— Mas e a aula? E o canto?

— As crianças disseram: 'Para casa!' — responde o aluno interpelado, escapulindo para fora com seu chapéu.

— Mas quem disse isso?

— As crianças partiram.

— Mas como? — pergunta o professor aborrecido, preparando sua lição. — Fique você!"

Porém, entra na sala de aula outro garoto, com o rosto afogueado e com ar embaraçado.

"— Por que você ainda está aqui? — diz ele, com um tom áspero, à criança que ficou (que, em sua hesitação, torce entre os dedos as borlas de seu gorro). — As crianças já devem estar longe! Talvez já estejam na forja."

E ambos se precipitam para fora, gritando da porta para o professor:

"— Adeus, Ivan Petrovitch!"

E com os pezinhos fazendo barulho nos degraus, os estudantes, descendo precipitadamente, saltitando como gatos, caindo sobre a neve, passando um à frente do outro na corrida, lançam-se para casa aos gritos.

Essas cenas — diz Tolstoi — se reproduzem de uma a duas vezes por semana. É humilhante e penoso para o professor, que as tolera porque elas conferem maior significação às cinco, seis e até sete aulas, vistas voluntariamente todos os dias pelos alunos. Se a alternativa fosse colocada nos seguintes termos — é preferível que nenhuma dessas cenas aconteça durante o ano inteiro ou que elas se repitam na metade das aulas? —, Tolstoi escolheria este último. A escola desenvolveu-se livremente, diz ele, em virtude simplesmente dos princípios estabelecidos pelo professor e pelos alunos. Apesar de toda a autoridade do professor, o aluno tinha sempre o direito de não frequentar a escola e, mesmo frequentando-a, de não ouvir o professor. Este, em contrapartida, tinha o direito de não dar nenhuma atenção ao aluno, quando este estava na escola, e o poder de agir, com toda a força de sua influência, sobre a maioria das crianças, sobre a sociedade que elas sempre formam umas com as outras e com a família. Segundo Tolstoi, essa desordem, ou "ordem livre", nos parece tão assustadora porque estamos habituados a um sistema totalmente diferente, de acordo com o qual fomos educados. Nesse ponto, assim como em muitos outros, o emprego da violência só é fundamentado em uma interpretação irrefletida e desrespeitosa da natureza humana. Os estudantes são homens, seres submetidos — por menores que sejam — às mesmas necessidades que nós, seres pensantes como nós; todos eles querem aprender, e é por isso que vão à escola, e é por isso que chegam sem esforço à seguinte conclusão: para aprender, eles devem se dobrar a certas condições. Não somente são homens, mas constituem uma sociedade de seres reunidos em um pensamento comum. "E em qualquer parte onde três se reunirem em Meu nome, Eu estarei no meio deles." Cedendo unicamente às leis naturais, às leis derivadas da natureza, eles não se revoltam nem resmungam; cedendo à sua autoridade intempestiva, eles não estão de maneira alguma admitindo a legitimidade de seus sinais de chamada, de seus empregos do tempo e de suas regras.

Na escola de Yasnaia Poliana, na primavera passada, em um grupo de trinta a quarenta alunos, só houve "dois casos de contusão com marcas aparentes": um dos garotos foi empurrado da escada e se feriu na perna (a ferida curou-se em duas semanas); outro teve o rosto queimado com uma borracha incandescente e ficou com uma escara durante uns quinze dias. Tolstoi conclui que a escola não tem de intervir na educação, puro assunto de família; que não deve punir nem recompensar, pois não tem esse direito; que sua melhor forma de organização e de administração consiste em deixar que os alunos tenham liberdade absoluta de aprender e de se arranjar entre si como bem lhes pareça.

Podemos, com justiça, criticar tanto Tolstoi quanto Spencer por chamarem de *educação moral* o sistema de disciplina pelas consequências *naturais* dos atos. Essas reações só levam as crianças a conhecer as relações de causalidade natural — e, mesmo assim, em uma medida que nem sempre é suficiente —, mas elas não têm um caráter moral. Spencer acredita, no entanto, que as reações naturais são apropriadas para dar à criança o sentimento da responsabilidade. Sim, mas de uma responsabilidade puramente utilitária. As verdadeiras sanções pedagógicas têm por objetivo formar o juízo moral, despertar, sustentar e desenvolver na criança as sanções interiores, o prazer e o desprazer da consciência, o contentamento e o descontentamento consigo mesma. É nisso que elas se distinguem das medidas puramente disciplinares. Elas consistem essencialmente na *aprovação* e na *censura*. Elas nem sempre podem se reduzir a isso, mas devem sempre se relacionar a isso, como o signo com a coisa significada. "A consciência moral do aluno se desenvolve, de algum modo, em contato com a do professor, manifestada pela censura e pela aprovação.[14]"

Por que — perguntaríamos a Tolstoi — a escola deveria se limitar à instrução, deixando a educação para as famílias, que muitas vezes educam mal? O sistema anárquico de Tolstoi pode ser aplicável quando é um Tolstoi que dirige a escola; generalizado, ele seria intolerável. Não estamos em absoluto persuadidos de que, em qualquer lugar onde existam três crianças reunidas, o espírito de Jesus esteja com elas: é quase sempre o espírito do diabo — ou seja, da barbárie primitiva e ancestral. Além disso, a escola deve ser uma preparação para a vida social. A escola de Tolstoi bem pode preparar a criança para uma sociedade como a que sonha o grande escritor — sem juízes, sem prisões e sem exército —, mas a anarquia escolar é uma detestável preparação para a vida organizada e *legal* das sociedades atuais. Não convém, desde a escola, persuadir a criança de que sua única lei é seu prazer, reprimido pelo dos outros, que a vida é feita para se divertir, que estude e trabalhe quando isso lhe parecer bom e que não faça mais nada quando tiver a ideia de nada fazer. Não é, de maneira alguma, por semelhante sistema de

---

14. Pillon.

educação que se formam não digo somente soldados, mas nem mesmo cidadãos.

O que é preciso extrair, portanto, das experiências escolares de Tolstoi? A conclusão de que, se a disciplina é necessária nas escolas, ela não deve, no entanto, ser levada a um formalismo rígido. Sempre que a influência moral do professor é suficiente, é preciso se contentar com ela; mas sempre que a criança abusa de sua liberdade ou de sua força, é preciso fazê-la compreender, através de alguma sanção motivada e racional, que toda sociedade humana está submetida a leis, e não entregue à anarquia com que sonham os escravos.

IV. O ensino moral deve estar vinculado ao ensino cívico.

Stuart Mill dizia que, para ter direito de voto, seria necessário ao menos ser capaz de, no momento do escrutínio, "copiar algumas linhas de inglês e fazer uma regra de três". Spencer diz com mais razão que a tabuada não ajuda a compreender a falsidade das teses socialistas. Que importa que o trabalhador saiba ler se ele só lê aquilo que confirma suas ilusões? Um homem que está se afogando agarra-se até a uma palha; um homem sobrecarregado de preocupações se apega a qualquer teoria social, desde que ela lhe prometa a felicidade. O necessário é uma melhor instrução cívica. Quais são, entre os trabalhadores de todos os tipos, os mais instruídos? Os operários; e é precisamente deles, com suas ideias falsas, que nos vem o maior perigo. "O camponês ignorante" — tem sido dito, com razão — "é menos absurdo do que o operário esclarecido. Um pouco de instrução às vezes faz afastar do bom senso; muita instrução reconduz a ele. Se a instrução primária não for aperfeiçoada, sua difusão levará todos os trabalhadores, inclusive os camponeses, ao nível dos operários e lhes dará mais força para fazer má política ou má economia social.[15]" Spencer e Bluntschli[16] são unânimes na afirmação de que não existe, em nossas democracias, liberdade possível, voto possível nem segurança possível para a propriedade "sem uma boa educação política". A escola, sobretudo a escola popular, pode apenas preparar de longe essa educação. "A criança dificilmente apreende a noção de Estado. Só se pode dar a ela, sobre a constituição política e social, noções muito vagas, que oferecem um interesse bastante fraco para inteligências tão jovens. É, portanto, sobretudo a moral pública, a virtude cívica e o patriotismo que se devem inspirar nela, e mais ainda por exemplos do que por preceitos." Porém, resta sempre uma grande lacuna a ser preenchida: é o tempo que transcorre entre a saída das escolas — por volta dos catorze anos

---

15. A. Fouillée, *La propriété sociale et la démocratie* [A propriedade social e a democracia], p. 202.
16. Johann Kaspar Bluntschli (1808-81), professor universitário e jurista suíço. [N. T.]

— e a época da maioridade política. Nesse intervalo, é certo que o adolescente se encontra entregue a si mesmo, que está exposto a esquecer boa parte daquilo que aprendeu, que o ensino cívico, em particular, sai de sua memória justamente no momento em que se tornaria mais necessário. Se considerarmos legítimo requerer três ou cinco anos dos jovens para que recebam a instrução militar, não seria legítimo exigir deles algumas horas por semana para que adquirissem noções positivas de instrução política e de direito constitucional? A defesa contra "a invasão dos bárbaros internos" é tão essencial em nossas democracias quanto a defesa contra as invasões estrangeiras. Estamos entre aqueles que acreditam que seria desejável, durante todo o tempo em que o jovem soldado está no exército, ensinar-lhe não somente sua "teoria" militar, mas também aquilo que tem sido chamado de teoria cívica: os princípios da Constituição francesa, a organização do Estado, os direitos e os deveres dos cidadãos. Esse ensino deveria ser ministrado por meio de livros isentos de qualquer partidarismo, de qualquer preocupação política ou religiosa.

Na Bélgica, foram instituídos exames pelos quais se é admitido a participar do direito de sufrágio: seria, talvez, um bom exemplo a ser seguido[17].

---

17. A nova lei belga adota como base do eleitorado não a capacidade censitária, mas a intelectual e moral. Um júri faz os candidatos passarem

v. Não tem sido dada até aqui nenhuma educação verdadeiramente *estética*. *Histórica*, sim; estética, não. As próprias noções de literatura são apresentadas do ponto de vista do tempo e das datas, quando na estética a data é uma questão secundária. É necessário que nos preocupemos mais com o belo, nos diversos graus da instrução, e não somente com o belo li-

---

por um exame eleitoral, incluindo algumas questões muito simples sobre a moral, a história da Bélgica, as instituições constitucionais, a leitura, a escrita, o cálculo e a geografia.
Antes de chegarem a isso, tinham sido feitas experiências sobre os resultados do ensino primário: os milicianos, que haviam permanecido na escola entre quatro e seis anos, foram submetidos a um exame extremamente simples. Perguntou-se a eles, por exemplo, quais são as quatro maiores cidades do país e os cursos de água à beira dos quais elas estão situadas. Resultado: 35% não deram nenhuma resposta; 44% deram apenas uma resposta parcial. À questão "Por quem as leis são feitas?", 50% não responderam nada; 82% [é provável que o correto seja 35% (N.T.)] responderam que as leis são feitas pelo rei, ou pelo rei e a rainha, ou pelos ministros, ou pelo governo, ou pelo senado; apenas 15% responderam corretamente. Quando foi necessário citar um belga ilustre, 67% mencionaram personalidades estrangeiras, tiradas de todos os gêneros e de todos os lugares; 20% se lembraram apenas de Leopoldo i ou Leopoldo ii. Tais são os efeitos insuficientes da lei belga de 1842 sobre a instrução primária.
Bluntschli, sem entrar nesses detalhes, propõe ao Estado como modelo "a profunda habilidade da Igreja", que sabe preencher os espíritos jovens com seus ensinamentos e consagra, de alguma maneira, a entrada do cristão na vida por aquilo que ela chama de "confirmação". Bluntschli gostaria também de uma espécie de "confirmação e de consagração cívica". "Para exercer os direitos cívicos", diz ele, "seria necessário ter recebido a educação cívica ou ter sido submetido a um exame correspondente. Uma festa nacional anual rememoraria, se necessário, essa consagração cívica. O sentimento do Estado cresceria, assim, nos espíritos, e a capacidade intelectual ou moral do eleitor estaria mais bem assegurada."

terário, mas também com o belo nas artes. Há em todo homem um fundo de entusiasmo que pede para se manifestar; o lamentável é que ele se manifesta quase sempre em relação a coisas que não valem a pena. Eu conheci um bom homem que deixou sua província, sua casa e seus hábitos para fazer uma viagem pelos Pireneus com a única finalidade de comer algumas trutas do lago de Gaube. Eis aí a gula levada até o entusiasmo. O objetivo da educação não é suprimir o entusiasmo, mas direcioná-lo para alguns objetos que sejam dignos dele, que sejam *bons e belos*.

Existem dois tipos de imaginação: uma consiste, sobretudo, em apreender as coisas pela semelhança. É a fusão das imagens, inicialmente involuntária, e depois voluntária, que culmina na metáfora. A imaginação das crianças e dos povos jovens é essencialmente metafórica; sua própria linguagem é formada por figuras de todos os tipos. O espírito analítico, ao contrário, consiste em imaginar nas coisas mais as diferenças do que as semelhanças, em definir os contornos das percepções. O espírito que possui a mais alta forma de imaginação sabe ao mesmo tempo imaginar as semelhanças e as diferenças, distinguir perfeitamente todas as suas percepções ou concepções e, no entanto, apreender o ponto onde elas se tocam, os traços que elas têm em comum. A imaginação criadora é constituída por essa dupla faculdade de perceber as semelhanças e as diferenças. A percepção das diferenças é o que existe de mais voluntário na imaginação: é a parte do trabalho e mesmo do esforço no gênio. Criar, para o artista ou para o pensador, supõe duas coisas: em primeiro lugar, uma síntese espontânea e confusa, e depois a ordem e a análise levadas para essa síntese. Criar é, em certo sentido, unificar (tudo é um no Universo); mas é também ver a variedade na unidade indistinta das coisas. A obra de arte — e mesmo a ciência — é sempre mais ou menos uma metáfora, mas uma metáfora consciente de si mesma, de seus diversos termos e da relação determinada que os liga. É preciso habituar a criança a regular sua imaginação, a conduzi-la, a torná-la por isso mesmo analítica, a transformar o jogo da imaginação em um trabalho metódico, em uma arte. O excesso de imaginação da criança, assim como o dos povos primitivos, deve-se muito à menor clareza das percepções, que, à vontade, transformam-se mais facilmente umas nas outras. Vê-se o que se quer naquilo que é confuso como a forma das nuvens. O nome ainda não é abstraído pela criança do objeto que ele exprime, e a linguagem não é para ela a álgebra em que se transformará para nós: a criança vê tudo de que lhe falam e, quando não vê, não compreende. Ela não distingue claramente os tempos, os lugares e as pessoas. A imaginação das crianças tem como ponto de partida, portanto, a *confusão* das imagens, produzida por sua *atração* recíproca; elas misturam aquilo que foi e aquilo que é ou será; elas não vivem, como nós, no *real*, no *determinado*, não circunscrevem nenhuma sensação, nenhuma imagem; em outras palavras, não distinguem e não *percebem* nada muito claramente, elas *sonham* a propósito de tudo. Como a criança ainda não desenvolveu a arte da lembrança, tudo é presente para ela. A confusão entre o presente e o passado é visível. Um menino de dois anos e meio quase perdeu, outro dia, sua bola do alto de uma sacada; ele a reencontrou e depois brincou cem vezes com essa bola; apesar disso, ele me levou subitamente para a sacada e em seguida, com um tom lastimoso e uma expressão não simulada, contou-me que a havia perdido ali. A criança retém e reproduz imagens muito mais do que inventa e pensa; e é precisamente por causa disso que ela não tem uma ideia clara do tempo: a imaginação reprodutiva, estando sozinha, não se distingue, não se opõe à imaginação construtiva, que, no entanto, não passa de seu desenvolvimento superior. A criança ou o animal não têm verdadeiramente um passado, ou seja, um conjunto de lembranças postas em ordem e oposto ao presente, oposto ao futuro que se imagina e se constrói a seu bel-prazer. A faculdade de generalizar, tão grande nas crianças e tantas vezes observada, provém do fato de que elas percebem muito melhor as semelhanças do que as diferenças. Para meu filho, que tem dois anos e meio, todo fruto é uma maçã, toda cor que atrai seus olhos é vermelho, porque o vermelho é essencialmente a cor visível. Deitado no berço, ele me diz, mostrando-me o fundo da cama e depois a borda: "Isto é a estrada e isto é o fosso"; ele imagina essas coisas por si mesmo, sem que jamais tenham feito com ele semelhante jogo. É porque ele é arrastado por analogias superficiais, e com tamanha força que ele logo não vê mais as diferenças; estou persuadido de que, ao adormecer, ele se acredita deitado no meio da bela estrada branca, com os fossos à direita e à esquerda. As crianças também se enganam constantemente sobre as *pessoas*. Se um objeto foi quebrado e eu pergunto ao meu garotinho: "Quem quebrou isso?", ele me responde quase sempre: "O neném". É porque, geralmente, foi ele quem causou o desastre. Aliás, em seu modo de ver, ele é o centro do mundo e é levado a se considerar não somente como o fim, mas também como a causa de tudo que se faz.

A imaginação, como dissemos, começa por uma confusão involuntária de imagens que, primeiramente inconsciente, torna-se consciente ao se corrigir, causa certo prazer e, em seguida, é recomeçada voluntariamente, para brincar. O jogo da imaginação foi primeiramente um erro. Eu não poderia fazer uma comparação melhor que com uma queda suave, sem dor, que diverte e, depois de ter sido um acidente, torna-se uma brincadeira. Quantas crianças gostam de rolar no musgo!

A ficção é natural nas crianças. É um erro dizer que, em geral, elas mentem artificialmente para escapar, por exemplo, a uma punição. A mentira é quase sempre o primeiro exercício da imaginação, a primeira invenção, a semente da arte. A criança de dois anos e meio que eu observo mente para si mesma, conta para si mesma, em voz alta, histórias nas quais ela reconstitui a realidade, a corrige, com frequência dando a si mesma um lugar melhor do que aquele que realmente ocupa. Ainda há pouco, ela dizia para si mesma: "Papai fala errado, ele diz *gardanapo*; neném fala bem, diz *guardanapo*". Naturalmente, era o contrário que tinha acontecido e que tinha motivado uma reprimenda. O dia todo a criança inventa assim, transpondo a realidade e modificando seus papéis. A mentira é o primeiro romance infantil e tem muitas vezes o objetivo de embelezar a realidade; o romance do filósofo, que é a hipótese metafísica e que tem comumente o mesmo objetivo, é por vezes a mais elevada das ficções. Quanto à *sinceridade*, ela é uma consequência *social* muito complexa; ela nasce do respeito humano, do sentimento da dignidade pessoal, do interesse bem entendido etc. Quanto à criança, ela só é sincera por espontaneidade, por transparência e clareza natural da alma; porém, a partir do momento em que a palavra não sai mais de seus lábios sob a pressão imediata da emoção, ela não faz mais do que traduzir o jogo de imagens incoerentes que frequentam seu cérebro. Ela se diverte com as palavras assim como com todas as coisas; ela as testa, coloca-as em todas as posições, combina as próprias ideias da maneira mais imprevista, faz frases assim como faz "casas", "jardins" e "comidinhas" com areia, sem nenhuma preocupação com o real. E quando toma uma direção errada, ela se obstina nela para marcar bem sua personalidade. Em resumo, ela confunde incessantemente o que realmente fez, o que teria desejado fazer, o que viu ser feito diante dela, o que diz ter feito e o que lhe disseram que fez. Para ela, o passado é apenas a imagem dominante no amontoado de todas as imagens emaranhadas.

Na mesma medida em que a criança é naturalmente *inventora*, sem se preocupar com a realidade do que ela conta, ela é pouco hipócrita ou dissimulada. A dissimulação, que é a verdadeira mentira, a *mentira moral*, só nasce na criança em razão do temor; ela está na razão direta da severidade mal-empregada dos pais e, para dizer tudo, da má educação. Longe de procurar esconder naturalmente suas desobediências, a criança antes buscaria mostrá-las, evidenciá-las, porque elas são — em seu modo de ver — a manifestação de sua independência pessoal. Meu garoto sempre vem me contar, seja se gabando, seja às vezes com um ar contrito, as besteiras de seu dia; eu me impus como regra jamais puni-lo por aquilo que ele me revela, assim, por conta própria, mas unicamente nos casos em que eu o apanho em flagrante;

meu único objetivo é substituir nele o contentamento com suas tolices pela contrição, e consigo isso pouco a pouco, por meio de uma reprimenda branda e, sobretudo, muito breve.

Reproduzir um fato ou uma história com modificações é uma viva recreação para o espírito das crianças, mas elas o fazem com muita dificuldade. É todo um trabalho que às vezes podemos flagrar. Uma amiguinha de quatro anos me dizia: "Escute, vou contar uma história para você, mas não será a do *Pequeno Polegar*. Era uma vez, em uma floresta, um menino bem pequeninho, que era filho de lenhadores, mas não era o Pequeno Polegar...". E a história continuava, sempre acompanhada por este parêntese: "Parece a história do Pequeno Polegar, mas não é"[18].

---

18. Uma garotinha às vezes gosta mais de uma velha boneca destroçada e desfigurada do que de uma nova que tenha uma forma mais próxima do rosto humano: é porque sua imaginação tem mais domínio sobre a primeira do que sobre a segunda. Ela a transfigura com suas recordações ou invenções momentâneas. "Um dia", disse-me uma pessoa, recordando-se, "quando eu quis brincar mais seriamente de mãe (e eu já estava grandinha), larguei todas as minhas bonecas, fiz um rolo com meu guardanapo e passei metade da noite embalando nos braços essa criancinha improvisada."
Dizem que as menininhas só gostam fundamentalmente, na sua boneca, da representação da criança que elas terão mais tarde, que elas brincam simplesmente de "mamãe". Isso não é muito exato. "Eu tinha, quando era pequena, uma grande bola de várias cores que eu amava realmente de todo o meu coração; eu não me cansava de olhar para ela; eu a apertava contra mim como um ente querido e só brincava com ela com as maiores precauções, temendo estragá-la, *fazer-lhe mal*: de algum modo, eu lastimava que uma bola fosse destinada a quicar para todos os lados e, na realidade, eu só gostava dela porque era uma companheira, uma

O verdadeiro cultivo da imaginação é a arte em seus diversos graus; é necessário tornar a criança *artista*, isto é, introduzir no funcionamento espontâneo de sua imaginação a regra do verdadeiro e do belo, que constitui a própria moralidade da imaginação. A educação deve, portanto, ser profundamente *estética*. Saber admirar o que é bom, tornar-se capaz por si mesmo de imaginar coisas belas, lindas, graciosas é o essencial da instrução. O saber propriamente dito, repetimos, vem apenas em seguida, e sua influência moralizadora só começa, como dissemos, no momento em que ele deixa de ser somente uma ferramenta para se tornar um objeto de arte.

Para a criança, e talvez para todos, a imagem é o melhor meio de esclarecer a ideia. O poeta é, entre todos, o que melhor apreende a relação da forma com a emoção e o pensamento; ele faz jorrar pela imagem o que está escondido e ignorado no fundo de nós. É por isso que os antigos viram no poeta um ser quase divino, no mínimo inspirado pelos deuses; que imaginaram Orfeu como educador da própria Natureza e fizeram de seus próprios poetas os primeiros, os únicos educadores, por assim dizer, da juventude. O ser moral, pensante e senciente tem de ser criado na criança; e do

---

verdadeira amiga. Os olhos de esmalte da boneca têm apenas a expressão que a criança lhes atribui, e a criança só lhes atribui uma expressão com o passar do tempo. É necessário viver com um ser para amá-lo! Isso é ainda mais verdadeiro para as bonecas do que para os homens."

mesmo modo como não se pretende deixar que ela descubra (supondo-se que fosse capaz disso) as leis fundamentais da ciência, não se deve esperar que ela chegue sozinha e por si mesma a todos os sentimentos elevados; é necessário conduzi-la pouco a pouco até eles; fazer que ela conheça, do espírito humano, não somente as descobertas e as aquisições, mas até mesmo as aspirações ideais — das quais, em suma, nasceu a ciência. Antes de falar à inteligência, sobretudo à inteligência das crianças e mesmo à dos jovens, deve-se falar ao coração, à imaginação, aos sentidos; e, para que a imaginação veja, é preciso que tudo esteja revestido de forma e de cor. O próprio coração tem necessidade de ser esclarecido pelos olhos. É assim que a criança pequena, incapaz de se aperceber dos cuidados com os quais é cercada, toma, no entanto, consciência da ternura de sua mãe pela súbita suavização do olhar que fixa nela, por seu gesto envolvente e pelo tom de sua voz, que ainda parece querer embalá-la. Isso é a ternura da mãe tornada visível aos olhos e ao coração; e é também a poesia do amor materno. O caráter da poesia é ser transbordante como a própria ternura, ultrapassar as formas visíveis nas quais ela se manifesta, deixar pressentir além algo de infinito. O poeta se parece com o escultor. Quando o cinzel talha o mármore, não é para "aprisionar" nele a ideia, mas, antes, para fazê-la nascer dele e para fazê-la sair da matéria imóvel; à medida que a estátua brota do bloco, os contornos se revelam e as feições são esculpidas, a expressão — que produz a vida e a realidade — parece surgir ao mesmo tempo; ela corre e brinca, como um raio, impalpável e luminosa, por essa matéria inerte da qual ela emana, por essas formas sensíveis que ela ultrapassa, projetada por elas até nossos olhos, até nosso coração, no mais profundo de nós mesmos. A poesia é ainda bem mais expressiva. Por meio dela, o sentido das palavras torna-se mais amplo, as imagens atingem o símbolo. Como ela diz muito e deixa adivinhar ainda mais, ela se encontra ao alcance de todos os espíritos, tanto dos mais jovens como dos mais maduros, que a compreendem de acordo com sua medida. Interpretada em seu sentido profundo, ela nos surge como o espelho no qual vêm se refletir e se confundir em uma mesma imagem o que nossos olhos abrangem de fora e o que nosso pensamento pressente, adivinha do mundo interior e aparentemente fechado. Ensinemos, portanto, nossas crianças a conhecer e, sobretudo, a compreender essa poesia para a qual, em todas as etapas da vida, retornaremos tantas vezes, para pedir a ela ora o esquecimento, ora a esperança.

As qualidades estéticas são as que melhor se transmitem por meio da hereditariedade em um povo e as quais, consequentemente, é importante conservar em sua pureza e desenvolver incessantemente. Um grego nascia com um bom gosto natural, com olhos e ouvidos apurados, e ainda ocorre o mesmo com o francês. Os *sentidos* e o *sentimento* desempenham um papel fundamental na estética. Ora, a perfeição e o refinamento dos sentidos e dos sentimentos são qualidades transmissíveis por hereditariedade. Elas também podem se perder; tomemos cuidado para não deixar que tal herança pereça, negligenciando a educação estética.

Sobre a pergunta: "As *belas-artes* são necessárias ao povo?", os pedagogos — observa Tolstoi — geralmente hesitam e se embaraçam (só Platão resolveu ousada e negativamente a questão). Dizem: elas são necessárias, mas com certas restrições; conferir a todos a faculdade de ser artista é nocivo à ordem social. Dizem: determinadas artes só podem existir em determinado grau e em determinada classe da sociedade. Dizem: as artes devem ter seus servidores exclusivos, entregues a uma única tarefa. Dizem: os grandes talentos devem ter a faculdade de sair do meio popular para se entregar inteiramente à arte. Tolstoi conclui que tudo isso é injusto. Ele considera que a necessidade dos gozos artísticos e o culto da arte existem em cada pessoa humana, independentemente de seu povo e sua esfera; que essa necessidade é legítima e deve ser satisfeita. E, erigindo essa máxima em axioma, ele acrescenta que, se os gozos da arte e seu culto universal apresentam alguns inconvenientes e dissonâncias, a causa disso está no caráter e nas tendências de nossa arte; "devemos dar à geração jovem os meios de elaborar uma arte nova tanto pela forma quanto pelo fundo". "Os filhos do povo têm os mesmos direitos — o que estou dizendo? —, têm maiores direitos aos gozos da arte do que nós, filhos de uma classe privilegiada, que não somos oprimidos pela necessidade desse labor obstinado, que somos cercados por todas as comodidades da vida." Das duas, uma — diz ainda Tolstoi: ou as artes em geral são inúteis e nocivas, o que é menos estranho do que parece à primeira vista, ou todos, sem distinção de classe e ocupação, têm direito à arte. Questionar se os filhos do povo têm direito às artes é como perguntar se eles têm o direito de comer carne, isto é, se têm o direito de satisfazer as necessidades de sua natureza humana. "Não. A questão não está aí; o que importa é saber se essa carne que oferecemos ou recusamos ao povo é boa. Do mesmo modo, distribuindo ao povo certos conhecimentos que estão em nosso poder e observando sua influência nociva sobre ele, concluo não que o povo é ruim porque não aceita esses conhecimentos, não que é muito pouco desenvolvido para aceitá-los e utilizá-los, mas que esses conhecimentos são ruins, anormais, e que é necessário, com a ajuda do povo, elaborar conhecimentos novos, que convenham a todos nós, gente do povo e gente da elite. Concluo que tais conhecimentos, tais artes vivem entre nós sem nos parecer nocivas, mas não podem viver entre o povo e parecem prejudicá-lo, unicamente porque esses conhecimentos e essas artes não são aqueles dos quais ele geralmente necessita; vivemos nesse meio exclusivamente porque somos depravados, muito semelhantes às pessoas que, permanecendo sentadas impunemente, durante cinco horas, nos miasmas da fábrica ou do *traktir*[19], não são incomodadas por esse mesmo ar que mata um recém-chegado. Exclamarão: 'Quem, pois, disse que os conhecimentos e as artes de nossa classe inteligente são falsos? Por que, pelo fato de o povo não os aceitar, vocês concluem que são falsos?'. Todas essas questões se resolvem muito simplesmente: porque somos milhares e eles são milhões. Quanto ao paradoxo — usado até a banalidade — de que a compreensão do belo exige certa preparação, quem disse isso? Por quê? O que o comprova? Isso não passa de um subterfúgio para sair do impasse no qual acuamos a falsidade de nosso ponto de vista, o privilégio da arte exclusiva de uma classe. Por que a beleza do sol, de um rosto humano, de uma canção popular, do amor e do sacrifício são acessíveis a todos e não exigem preparação?"

"Porque somos milhares e eles são milhões!", diz Tolstoi. Se essa não é a razão do mais forte, é pelo menos a do maior número. Considerar falso o que a maioria dos homens não consegue ver e compreender não será parecer um pouco com os contemporâneos de Cristóvão Colombo que negaram a América? Devemos nos recusar a crer na existência

---

19. Albergue.

das estrelas que nossos olhos não distinguem? Certamente, Tolstoi tem razão em dizer que existem na arte moderna algumas tendências malsãs, que só aceitamos porque estamos habituados a elas, tão habituados mesmo que, de alguma maneira, as abstraímos; descartamos instintivamente essa convenção de um novo gênero que substituiu aquilo que se poderia chamar de o cerimonial das obras clássicas: apenas vemos e queremos ver o lado belo da obra, o qual, em suma, faz dela uma obra de arte. Mas parece ser possível afirmar, diante de todo sucesso que se mostra duradouro, que, em algum aspecto, a obra que é objeto dele é bela e verdadeira. Tolstoi sonha com uma grande arte que seria popular, bem próxima da natureza, simples e elevada, sadia como o ar e a luz, sem as afetações, os refinamentos e o caráter doentio de nossas artes. É um belo sonho e é bom realizar esse sonho: o refinamento exagerado não é a profundidade, e a arte só pode ganhar em ser, ao menos em parte, acessível a todos, em tender para o universal. Porém, chegar a ponto de condenar nela tudo que não se manifesta aos olhos de todos os homens como a luz do dia é querer, no fundo, limitá-la. Nada pode fazer que aquilo que um pensamento refletido foi levado gradualmente a compreender e a exprimir seja apreendido de chofre pelos mais simplórios entre nós. Devemos refazer por nós mesmos o caminho traçado pelos outros se quisermos segui-los: a educação artística do olhar começa nas crianças pequenas apenas pela simples distinção das cores; uma razão a mais, começando tão cedo, para que ela continue mais tarde. Tolstoi, para provar o que diz, compara erradamente a beleza artística à beleza moral. Se é verdadeiro que todos podem compreender a beleza totalmente interior do amor e do sacrifício, a razão disso é que a beleza moral sai do próprio coração do homem para irradiar-se para fora, ao passo que a beleza das coisas deve, para ser compreendida, retornar para ele de algum modo, reconduzida pela emoção: uma já é nossa, a segunda deve se tornar nossa. Sim, todos nós vemos o sol, mas será que o admiramos no mesmo grau? É um paradoxo pretender que nenhuma iniciação seja necessária, mesmo para compreender a arte simples e natural; esta é, infelizmente, a que se compreende em último lugar. Acreditar que as crianças e o povo (essa reunião de pobres crianças grandes) gostarão tanto dos desenhos berrantes quanto de uma bela gravura, tanto da música saltitante e dançante de uma quadrilha quanto de um canto simples e sublime, é levar o amor pelo povo a uma tocante cegueira. Quem nos dará uma arte ao mesmo tempo grande e popular, uma arte verdadeiramente clássica e inteiramente educativa? Enquanto esperamos, selecionemos em nossas obras de arte as partes mais sadias, as mais simples, as mais elevadas para colocá-las ao alcance de todos. Talvez, depois de todas as nossas artes de decadência, vejamos reflorescer, com efeito, uma arte jovem e viva, que será uma das formas da religião universal.

"Se é verdadeiro", diz Ravaisson, "que entre as crianças e entre as pessoas do povo, sobretudo, a imaginação se antecipa à razão, não se pode concluir daí que não somente deveria ser dado ao cultivo da imaginação, na instrução primária, um lugar que ele não tem, mas também que esse cultivo deveria ser posto, nela, em primeiro lugar?" É importante direcionar todas as faculdades nascentes, sobretudo quando se trata da imaginação. Estabelecer a ordem nas imagens é dar início às ideias, é preparar o caminho para a razão. Entre os modernos, a arte, no sentido mais geral, ainda desempenha certo papel na educação das classes superiores, mas o mesmo não ocorre na educação das classes inferiores. Ora, a infância e a juventude de todas as classes deveriam ser educadas *in hymnis et canticis*: "é desse modo que a juventude, entre os antigos, era nutrida com uma poesia ao mesmo tempo religiosa e patriótica e com uma arte emanada das mesmas fontes; nutrida, assim, com o culto da mais alta beleza. Por que a educação moderna, em vez de se deixar invadir quase inteiramente por um pretenso utilitarismo que deixa sem cultivo as faculdades de onde as outras deveriam receber o impulso, não se inspira, nesse aspecto, na tradição antiga? Acrescentemos que, assim, estaria resolvido este grande problema para o qual os sistemas pedagógicos modernos, desde Rousseau e Pestalozzi, deram apenas uma solução insuficiente, ou seja, a questão de saber como despertar o interesse da criança pelos estudos, especialmente a criança das escolas populares". Ravaisson disse que a beleza é a palavra do Universo; ele acrescenta, com mais verdade, que "a beleza é a palavra da educação"[20].

Sem estarmos tão inquietos quanto Ravaisson com as consequências que pode ter nas escolas um trabalho puramente manual, pensamos que essa espécie de trabalho, que, como dissemos anteriormente, é exercido sobre a substância, tem necessidade de ser complementado pelo sentimento e pelo estudo da forma, pela estética. Aquilo que serve para todos os ofícios, assim como para todas as ocasiões da vida, é o que Leonardo da Vinci chamou de "o bom julgamento do olho". "Foi o olho", diz esse grande mestre, "que encontrou todas as artes, desde a astronomia até a navegação, desde a pintura até a marcenaria e a serralheria, desde a arquitetura e a hidráulica até a agricultura."

O desenho e o canto são, por excelência, as artes populares e as que poderão, assim, se afastar menos da natureza. Dirão: se existe a necessidade de aprender desenho na escola popular, só pode ser o desenho técnico, aplicável à vida, o desenho de um arado, de uma máquina, de uma construção,

---

20. Ravaisson, *Dictionnaire de pédagogie* [Dicionário de pedagogia], verbete "desenho".

o desenho considerado apenas uma arte auxiliar do desenho linear. A experiência — responde, com razão, Tolstoi — demonstrou a inanidade e a injustiça desse programa técnico. "A maior parte dos alunos, após quatro meses desse desenho restrito apenas às aplicações técnicas, isento de toda reprodução de rostos, de animais e de paisagens, terminava quase por perder o gosto pela cópia dos objetos técnicos e levava tão longe o sentimento e a necessidade do desenho artístico que fazia cadernos nos quais desenhava em segredo homens e cavalos com suas quatro patas partindo do mesmo ponto." Toda criança sente em si um instinto de independência que seria pernicioso sufocar em não importa qual ensino e que aqui se manifesta, sobretudo, pela irritação contra a cópia de modelos. Se o aluno não aprende desde a escola a criar por si mesmo, ele nada fará na vida além de sempre imitar, visto que, depois de terem aprendido a copiar, bem poucos são capazes de fazer uma aplicação pessoal de seus conhecimentos. "Respeitando sempre no desenho as formas naturais e apresentando sucessivamente, para serem desenhados, os objetos mais variados — por exemplo, as folhas de um aspecto característico, as flores, a louça, os utensílios e as ferramentas —, tratei de evitar a rotina e o amaneiramento. Graças a esse método, mais de trinta alunos, em alguns meses, aprenderam de modo bastante fundamental a compreender as relações entre as linhas nas figuras e nos objetos mais diversos e a reproduzir essas figuras por meio de linhas nítidas e precisas. A arte totalmente mecânica do desenho linear desenvolve-se pouco a pouco, como por si mesma." Leonardo da Vinci queria igualmente que se começasse a desenhar pelo estudo e pela indicação das formas que oferecem mais caráter e beleza. Ora, essas são as formas eruditas, e não as formas geométricas.

A música deve se tornar a arte popular por excelência, a grande distração que, arrancando-nos das preocupações materiais, desenvolve a simpatia e a sociabilidade. Fazer música em comum é fazer bater em comum todos os corações assim como vibram todos os instrumentos, todas as vozes. Um concerto é uma sociedade ideal para a qual se é transportado, na qual a concórdia e a harmonia são realizadas, a vida se torna uma simpatia divina. Começa-se a aceitar isso na França, mas ainda não se compreende suficientemente a que ponto é importante desenvolver o gosto musical, tão natural em todos, e levar gradualmente um povo ao amor pela grande e bela música, por aquela que moraliza pela elevação de seu caráter. Nossas orquestras militares e todas aquelas que dependem das autoridades centrais têm uma missão educativa que não deve ser esquecida nem negligenciada. A música é, aliás, um dos raros prazeres que podem ser desfrutados em comum por todas as classes da sociedade; ela se torna, assim, um laço de simpatia universal, quando existem tão poucos.

As artes plásticas são menos acessíveis à juventude, sem dúvida, do que a música e a poesia. Não há, no entanto, razão suficiente para negligenciar, mesmo quanto à arquitetura, a educação artística das crianças. Na falta dos próprios monumentos, as maquetes de nossos museus, as gravuras e as fotografias, hoje em dia tão numerosas e variadas, falam aos olhos; enfim, com um pouco de preparação, não é muito difícil para o professor comentá-las, discutir seus detalhes e seu conjunto. Depois da iniciação, a criança pode apreender suficientemente até mesmo o caráter da escultura, compreender o *Quand même*[21], de Mercié, ou *A defesa de Paris*[22], de Barrias.

VI.[23] Depois do ensino moral, cívico e estético, examinemos a instrução intelectual dada nas escolas. Os programas da instrução primária compreendem hoje em dia a leitura e a escrita, a língua e os elementos da literatura francesa, a geografia (particularmente a da França), a história (particular-

---

21. Essa escultura, de Antonin Mercié (1845-1916), evoca a Guerra Franco-Prussiana. [N. T.]
22. Essa escultura, de Louis-Ernest Barrias (1841-1905), encontra-se na Place de La Défense, em Paris, e evoca a resistência dos parisienses durante a Guerra Franco-Prussiana. [N. T.]
23. Esta parte, assim como a VII e a VIII, não é mencionada no índice do capítulo e tampouco no índice geral da edição original. [N. T.]

mente a da França até os nossos dias), algumas noções usuais de direito e de economia política, os elementos das ciências naturais, físicas e matemáticas; suas aplicações à agricultura, à higiene e às artes industriais; os trabalhos manuais e o uso das ferramentas dos principais ofícios; os elementos do desenho, da modelagem e da música; a ginástica e os exercícios militares. Desejando fazer os jovens aprenderem e compreenderem, em alguns anos, tantas coisas ao mesmo tempo, gastam-se por uma tensão prematura os recursos delicados dos jovens espíritos e corre-se o risco de enfraquecer pela mesma ação a energia intelectual e moral.

A parte literária, gramatical, histórica e científica submete nossas escolas ao sistema que os ingleses chamam de *cramming*[24]. Realiza-se um grande progresso quando se enchem as cabeças de fatos, datas, palavras, fórmulas? Não são as palavras que faltam na cabeça das crianças, mas as ideias; são, portanto, ideias que seria necessário lhes dar. Por infelicidade, a erudição invadiu tudo, mesmo a gramática, nas escolas. Reservemos para o ensino secundário, e mais ainda para o ensino superior, os comentários históricos, a gramática comparada, a lexicologia e a fonética. Não embaracemos nossas crianças e seus professores com altas especulações com as quais eles não têm o que fazer. Temamos, imitando

---

24. "Abarrotamento." [N. T.]

demasiadamente os métodos alemães, substituir um "pedantismo frívolo" por um pedantismo pesado e seco.

Na escola, assim como no colégio, o ensino científico torna-se um armazenamento para a memória, quando deveria ter como objetivo essencial desenvolver a observação e o raciocínio e, como objetivo secundário, fornecer ao aluno algumas noções úteis e práticas, em uma proporção que torne possível uma lembrança duradoura. Como o número dos objetos de ensino vai crescendo, seria preciso recorrer, para os diversos estudos, a outros procedimentos além daqueles que estão em uso: seria necessário confundir o máximo de vezes possível a lição e a recreação; esse é o meio de instruir sem fatigar. Daí a utilidade das excursões escolares. O que ainda existe de melhor na botânica é que ela nos faz respirar o ar dos campos. Se São Luís julgava sob um carvalho, o professor primário bem pode ensinar, sob uma árvore como essa, não somente a história natural, mas a história da França, sobretudo a do tempo dos druidas. Nada impede, para variar os temas de ensino, que se adotem de tempos em tempos, como objetivo da excursão, uma mina, uma fábrica, um monumento histórico, enfim, tudo que existe de interessante na região.

VII. Tolstoi conta de maneira bem-humorada seus primeiros passos no ensino da história. Ele começou como sempre se começa: pela história antiga. Porém, as crianças não se preocupavam com Sesóstris, com as pirâmides do Egito e com os fenícios. Às vezes elas guardavam e apreciavam alguma passagem da história antiga — Semíramis etc. —, mas acidentalmente, e não porque ela lhes ensinava alguma coisa, mas porque era contada com arte. Como tais páginas eram raras, Tolstoi experimentou a história russa; ele começou esta "triste *História da Rússia*, sem arte, assim como sem utilidade, e que, de Tchimov a Vodovozov, sofreu tantas transformações". Ele se emaranhou nos Mstislavs, nos Vriatschislavs e nos Boleslax[25]. Todos os poderes intelectuais das crianças entraram em funcionamento para reter esses nomes "maravilhosos"; o que esses personagens tinham feito era, para os alunos, um assunto secundário. "'E aquele... Como é que ele se chama? Barikav ou o quê?', começou um aluno, 'marchou contra... como é mesmo o nome dele?' 'Muslav, Leon Nikolaievitch?', murmurou uma jovenzinha. 'Mstislav', respondi. '... E *cortou o inimigo em pedaços*', diz orgulhosamente um. 'Espere! Ali havia um rio.' 'E seu filho, que reuniu suas tropas e *cortou-o em pedaços*, como é que ele se chamava?'... 'A estranha história!', diz Semka. 'Mtislav, Tchislav?... Para que ela serve? Só o diabo a compreende!'" Aqueles que tinham boa memória tentavam ainda participar e diziam, é verdade, coisas justas, por pouco que fossem incitados. Po-

---

25. Miecislau, Vratislau e Boleslau.

rém, tudo isso era de tal modo monstruoso, e essas crianças davam pena de ver: elas eram "como galinhas às quais se atiram primeiro grãos e depois, subitamente, areia, e que se veem perdidas, cacarejam e se agitam violentamente, prontas para depenar umas às outras". Ponham Clotário, Lotário e Chilperico no lugar de Tchislav e Mstislav, e vocês terão uma cena de escola na França.

O gosto pela história, segundo Tolstoi, manifesta-se na maioria das crianças depois do gosto pela arte. Tolstoi fez ainda outras tentativas de ensinar história começando por nossa época e encontrou — ele nos diz — procedimentos muito satisfatórios. Ele lhes falava da campanha da Crimeia, do reinado do imperador Nicolau, da história de 1812. O maior sucesso — como seria de esperar — foi a narrativa da guerra contra Napoleão. "Essa aula foi", diz Tolstoi, "um dos momentos mais memoráveis da minha vida." A partir do momento em que ele mostrou o cenário da luta referente à Rússia, de todos os lados partiram exclamações, palavras de vivo interesse. "Mas como pode ser!? Ele vai nos conquistar assim?"; "Não tenha medo, Alexandre vai lhe pagar na mesma moeda", disse outro, que sabia a história de Alexandre. Tolstoi teve de desiludi-los — "esse tempo ainda não havia chegado". O que os indignava é que quiseram dar a Napoleão a mão da irmã do czar e que o czar conversava com ele de igual para igual sobre o assunto. "Esperem!", dizia Petka, com um gesto de ameaça. "Vamos! Vamos! Conte!"... Quando Alexandre recusou-se a se submeter, ou seja, declarou a guerra, todos os alunos exprimiram sua aprovação. Quando Napoleão, com doze nações, marchou sobre a Rússia, sublevando a Alemanha e a Polônia, todos ficaram abalados.

O aluno alemão encontrava-se na sala. "Ah! Vocês também estão contra nós?", disse-lhe Petka (o melhor narrador). "Então, fique calado!", gritaram os outros. A retirada das tropas russas causou sofrimento aos ouvintes; de todos os lados partiam "por quê?" e "como?". Injuriavam Kutuzov[26] e Barclay[27]. "Seu Kutuzov é lastimável!" "Espere um pouco!", dizia outro. "Mas por que ele se salvou?", indagou um terceiro. Quando chegou a hora da batalha de Borodino e finalmente Tolstoi teve de lhes dizer que os russos não haviam vencido, as crianças lhe causaram dó: "Via-se que eu desferia em todos um golpe terrível". "Se nós não vencemos, eles também não!" Quando Napoleão chegou a Moscou, esperando as chaves e as homenagens, houve um longo grito de revolta. Nem é preciso dizer que o incêndio de Moscou foi aprovado.

---

26. Mikhail Kutuzov (1745-1813), chefe militar e diplomata russo. [N. T.]
27. Mikhail Bogdanovich Barclay de Tolly (1761-1818), comandante militar russo. [N. T.]

Enfim, chegou o triunfo — a retirada... "A partir do momento em que Napoleão abandonou Moscou, Kutuzov pôs-se a caçá-lo e começou a vencê-lo", disse Tolstoi. "Ele vai ver só!", gritou Petka, que, ruborizado, sentado defronte ao contador, crispava, em sua agitação, seus dedos sujos. Quando ele disse isso, um frêmito de entusiasmo orgulhoso sacudiu a classe inteira. Um dos pequenos quase foi esmagado sem que ninguém percebesse: "Muito bem!"; "Tome, eis aí as chaves da cidade!" etc. Tolstoi continuou contando como os franceses foram expulsos. Foi doloroso para as crianças saber que um dos russos chegou muito tarde à margem do Beresina; ele foi vaiado; Petka chegou a resmungar: "Eu o teria fuzilado por essa demora!". Em seguida, elas se compadeceram dos franceses congelados. Depois, atravessaram a fronteira; os alemães, até então contra os russos, declararam-se a seu favor.

Novamente os alunos caíram em cima do alemão que lá se encontrava: "Então é assim que vocês se comportam? Primeiro contra nós, e depois, quando somos os mais fortes, do nosso lado?". E, subitamente, todos se levantaram, soltando alguns "ufa!", cujo eco repercutiu até na rua.

Quando eles ficaram um pouco mais calmos, Tolstoi retomou a narrativa. Ele lhes contou como Napoleão foi levado de volta a Paris, como o verdadeiro rei foi restabelecido no trono e como se comemorou e se banqueteou. Porém, as recordações da Guerra da Crimeia estragaram sua alegria. "Esperem um pouco", disse Petka, batendo na mão fechada; "esperem! Quando eu for grande, vou lhes dar o troco! Se estivéssemos no reduto de Schevardinski ou na colina de Malakof, nós as retomaríamos!" Já era tarde quando Tolstoi terminou. Nessa hora, as crianças têm o hábito de dormir, mas ninguém dormia. Quando Tolstoi se levantou, de debaixo de sua poltrona — para espanto geral — saiu Taraska, que lançava a ele olhares ao mesmo tempo sérios e animados. "Como foi que você se meteu aí?" "Ele está ali desde o começo", disse alguém. Não havia necessidade de lhe perguntar se ele havia entendido; via-se pela sua fisionomia. "Você vai repetir?", perguntou Tolstoi. "Eu?" Ele refletiu. "... Eu repetirei tudo." "Eu repetirei lá em casa." "E eu também." "E eu..." "Mais alguém?" "Não." E todos se lançaram pela escadaria, jurando dar o troco aos franceses, injuriando o alemão e repetindo como Kutuzov havia se vingado.

"'O senhor contou totalmente à maneira russa', dizia-me, à noite, o alemão contra o qual tinham sido soltados os 'ufa!'. 'Se o senhor ouvisse essa história ser contada por nós! O senhor não disse nada sobre as batalhas alemãs pela liberdade.' Tive de concordar que minha narrativa não era história, mas um conto apropriado para despertar o sentimento nacional."

Tolstoi acaba se convencendo de que, com relação à história, todos esses personagens, todos esses acontecimentos interessam ao estudante não em razão de seu significado histórico, mas de sua atração dramática, da arte manifestada pelo historiador ou, ainda mais vezes, pela tradição popular. A história de Rômulo e Remo seduz não porque esses dois irmãos fundaram o mais poderoso império do Universo, mas porque é atraente, bela, maravilhosa..., a loba que os amamentava! etc. A história de Graco desperta a atenção porque é tão dramática quanto a de Gregório VII e do imperador humilhado, pela qual é possível se interessar. "Em poucas palavras, para a criança — e, geralmente, para qualquer um que ainda não tenha vivido —, o gosto pela história em si não existe; existe apenas o gosto pela arte."

Segundo Tolstoi, abolida a antiga superstição, não há nada de muito terrível em pensar que algumas pessoas crescerão sem aprender na infância quem foram Jaroslav e Oton ou que existe uma Estremadura, por exemplo. Inspirar o desejo de saber como vive, viveu, transformou-se e se desenvolveu o gênero humano nos diferentes reinos, saber as leis segundo as quais a humanidade evolui eternamente; inspirar, por outro lado, o desejo de compreender as leis dos fenômenos naturais no Universo inteiro e da distribuição do gênero humano sobre a superfície do globo — isso é outra coisa. "Talvez", diz Tolstoi, "seja útil inspirar semelhantes desejos, mas não serão os Ségurs[28], os Thiers[29] e os Obodovskis[30] que permitirão atingir esse objetivo. Vejo, para isso, somente dois elementos: o sentimento da arte e o patriotismo."

O patriotismo, com efeito, deve ser a alma da história. Seria necessário fazer do ensino histórico um grande repertório moral, mas a primeira condição, quando está em questão a moral, é respeitar a verdade. É, portanto, absolutamente indispensável — como acredita Tolstoi — alterar a história para torná-la interessante? Se as crianças gostam dos contos, talvez gostem ainda mais de uma história verdadeira, que *aconteceu*, como elas dizem. Fazer da história uma série de dramas é menosprezar a grandeza e a unidade de seu caráter, é deslocar seu interesse, fragmentá-lo, a fim de partilhá-lo entre alguns heróis — os quais, para merecer essa parcela de interesse, serão obrigados a satisfazer todas as regras da arte dramática.

Não, o que chamamos de história não é a de alguns homens, mas a de todo um povo, de todos os povos; e como semelhantes heróis estão eternamente vivos, o foco não deve recair a cada página sobre determinado personagem. O interesse da história, repetimos, está por inteiro nas ideias, nos sentimentos e nos esforços dos homens, não de alguns

---

28. Philippe Paul, Conde de Ségur (1780-1873), militar e historiador francês. [N. T.]
29. Adolphe Thiers (1797-1877), jornalista, político e historiador francês. [N. T.]
30. A. Obodovski, geógrafo russo. [N. T.]

homens; a poesia da história é a da vida em geral, não a de algumas vidas. Se as crianças se entristecem por achar derrotas onde gostariam de ver vitórias, será que devemos nos lamentar que a vida, que não temos o poder de modificar para elas, lhes apareça em sua realidade? A única coisa a ser considerada é a idade das crianças.

Enquanto são muito jovens, só podem evidentemente pensar em folhear o livro, não em lê-lo; a história será para elas uma simples sucessão de imagens às quais se vinculará o que elas puderem compreender dos acontecimentos. Porém, em nenhuma faixa etária, no estudo da história, poderá estar em questão uma nomenclatura fastidiosa de fatos, de pequenos fatos não justificados por suas causas nem deduzidos de suas consequências. O que se passa — pergunta Lavisse —, depois de alguns anos, nessas cabeças mal-instruídas? As vagas lembranças tornam-se mais vagas; os raros traços conhecidos das figuras históricas se desvanecem; os compartimentos do quadro cronológico desaparecem: "Clóvis, Carlos Magno, São Luís e Henrique IV caem do lugar como retratos suspensos por um prego frágil em uma parede de gesso". É preciso, portanto, selecionar melhor os fatos, deixar que os insignificantes e inúteis sucumbam, jogar toda a luz sobre aqueles que importa conhecer e desenrolar sua série, de maneira que o estudante saiba como viveu a França. A história dos costumes e das instituições não pode ser ensinada aos estudantes em termos abstratos, por meio de frases e teorias, mas é possível descrever simplesmente as condições dos indivíduos e dos povos, servindo-se das palavras conhecidas, das noções elementares que qualquer criança possui[31]. "Quem ensinará, na França, o

---

31. Lavisse chegou a uma escola primária de Paris no momento em que um jovem professor dava início a uma aula sobre feudalismo. Esse jovem mestre não entendia de seu ofício, porque falava da hereditariedade dos cargos e dos benefícios, o que deixava absolutamente indiferentes as crianças de oito anos às quais ele se dirigia. Entra o diretor da escola; ele interrompe o que estava sendo dito e se dirige à turma. "Quem aqui já viu um castelo dos tempos do feudalismo?" Ninguém responde. O professor, dirigindo-se então a um desses jovens habitantes do bairro de Saint-Antoine, pergunta: "Você nunca foi a Vincennes?". "Sim, senhor." "Pois bem, então você viu um castelo dos tempos do feudalismo." Eis aí o ponto de partida encontrado no presente. "Como é esse castelo?" Várias crianças respondem ao mesmo tempo. O professor escolhe um, leva-o para o quadro-negro e obtém um desenho disforme, que ele retifica. Ele assinala as chanfraduras da muralha. "O que é isso?" Ninguém sabe. Ele define as seteiras. "Para que servia isso?" Ele faz as crianças adivinharem que aquilo servia para defesa. "Com que armas eles lutavam? Com fuzis?" A maioria responde: "Não, senhor". "Com o quê?" Um jovem sábio grita do extremo da sala de aula: "Com arcos". "E o que é um arco?" Dez vozes respondem: "Senhor, é uma balestra". O professor sorri e explica a diferença. Depois, ele diz como era difícil tomar com arcos e mesmo com as máquinas daqueles tempos um castelo, cujas muralhas eram altas e largas, e, continuando: "Quando vocês forem operários, bons operários, e viajarem a trabalho ou para seu prazer, vocês encontrarão ruínas de castelos". Ele menciona Montlhéry e outras ruínas nos arredores de Paris. "Em cada um deles havia um senhor. O que faziam todos esses senhores?" Toda a classe responde: "Lutavam uns contra os outros". Então, o professor descreve diante dessas crianças, que não perdem nenhuma de suas palavras, a guerra feudal, pondo os cavaleiros na sela e cobrindo-os com suas armaduras. Porém, não se toma um castelo com couraças e com lanças. Então, a guerra não terminava. E quem é que sofria, sobretudo, com a guerra? Os que não tinham castelos, os camponeses que, naquele tempo, trabalhavam para o senhor. Eram as choupanas dos camponeses do senhor vizinho que eram queimadas. "Ah! Você queimou minhas choupanas", dizia o senhor atacado, "pois eu

vou queimar as suas." Ele o fazia e queimava não somente as choupanas, mas também as colheitas. "E o que acontece quando as colheitas são queimadas? Vem a fome. É possível viver sem comer?" Toda a classe diz: "Não, senhor". "Então, foi preciso encontrar um remédio." Eis que ele fala da trégua de Deus; depois, comenta: "Trata-se, por exemplo, de uma lei singular. Como!? Diz-se a alguns bandoleiros: 'Permaneçam tranquilos do sábado até a manhã de quarta-feira, mas, no resto do tempo, não se incomodem, lutem, queimem, saqueiem, matem!'. Será, portanto, que aquela gente era louca?". Uma voz diz: "Certamente". "Mas, não, eles não eram loucos. Escutem-me bem. Aqui há preguiçosos. Eu faço o que posso para que eles trabalhem toda a semana, mas ficaria meio contente de vê-los trabalhar até a quarta-feira. A Igreja bem gostaria que eles não lutassem de maneira alguma, mas, como não podia obter isso, tentou fazer os senhores permanecerem tranquilos a metade da semana. Era sempre algum ganho. Mas a Igreja não conseguiu. Era preciso usar a força contra a força, e foi o rei quem chamou toda essa gente à razão." Então, o professor explica que os senhores não eram iguais uns aos outros, que existia acima do dono de determinado castelo um senhor mais poderoso e mais elevado, habitando outro castelo. Ele dá uma ideia, quase precisa, da escala feudal e, no topo, coloca o rei. "Quando as pessoas brigam entre si, quem as detém?" Resposta: "A polícia". "Pois bem, o rei era a polícia. E o que se faz com aqueles que agrediram e mataram alguém?" Resposta: "Eles são julgados". "Pois bem, o rei era um juiz. Será que podemos dispensar os policiais e os juízes?" "Não, senhor." "Pois bem, os antigos reis foram tão úteis à França quanto os policiais e os juízes. Eles fizeram mal depois, mas começaram por fazer o bem. O que eu estou dizendo? Tão úteis? Muito mais, porque naquela época havia mais bandoleiros do que hoje em dia. Esses senhores eram gente feroz, não é?" A classe: "Sim, senhor". "E o povo, minhas crianças, valia mais?" Resposta unânime, em tom convicto: "Sim, senhor". "Pois bem, não, minhas crianças. Quando eram covardes, as pessoas do povo eram terríveis. Elas também saqueavam, queimavam e matavam; matavam mulheres e crianças. Pensem que elas não sabiam o que era o bem nem o que era o mal. Elas não eram ensinadas a ler."

"Com essas palavras, apenas parcialmente justas", diz Lavisse, "terminou uma aula que tinha durado não mais de meia hora. Formemos professores como esse. Ponhamos em suas mãos livros nos quais eles encontrem, expostos com simplicidade, os principais fatos da história da civilização. Será que não os tornaremos capazes de ensinar às crianças a história da França?"

que é a pátria francesa?", pergunta Lavisse. Não é a família, na qual não existe mais autoridade, disciplina e ensinamento moral; nem a sociedade, em que só se fala dos deveres cívicos para zombar deles. Cabe à escola dizer aos franceses o que é a França. A finalidade derradeira do ensino histórico será pôr no coração dos estudantes de todas as escolas um sentimento mais forte do que essa "vaidade frívola e frágil", insuportável na prosperidade, mas que, desmoronando nas calamidades nacionais, dá lugar ao desespero, à difamação, à admiração pelo estrangeiro e ao desprezo por si mesmo[32].

VIII. Muito se tem exagerado, com o papel do professor primário, a função da geografia nas vitórias dos alemães na

---

32. "Deixem de lado as velharias", repete-se muitas vezes. "Que nos importam merovíngios, carolíngios e mesmo capetíngios? Nós datamos apenas de um século. Comecem por nosso nascimento." Belo método para formar espíritos sólidos e calmos — responde Lavisse — esse de aprisioná-los em um século de lutas ardentes, no qual todas as necessidades querem ser saciadas e todos os ódios querem ser satisfeitos imediatamente! Método prudente esse de apresentar a Revolução como um ponto de partida, e não como uma conclusão, de expor à admiração das crianças unicamente o espetáculo das revoltas, mesmo legítimas, e de induzi-las a crer que um bom francês deve tomar as Tulherias pelo menos uma vez na vida, duas vezes se for possível, de modo que, depois de destruí-las, ele tenha vontade, algum dia, de tomar de assalto, para não perder o mérito, o Eliseu ou o Palácio Bourbon! "Não ensinar o passado! Mas há no passado uma poesia da qual temos necessidade para viver." Uma poesia e, acrescentaremos, um ensinamento. Sem o passado, o presente não é explicado nem posto em seu verdadeiro lugar no encadeamento dos tempos; não se deve ignorar que as causas que farão o futuro existem não unicamente no presente, mas já no passado, onde é possível, de algum modo, julgá-las em ação. Se há um meio de não tornar a incorrer nos erros já cometidos, é seguramente ter conhecimento deles.

Áustria e na França. Se a disciplina das tropas alemãs foi exemplar, parece que se deve conformar a influência do grau de instrução dos soldados. Para ganhar batalhas, não basta, aliás, saber ler, escrever e consultar um mapa. O autor do *Tratado sobre a disciplina do ponto de vista do exército, do Estado e do povo*, Hoenig, nos revela que os recrutas alistados em sua companhia pouco conservaram daquilo que aprenderam nos bancos da escola. Durante alguns anos, ele se esforçou para constatar o grau de instrução de seus recrutas. Ora, muitas vezes, os fatos mais simples sobre seu próprio país eram ignorados pelos jovens que entravam no regimento. "Reuníamos numerosas perguntas sobre sua terra natal", diz Hoenig. "As respostas eram incríveis. Depois da guerra de 1870-1, muitos nem mesmo sabiam o nome do imperador da Alemanha." Isso não nos impede, na França, de acreditar que os conhecimentos de geografia eram bastante extensos, nos simples soldados alemães, para fazê-los encontrar todos os caminhos no território invadido. A geografia, em nossos dias, não é mais a geografia; é, como tem sido observado, uma enciclopédia, a ciência universal: astronomia e geologia; mineralogia, botânica, zoologia, física, história e economia política; antropologia, mitologia, sociologia; linguística, fonética; história dos povos, das religiões; da agricultura, do comércio e da indústria etc. Nesse caso, a geografia será aquilo que existe de mais útil.

Tolstoi nos conta também suas perplexidades com relação à geografia. Depois de ter explicado — dizia — o frio e o calor, ele se perdeu na lição do inverno e do verão. Ele repetiu a explicação e, com a ajuda de uma vela e de uma esfera, fez-se compreender perfeitamente, "pelo que lhe parecia". Escutavam-no com muita atenção e interesse (o que mais os interessava era saber aquilo em que os seus pais se recusavam a crer, para se gabarem de seus conhecimentos). No final de sua explanação sobre o inverno e o verão, o cético Semka, o mais inteligente de todos, interrompeu Tolstoi com a seguinte pergunta: "Mas como a Terra anda e nossa *isba*[33] está sempre no mesmo lugar? Ela deveria se deslocar!". Tolstoi fez a seguinte reflexão: "Se minha explicação ultrapassa em mil léguas o alcance do mais inteligente, o que os obtusos devem compreender dela?". Ele retomou a questão, explicou, desenhou, citou todas as provas da esfericidade do globo: as viagens ao redor do mundo, a aparição do mastro antes da ponte de um navio e as outras provas; depois, embalado pelo pensamento de que tinha sido compreendido, mandou que escrevessem a lição. Todos escreveram: "A Terra é como uma bola...". Aqui, a *primeira prova*, depois a *segunda*. "Eles tinham esquecido a *terceira prova* e vieram me perguntar. Via-se que sua principal preocupação era lembrar as *provas*. Não uma nem dez vezes, mas centenas de

---

33. Nome dado às casas de madeira dos camponeses russos. [N. T.]

vezes eu voltei às minhas explicações, sem sucesso. Em um exame, todos os alunos responderiam e responderão agora de maneira satisfatória, mas sinto que eles não compreendem e, lembrando-me de que eu mesmo tinha ficado trinta anos sem compreender, eu os desculpo. Assim como eu, na minha infância, eles acreditam na minha palavra de que a Terra é redonda etc., mas não compreendem. Eu, antigamente, compreendia ainda menos, porque, na minha primeira infância, minha *niania*[34] me contava que no extremo do Universo o céu se encontra com a Terra, e que lá as *babas*[35], na borda da Terra, lavam a roupa branca no mar e a estendem no céu. Nossos alunos cresceram e, ainda agora, perseveram nas ideias absolutamente inversas daquelas que eu queria inculcar neles. Ainda será necessário um longo tempo para apagar essas explicações e a imagem que eles fazem do Universo, antes que possam compreender." A isso responderemos que ninguém jamais pode se gabar de ser completamente compreendido pelas crianças com relação a matérias que, em suma, ultrapassam seu alcance. No entanto, a faculdade de compreender se desenvolve, como todas as outras, com o tempo; o essencial é, portanto, o primeiro passo, o único que conta, e é sempre um avanço tê-lo dado. Deixar para depois o que não pode ser intei-

---

34. Babá. [N. T.]
35. Mulheres. [N. E.]

ramente compreendido hoje é um mau cálculo: mais tarde, haverá tanto para aprender! E, sobretudo, é necessário estar preparado para isso. Para flexibilizar o espírito como o corpo para certa ginástica, devemos nos esforçar desde cedo.

Do mesmo modo que para a história nasceu a ideia de começar pelo fim, para a geografia germinou e cresceu a ideia de começar pela descrição da escola, pela aldeia. Isso foi tentado na Alemanha. Tolstoi, desencorajado pelo insucesso da geografia ordinária, pôs-se também a descrever a sala de aula, a casa, a aldeia. "Como o traçado dos planos, semelhantes exercícios não deixam de ter utilidade, mas saber que terra vem depois de nossa aldeia pouco lhes interessa, porque todos sabem que é Teliatinkis; e saber o que vem depois de Teliatinkis pouco lhes interessa, porque é, sem dúvida alguma, uma aldeia do tipo de Teliatinkis; e Teliatinkis, com seus campos, não lhes interessa absolutamente. Tentei pegar alguns pontos de referência, como Moscou e Kiev, mas tudo isso se emaranhava tanto em suas cabeças que eles eram obrigados a aprender de cor. Tentei desenhar alguns mapas, e isso os divertia, ajudava suas memórias; mas novamente surgia a questão: por que ajudar a memória? Ainda tentei lhes falar das terras polares e equatoriais; eles escutavam com prazer e repetiam em seguida; porém, retinham tudo dessas narrativas, menos o que nelas havia de geográfico. De fato, o traçado dos planos da aldeia era o traçado dos planos, mas não a geografia; o desenho dos mapas era o desenho dos mapas, mas não a geografia; as narrativas sobre os animais, as florestas, as geleiras e as cidades eram narrativas, mas não a geografia. A geografia era unicamente aquilo que se aprendia de cor." As crianças — acrescenta Tolstoi — repetem, mas raramente guardam o nome e a posição no mapa da região onde se passa o acontecimento narrado. Na maior parte do tempo, só o acontecimento permanece no espírito delas. "Quando Mitrofanuchka estuda a geografia, sua mãe lhe diz: 'De que serve aprender todas as terras? O cocheiro o levará para onde você quiser ir'." Nunca, segundo Tolstoi, nada mais forte foi dito contra a geografia, e todos os sábios do Universo não saberiam o que responder a um argumento tão invencível. "Eu falo muito seriamente. De que serve conhecer a localização de Barcelona se eu cheguei aos 33 anos sem jamais ter sentido uma única vez a necessidade desse conhecimento? A descrição mais pitoresca de Barcelona e de seus habitantes não poderia, ao que me parece, contribuir para desenvolver minhas faculdades intelectuais. De que serve para Semka e para Fedka conhecer o canal Marine e sua navegação se, como tudo leva a supor, eles jamais terão de seguir por ele? E se algum dia acontecer de Semka passar por lá, é indiferente que ele tenha estudado ou não: ele conhecerá essa navegação pela prática, e a conhecerá bem."

Podemos nos perguntar até que ponto é proveitoso insistir, durante numerosas aulas, sobre a escola e a aldeia. Nunca é bom apequenar o mundo — e, consequentemente, os homens —, mesmo no espírito das crianças. A partir do momento em que se faz da escola, da aldeia e delas mesmas o centro de todo o interesse, as crianças considerarão perfeitamente inútil ocuparem-se das outras terras, as quais não as tocam diretamente. Alguns responderão que essas lições prévias e exclusivas seriam apenas um ponto de partida; para vocês, sim; mas as crianças, cujo espírito é curto como suas pernas, se apressam, se não pusermos ordem nisso, a limitar o mundo à linha do horizonte e a formar um todo do pouco que elas veem. Bem mais seguro seria servir-se desse seu amor pelo maravilhoso para lhes despertar o interesse por terras longínquas. Uma vez que elas guardam tão bem, pelo que diz Tolstoi, as narrativas sobre animais, florestas e geleiras, não é impossível, por meio de frequentes repetições, vincular a essas coisas alguns nomes geográficos. A memória das crianças é um bom pequeno servidor, sempre pronto para trabalhar, desde que, no entanto, não se exija dele um esforço muito longo. Eu vi um menininho de três anos e meio interessar-se pela América e guardar perfeitamente seu nome depois que lhe contaram que, à noite, o sol brilhava nela, de tal modo que as crianças daquele país extraordinário se punham a brincar quando ele pensava em dormir. Acrescentemos que não é tão indiferente quanto acredita Tolstoi ignorar completamente tudo sobre os países que nunca veremos. Já que é um fato reconhecido que, ao viajar, adquire-se uma grande largueza de espírito, ao menos se deverá prestar atenção às narrativas de todos os tipos feitas sobre as diferentes regiões e seus habitantes. Tolstoi, aliás, admitirá mais tarde que a leitura das narrativas de viagem não deixa de ser proveitosa. Por fim — e, talvez, acima de tudo —, é prudente aplicar no ensino certo método que permita economizar as forças e também direcioná-las, impedir que se desagreguem ao longo do caminho. Uma coerência nas ideias e nos esforços não implica de maneira alguma, aliás, o prosaísmo. Não esqueçamos, apenas, que discutir o interesse de uma coisa é quase sempre dizer que ela não tem interesse; que, muito pelo contrário, ao trabalho realizado sem segundas intenções liga-se uma espécie de interesse por dever de ofício — interesse que as crianças acharão sempre mais ou menos a seu serviço se não se permitir que elas sejam juízas do que é ou não útil, se não se deixar que elas sejam responsáveis por abandonar ou por prosseguir o trabalho realizado.

Não se pode certamente tomar como guia Tolstoi, que é um poeta à procura de um método de educação utópico, sem regra e sem disciplina. No entanto, também existe alguma verdade em suas observações psicológicas sobre a geografia. A geografia é um pretexto para ensinar uma multidão de outras coisas: em si mesma, ela é muito ingrata e deve ser reduzida ao necessário. Atuando como Tolstoi, e com alunos menos diletantes, seria possível, do lugar onde nos encontramos, passarmos à descrição de países cada vez mais longínquos, contando como foram descobertos, os costumes e os hábitos dos povos que os habitam e as produções de seu solo. Definitivamente é a vida humana, nacional e internacional, que é preciso mostrar por intermédio da geografia.

Concluamos que, independentemente da ciência que se trate de ensinar na escola, nenhum ensinamento jamais deve ser um caso de memória, de erudição, de puro saber, mas uma questão de cultura intelectual, moral, cívica. Manter a balança em equilíbrio entre os diversos ramos do ensino, tomar de cada um deles somente os dados essenciais e repelir sem dó os detalhes invasores — essa é a tarefa da educação. Seu objetivo — e seu único objetivo, repetimos — é desenvolver o espírito não em um sentido, mas em todos; conduzi-lo, de modo geral, à altura da ciência contemporânea; pô-lo, enfim, "em condições de navegar". Em seguida, o vento soprará; qualquer direção será boa para o espírito assim preparado.

Capítulo 6[1] – o ensino secundário e superior

I   Finalidade da educação clássica. — As *línguas antigas* e as *línguas modernas* como meios de educação. — Método de estudos literários: necessidade de conferir-lhes um caráter mais filosófico.
II. A história.
III. As ciências. — Suas vantagens e seus inconvenientes. — Os métodos de ensino científico.
IV. O ensino especial.
V.   Os concursos e exames.
VI. O ensino superior.
VII. As grandes escolas. A Escola Politécnica.

I. A educação secundária clássica deve desenvolver harmoniosamente as faculdades dos jovens *por elas mesmas*. Ela em-

---
1. Na edição original, este capítulo está erroneamente numerado como V. [N. T.]

prega como meios as grandes verdades, as belezas da poesia e da eloquência e, enfim, a parcela de moralidade e de bondade que é inerente às obras dos melhores moralistas, filósofos, historiadores, literatos e poetas. É preciso, para isso, duas condições: modelos e exercícios pessoais. Os modelos devem ser verdadeiramente clássicos, ou seja, oferecer as belezas literárias em sua pureza e em sua perfeita harmonia. Não se trata de procurar onde existe mais poder *genial*, mas onde existem mais dessas qualidades que podem ser imitadas e menos desses defeitos que podem ser evitados. Não esperemos inculcar nas crianças o gênio; devemos dar a elas o gosto, o amor pelo belo, o senso crítico e, ao mesmo tempo, certo talento de pensamento, de composição e de estilo. Ora, os modelos em questão já foram encontrados. Com base nisso, não há contestação: se for possível ensinar às crianças bastante grego e latim para fazê-las estudar as obras-primas da Antiguidade, ninguém irá negar que essa é a melhor educação literária, assim como o estudo da escultura grega ou da pintura italiana é a melhor educação para as artes plásticas.

A Antiguidade greco-latina tem uma qualidade da maior importância do ponto de vista pedagógico: ela não é *romanesca*, portanto, não oferece o risco de desenvolver nos jovens uma imaginação vagabunda, ora a perseguir quimeras, ora perdida na vaguidão dos devaneios. Ela também não oferece o risco de desenvolver uma pieguice mais ou menos fictícia. Transportando as crianças para um meio longínquo e diferente do nosso, ela as impede de captar prematuramente aquilo que pode haver de muito apaixonado e de muito apaixonante na literatura. A essa distância, tudo se harmoniza, tudo se reduz a uma beleza mais intelectual do que comovente. A *razão* é, além disso, a característica da literatura antiga, sobretudo da romana, e as crianças têm necessidade, antes de mais nada, de razão, de bom senso e de bom gosto.

Objetam-se a dificuldade e a longa duração dos estudos greco-latinos e se propõe substituí-los pelas línguas vivas. Responderemos que, na prática, esse último ensino derivará, contra sua vontade, para o utilitarismo: ele tem como objetivo principal ensinar a *falar* as línguas estrangeiras, que oferecem uma utilidade muito imediata e muito visível. Além disso, os grandes gênios alemães e ingleses não têm, suficientemente, as qualidades clássicas. As literaturas modernas são ora um tanto bárbaras, ora muito refinadas e desequilibradas, quase sempre muito apaixonadas, muito invadidas por aquilo que Pascal chamava de as *paixões do amor*. A mulher é a musa inspiradora das literaturas modernas, e há perigo em introduzir muito cedo no espírito das crianças a obsessão pelo eterno feminino. Os amores gregos e romanos estão tão longe e são tão vagos que, geralmente, não têm a mesma influência perturbadora. E ainda seria possível passar rapidamente por isso e selecionar preferencialmente, nos autores antigos, a expressão dos sentimentos relativos à pátria ou à família. Enfim, estamos ligados histórica e hereditariamente à Antiguidade latina e grega. Nada é mais natural do que conservar esse laço, visto que os gregos e os latinos continuam sendo, no fim das contas, mestres incomparáveis da literatura. Pelo que sabemos, eles não perderam o mérito por terem sido enxotados pelos germânicos e pelos anglo-saxões. O que vocês ganhariam com isso? Vocês veriam reaparecer, depois dos sete ou oito anos de colégio que sempre seriam necessários a uma educação completa, a mesma ignorância do alemão ou do inglês, em vez da ignorância do latim ou do grego. Não são, aliás, os conhecimentos linguísticos adquiridos que é preciso considerar, mas o desenvolvimento adquirido pelo espírito e pelo gosto. Desse ponto de vista, fiquemos na escola dos clássicos antigos, que foram os mestres dos clássicos franceses.

Em nossos colégios, foram adotadas as traduções cursivas e orais no lugar dos longos deveres escritos, os exercícios semipassivos no lugar dos exercícios ativos, temas, versos, discursos. Segundo pensamos, esse é um caminho errado. Acreditou-se que seria necessário antes de tudo *conhecer* do início ao fim o maior número possível de obras antigas; mas não se trata, aqui, de um caso de quantidade. Além disso, os antigos — e não somente Homero, mas quase todos os outros — tendem a fazer dormir. É preferível um fragmento antigo estudado a fundo a um livro inteiro lido apressadamente. Ligar-se a um autor, penetrar seu pensamento em cada frase, segui-lo comparando as frases umas com as outras, eis o que confere ao entendimento força e lógica. Ademais, existe aqui o trabalho da forma: é necessário interpretar fielmente um autor sem nada tirar dele e sem nada acrescentar, traduzir o sentido, o movimento, a cor e a harmonia: a língua se flexibiliza com esse trabalho. O discurso, quando se fornecem apenas o tema e algumas noções de história que se relacionam com ele, ensina a encontrar as ideias e os sentimentos que convêm a uma situação particular, a um caráter. Trata-se de um exercício psicológico. O professor, que fique bem entendido, deve inspirar nos alunos o desprezo pela declamação e o amor pela verdade; pôr na maior parte das vezes, diante de seus olhos, os discursos reais que a história fornece[2]. Ele deve buscar, para as composições francesas, assuntos familiares aos alunos, nos quais eles colocarão suas observações, suas impressões, seus sentimentos, nos quais eles colocarão a si mesmos. Bersot faz objeções ao discurso latino porque, para conseguir elaborá-lo, é preciso pensar em francês com muita dificuldade e depois traduzir com muita dificuldade seu pensamento para o latim. Nesse extremo incômodo de pensar e escrever, o estudante pensa e escreve por aproximação. Responderemos

---

2. Cf. Bersot, *Questions d'enseignement* [*Questões de ensino*].

que toda obra de arte e de estilo exige esforços e hesitações: é isso que a torna proveitosa. O latim dos estudantes, diz-se ainda, é uma coleção de expressões e sinuosidades que assediam sua memória e esmurram as portas para encontrar lugar; essas expressões e sinuosidades estão em todos os autores e em todas as datas; os estudantes notam de preferência aquilo que os impressionou mais como sendo o mais distante do habitual, de modo que a corrente unida da língua lhes escapa. Mas o que importa? Não se aprende latim para falar em latim nem para escrever a língua pura de uma única época: é uma simples ginástica. Deve-se considerar menos o resultado do que o esforço de organização, composição e expressão. Os versos latinos são ainda melhores: trata-se de uma iniciação — imperfeita, sem dúvida, mas muito útil — à linguagem da poesia, às suas associações de imagens, à sua harmonia e ao seu ritmo. As versões escritas são um ótimo ensaio de lógica e de estilo. As narrações são excelentes, "desde que — tem sido dito — as narrações de história sejam históricas e que as outras não exijam que se fale daquilo que não se conhece". As dissertações científicas, literárias, filosóficas e morais habituam a julgar e a raciocinar; as análises literárias, a distinguir em uma obra o que é essencial e característico. Esses diversos trabalhos alternados fortalecem e abrandam; mas os versos, sobretudo os latinos, são o exercício literário por excelência. Um estudante que jamais fez um único verso não é verdadeiramente um letrado. O verso latino desenvolve o espírito poético sem persuadir as crianças de que elas são poetas em potencial, sem inebriá-las de antemão com o sucesso nos salões.

Nenhum exercício pode, portanto, substituir o verso, o discurso, a narração e a dissertação na educação *literária*. Algumas vezes dizem que foi um crime, e outras, que foi uma honra para os jesuítas tê-los inventado. Porém, para dizer a verdade, a poesia e a eloquência sempre serviram de base para o ensino literário. Assim faziam os antigos educadores da Índia, do Egito, da Grécia e de Roma; assim fizemos nós mesmos até esses últimos tempos. Manoeuvrier diz, com muita justeza, que há essencialmente, em cada um de nós, um poeta e um orador; esse poeta ou esse orador surge em dado momento para exprimir nossas emoções, nossas paixões, nossas ambições. É a essas formas íntimas de nosso ser, a esses elementos essenciais de nossa humanidade que se endereça a cultura literária. E é isso que faz que se diga que ela é o supremo interesse da educação. Ora, por que método iniciar os jovens na poesia, na eloquência? Seria suficiente lhes contar sua história? Seria suficiente fazer que lessem? Forma-se um escultor ou um pintor "falando de Michelangelo e de Rafael, mostrando *Moisés* e *A sagrada família*?". Não, é preciso compor, fabricar versos, mesmo maus versos, e discursos, mesmo maus discursos, e narrações, e descrições.

É aprendendo a pôr ordem nas ideias que se termina por adquirir novas ideias, resultantes da associação e da sugestão.

Sem dúvida, não é possível recair no culto *exclusivo* da forma, mas para isso existe um meio seguro: introduzir desde cedo nas salas de aula os estudos morais, cívicos, estéticos — em poucas palavras, filosóficos. Juntando a isso um ensino das ciências de caráter igualmente filosófico e mesmo estético, que mostrará o aspecto grande e belo das verdades, os alunos serão habituados a pensar e a sentir, a não falar para dizer nada. Para unir, para coordenar simplificando os estudos literários e os estudos científicos, é necessário um meio-termo, que é o estudo das ciências morais e sociais, da filosofia da arte, da filosofia da história e da filosofia das ciências. O ensino filosófico é útil não somente aos espíritos superiores, mas também aos pouco cultos, incapazes de agir por si próprios. Não é que um espírito medíocre não possa reter certo número e detalhes precisos, muito pelo contrário; mas são as grandes linhas ligando os fatos uns aos outros que lhe escapam. Um ensino científico, mesmo aprofundado, sobre determinado ponto não os fará conhecer essas grandes linhas; tampouco o ensino literário. Somente o ensino filosófico, alargando seu espírito, fará que eles as descubram.

II. A história tem sido chamada, com razão, de "um grande cemitério": o historiador mais erudito é aquele que melhor conhece o nome dos mortos, quem mais decifrou epitáfios dos túmulos humanos. A história pode permanecer, para o espírito que faz dela seu estudo exclusivo, estéril como a própria morte. Ela também vale, sobretudo, pelo que contém de filosófico e de social.

Tende-se a aumentar incessantemente o lugar da história, assim como o das ciências, nos estudos clássicos. Esse é um erro contrário à própria opinião de nossos melhores historiadores. Quando Fustel de Coulanges iniciou suas lições na Sorbonne com um estudo sobre as instituições romanas desde a origem, sua aula inaugural foi em parte consagrada a descartar o lugar-comum que exalta a elevada utilidade da história. "Estudaremos a história puramente, por ela mesma", dizia ele, "e pelo interesse dos fatos que o conhecimento de seu desenvolvimento comporta." Quanto à pretensa utilidade de experiência que esse conhecimento teria para os estadistas e para os líderes políticos, Fustel de Coulanges declarou fazer pouco caso dela. "Um estadista que conhecer bem as necessidades, as ideias e os interesses de seu tempo não terá nada a invejar em uma erudição histórica mais completa e mais profunda do que a sua, qualquer que seja ela. Esse conhecimento lhe valerá mais do que as lições muito preconizadas da história." A história, segundo Fustel de Coulanges, pode até mesmo extraviar, se não se levar bastante em conta a diferença dos tempos. "Não exijo de maneira alguma", diz Lavisse, "que o mundo seja governado por historiadores. Há entre a política e a história diferenças essenciais, sobretudo neste país onde não subsiste nenhuma força histórica legada pelo passado e do qual seja necessário estudar a potência para manejá-la. O político pode se dispensar de ser um erudito em história", e acrescenta que "basta que ele conheça as ideias, as paixões e os interesses que são os motores das opiniões e dos atos na França contemporânea. Imagino mesmo que um verdadeiro historiador seria um estadista medíocre, porque o respeito pelas ruínas o impediria de se resignar aos sacrifícios necessários." Com efeito, não seria possível confiar o saneamento de Paris à Sociedade de História de Paris e da Île de France; arqueólogos são capazes de respeitar a febre, quando ela habita um velho palácio. No entanto, se a história não fornece nenhuma noção precisa que possa ser empregada em determinada parte da arte de governar, será que ela não explica as qualidades e os defeitos do temperamento francês, que é preciso manejar sob pena de morte? Não adverte as diversas formas de governo dos perigos que lhes são próprios? Não nos instrui à moderação, à paciência, à "lentidão do tempo"? E, por fim, não nos faz conhecer nossas relações com os povos estrangeiros?

O ensino da história e da geografia ainda se faz muito pelos métodos *passivos*: é um monólogo do professor, uma aula de faculdade seguida de interrogações sumárias sobre a aula precedente — os alunos tomam notas e taquigrafam; depois, eles as passam a limpo e as aprendem em parte de cor. Seria bom ensinar aos alunos o que é um documento e um monumento; como se verificam, como se controlam e se criticam os diversos testemunhos[3]. Seria necessário guiá-

---

3. Não se pode imaginar toda a dificuldade de estabelecer a verdade histórica, mesmo para fatos recentes e que tiveram numerosas testemunhas. D'Harcourt cita um exemplo curioso dessa dificuldade ou, antes, dessa quase impossibilidade de conhecer os fatos tais como eles realmente se passaram. Trata-se do relatório do marechal De MacMahon sobre a batalha de Solferino.
"Foi no dia seguinte à batalha", conta D'Harcourt; "ainda estávamos no topo da colina onde a luta havia terminado. Deitados ou sentados em um espaço muito pequeno, não podíamos fazer nada sem o conhecimento dos outros. O marechal diz ao general, seu chefe do Estado-Maior, para lhe submeter um projeto de relatório. Este último dá ordem a dois de seus oficiais para redigir esse documento, e eles se põem imediatamente a trabalhar. A coisa parecia fácil. Abarcava-se o campo de batalha com um olhar. Todos os oficiais do Estado-Maior que haviam transmitido as ordens estavam reunidos no espaço de alguns metros. Estava-se na fonte das informações mais completas e mais seguras. Os oficiais redigiram, portanto, seu relatório conscienciosamente; porém, quando ele foi apresentado ao chefe do Estado-Maior, este reclamou, alegando que as coisas haviam se passado de modo muito diferente... o inimigo estava à frente, e não à esquerda... ele tinha sido derrotado por determinado regimento, e não por outro... uma manobra da qual só se falava superficialmente tinha decidido a jornada etc. Em poucas palavras, era necessário modificar completamente o relatório de acordo com as indicações do chefe. Feitas as retificações, o relatório foi levado ao marechal. Porém, mal este último o havia folheado quando o declarou inexato do início ao fim. 'Vocês estão absolutamente enganados', exclamou ele, 'a manobra giratória ocorreu muito mais tarde, eu me

-los em excursões históricas, análogas às que fazem os botânicos e os geólogos: campos de batalha, velhas ruas das cidades, telas e mármores dos museus, catedrais e câmaras municipais, manuscritos e velhos livros das bibliotecas. Seria distribuída uma tarefa individual aos diversos alunos, e eles

---

lembro perfeitamente das ordens que dei e por que as dei.' 'Porém', dizia aquele a quem o marechal se dirigia, 'foi a mim que o senhor as deu, e também creio me lembrar delas.' Em resumo, o projeto, retificado uma primeira vez, o foi uma segunda, de modo que não restou nada do relatório primitivo. Acrescentemos que, para fazer um relatório geral sobre a batalha, foi necessário mexer em todos os relatórios parciais, acrescentar aqui, cortar ali, a fim de ajustá-los em conjunto." Assim, para um fato que durou somente algumas horas, onde tudo se passou em plena luz do dia, os documentos aparentemente mais verídicos, escritos sem nenhum espírito partidário pelos homens mais bem situados para conhecer a verdade, nos inspiram, quanto aos detalhes, apenas uma confiança muito medíocre. E quando se tratar de acontecimentos políticos nos quais a intriga representará seu papel e todos os atores forem levados pela paixão a apresentar a história de maneira diferente? D'Harcourt conclui, dessa dificuldade de ter o conhecimento exato dos fatos, que a história dá à ciência social uma base pouco sólida. Segundo ele, a experiência individual, ou seja, o conhecimento de um número muito grande de fatos tais como o curso natural dos acontecimentos os conduziu, o conhecimento adquirido não por algumas narrativas ou leituras contraditórias, mas pela observação pessoal, sem intermediário, e consequentemente a maturidade da idade e a prática das coisas do mundo constituem a mais segura via de investigação em qualquer estudo feito sobre as sociedades humanas e na maior parte dos estudos históricos. "Nenhum livro substitui a experiência. É ela quem melhor esclarece as ações dos homens; ela permite penetrar em seus motivos bem mais seguramente do que a história, sempre incerta em si mesma, *sempre obscura para o homem que não teve nenhuma prática nas coisas do mundo.*" Não podemos deixar de reconhecer que existe uma grande parcela de verdade nessas palavras.

seriam ensinados a formar por si mesmos uma opinião, a não acreditar levianamente e a não afirmar com muita rapidez.

III. Fora da soma de ciência estrita e positiva indispensável na prática da vida, qualquer ensino científico restrito é estéril. Que ele seja mais vago, mais amplo, porque a ciência vale ainda mais pelas visões gerais, pelas perspectivas que ela nos abre sobre as coisas do que pelo conhecimento dessas coisas em si mesmas. Ela vale mais pelas induções tiradas dos fatos do que pelos fatos adquiridos. Em poucas palavras, poderíamos dizer que a própria ciência da natureza vale, sobretudo, por aquilo que ela contém de *humanidades*.

O ensino científico desenvolve o raciocínio menos do que se poderia crer, porque fornece ao espírito fatos e fórmulas preparados; ele não exercita a pensar por si mesmo, não transmite a iniciativa, que é o fundamento de todo pensamento pessoal. No entanto, ele quase não cultiva a imaginação, que é, sobretudo, exercitada pela educação estética. Somente o ensino filosófico desenvolve o raciocínio, assim como o ensino literário bem-compreendido. A matemática, com seu rigor e sua precisão aparente, pode ensinar a esconder a fraqueza das razões sob a força dos raciocínios; ela fornece fórmulas simples que são incapazes de conter a realidade e destroem "esse espírito de sutileza" que é o justo senso da vida. Os matemáticos imaginam ter fórmulas infalíveis porque elas são extraídas da matemática, e eles têm essas fórmulas para todas as coisas; tudo é classificado e etiquetado de maneira indiscutível: é possível discutir com uma fórmula? Mesmo nas ciências físicas, o ensino exclui toda possibilidade de duvidar dos fatos admitidos e registrados pela ciência. É verdade que, em certos casos, o professor, se tiver os aparelhos necessários, poderá fazer, diante dos olhos do aluno, uma demonstração prática dos princípios que ensina. Porém, essa demonstração é uma simples "ilustração" que não desenvolve em nada o mecanismo do raciocínio indutivo. Herbart tem razão ao dizer que o ensino das ciências, nos colégios, sempre favorecerá, antes de tudo, a faculdade dedutiva: para que ocorresse o contrário, seria necessário que o aluno pudesse, como nos exercícios de gramática e de literatura, verificar e controlar incessantemente determinada lei que não fosse evidente por si mesma ou que não se impusesse ao espírito com uma força irresistível. É permitido duvidar da exatidão de uma aplicação gramatical e de uma expressão; o aluno pode sem inconveniente criticá-la, considerá-la duvidosa, hesitar quanto à aplicação da regra. Porém, não o imaginamos duvidando da exatidão da tabela de logaritmos ou das leis da gravitação universal.

O essencial, no ensino científico, é o próprio método de ensino. Ora, ele é passivo e resulta nesta obra quase sempre maquinal, a redação — trabalho de operário e de copista.

Seria necessário substituí-lo pelos métodos ativos. Ensinemos poucas ciências, mas as ensinemos cientificamente, ou seja, refazendo a ciência e levando os alunos a refazê-la. São os alunos que deveriam, cada um na sua vez, fazer as manipulações e as experiências; são eles que deveriam manter e cuidar das máquinas, fazer as coleções de plantas, de minerais, herborizar[4]. Não se fornece suficientemente aos alunos o laço que liga a teoria e a prática, os hábitos de precisão e de observação. Seria necessário começar pelo estudo das ciências físicas e naturais, sem esquecer as de uso cotidiano na vida, como a higiene, com as noções de fisiologia nas quais ela se baseia. Não existe ninguém — diz Spencer — que não admita, se for interrogado, que, no transcurso da vida, tenha apanhado doenças das quais a mais simples noção de fisiologia o teria preservado. "Aqui é uma doença de coração, consequência de uma febre reumática provocada por uma imprudência. Uma pessoa manca porque, a despeito da dor, continuou a se servir de um joelho levemente ferido. Outra pessoa teve de permanecer acamada durante anos, porque ignorava que as palpitações que sofria eram um dos efeitos da fadiga de seu cérebro. Ora é uma ferida incurável que provém de algum grande esforço estúpido, ora é uma constituição que jamais se recupera das consequências de um trabalho excessivo realizado sem necessidade." Os "pe-

---

4. Cf., sobre esse assunto, Manoeuvrier e Blanchard.

cados contra a ordem física", tanto os de nossos ancestrais quanto os nossos, alterando a saúde, fazem da vida uma enfermidade e um fardo, em vez de um benefício e um gozo.

IV. O novo ensino especializado anexado aos liceus, escrevia outrora Bersot, tem de incômodo o fato de que os outros alunos o desprezam e "assinalam esse desprezo pelo nome que lhe conferem... Eles estão tão convictos de sua superioridade que convencem disso até mesmo aqueles que são atormentados com essa tal superioridade... O preconceito estabelecido é o de que não se entra por conta própria nos cursos profissionalizantes, mas que se cai neles". Havia nesse desdém, em nosso modo de ver, um sentimento muito justo — o sentimento de um perigo que ameaça hoje em dia, cada vez mais, os estudos clássicos. O próprio Frary reconhece que se trata de "uma experiência falhada". Se persistirem nesse caminho, conseguirão desorganizar todo o ensino clássico para tentar organizar o outro. Veremos, então, desenrolar-se toda a lógica das consequências. Apenas será considerado, na instrução, o que servirá ou não para a futura profissão. O latim e o grego serão, portanto, *inúteis*. A maioria dos pais dirá: "para que servem?", o que se ajustará muito à preguiça das crianças. Logo, a França inteira estará coberta de utilitaristas de visão curta, e as letras clássicas terão passado. A "elite", que se pretendia constituir à custa desses estudos, rejeitando os alunos comuns para o ensino especializado, será inencontrável ou estará reduzida ao infinitamente pequeno.

Além disso, toda especialização precoce é perigosa. Um indivíduo determinado jamais é um, mas vários: certas crianças se parecem inicialmente com o pai, depois com a mãe, e representam assim, sucessivamente, uma série de tipos distintos, tanto na moral quanto no físico. É impossível, portanto, vangloriar-se de apreender o homem definitivo na criança e mesmo no jovem. Nunca é possível prever, em um caráter, todas as possibilidades que ele encerra, todas as aptidões que desenvolverá. Daí o perigo da educação que prejulga demasiadamente as tendências da criança. A instrução profissional, por exemplo, deve ter como objetivo despertar aptidões, jamais responder a aptidões que são supostas. Sem isso, ela é uma mutilação com a qual se pode sofrer por toda a vida. Repetimos: não é um indivíduo fixo e cristalizado que o educador tem nas mãos; é uma série movente de indivíduos, uma *família* — tanto no sentido moral da palavra quanto no sentido que lhe é conferido pela história natural. Um especialista é muitas vezes um utopista; ele tem a visão falseada pela pequenez do horizonte que está habituado a contemplar. Toda especialização precoce é um desequilíbrio. Formar um soldado, um engenheiro ou um músico não é necessariamente formar um homem em plena posse de todas as suas faculdades. Além disso, é preciso levar em conta alguns malogros, o fracasso dos alunos nos exames de admissão etc. Dos milhões de candidatos à Escola Politécnica, por exemplo, apenas trezentos são admitidos; ora, se um bom politécnico não é necessariamente um homem completo, o que será de um politécnico frustrado?

v. Conhecemos os inconvenientes dos *concursos* e, sobretudo, dos exames com *longos programas*, que são gastos dificilmente reparáveis e, além disso, põem em atividade, no cérebro, quase um único órgão específico: a memória. Os exames nem mesmo a fortalecem, mas a gastam. O que existe de bom nos concursos é a emulação que desenvolvem; mas esta se estende e é despendida apenas para um resultado muitas vezes fictício, uma superioridade de um dia sobre um ponto particular. Frequentemente a emulação para por aí, acreditando que a classificação é definitiva; o concurso é um julgamento que condena os vencedores, dando-lhes uma consciência exagerada de seu valor, e os vencidos, desencorajando-os. É a emulação descontínua, desorganizada, em vez de ser, como seria necessário, uma organização da emulação. Não é mau, seria possível dizer, que de tempos em tempos existam primeiros, mas é mau que existam últimos. O *baccalauréat*[5] deveria ser, segundo uma feliz definição, o

---

5. Exame realizado ao término do ensino secundário para ingresso no ensino superior. [N. E.]

último dos exames de passagem, o exame de passagem do colégio para a faculdade. O uso fez dele outra coisa: muitas vezes se obtém êxito preparando-se para ele por meios artificiais e apressados. Disso resultam, nas salas de aula, perturbações de todos os tipos: inúmeros alunos imaginam de bom grado ser possível recuperar, em retórica e em filosofia, o tempo perdido ou mal empregado desde a sexta série; numerosos professores são levados a considerar as necessidades do exame como reguladoras de seu ensino, do qual eles diminuem, assim, a liberdade, a elevação e o alcance geral e generoso. Certos espíritos passionais só veem salvação na supressão do *baccalauréat*. Eles querem substituí-lo por exames específicos para entrar nas grandes escolas, nas faculdades e nas administrações. Essa solução apenas aceleraria a ruína dos estudos clássicos. Os estudantes iriam apenas se interessar pelos conhecimentos particulares que são exigidos para entrar nas diversas carreiras. A unidade dos estudos secundários seria rompida e o colégio seria transformado em um agrupamento confuso de escolas preparatórias, entre as quais o saber primário constituiria o único laço. É preciso simplesmente combinar o *baccalauréat* com exames de passagem, como acontece na Alemanha.

VI. De acordo com a teoria adotada na Alemanha, as escolas especializadas estudam apenas uma parte do saber, as universidades têm por objetivo aproximar todas essas partes e compor com elas uma síntese. As escolas procuram a aplicação da ciência, as universidades aspiram à ciência pura; as escolas formam os operários que aplicam as descobertas, as universidades formam os pesquisadores que vão fazer as descobertas. "As escolas são o reino da ação", diz o padre Didon, em seu livro sobre os alemães[6], "as universidades são o reino da luz." Em um tempo no qual os limites do saber recuam incessantemente, um espírito isolado perderia a esperança de encontrar com suas próprias forças a unidade da ciência: as universidades, grupo de homens associados para essa obra, tornam essa unidade visível a todos os olhos. "Assim como as circunvoluções do cérebro se dobram sobre si mesmas e conseguem formar o órgão do pensamento, as diversas ciências devem se unir em um único feixe, chamado de Faculdades, as quais se estreitam na Universidade para formar o grande órgão da ciência coletiva e nacional."

As universidades alemãs começam a se afastar desse ideal. Cada universidade — diz o deputado Lasker — se desmembra em escolas especializadas, e as próprias especialidades se fragmentam. "O estudante torna-se um escolar e, desde que as lições obrigatórias foram abolidas, ele concorda tacitamente com seu professor sobre um magro programa de cursos gerais, indispensáveis para os exames. Ele não

---
6. *Os alemães* (1884), de Henri Didon (1840-1900). [N. T.]

quer ser puxado em várias direções e, pelo temor de dissipar seu trabalho (cuja matéria aumenta incessantemente), ele se dedica de maneira estrita aos cursos diretamente práticos. Qualquer um que não estude as ciências naturais deixa a universidade sem ter nenhuma ideia das descobertas mais importantes dos naturalistas. Os princípios elementares da economia política, da literatura e da história são, em um grau assustador, estranhos à maior parte daqueles que, em seus estudos especializados, não lidam com eles. As salas de conferência estão umas ao lado das outras; os institutos pertencem a um conjunto: os professores ainda estão ligados pelas faculdades e pelas assembleias; os servidores ainda estão ligados pelos estatutos e por uma organização exterior. Porém, o laço intelectual faz falta; as relações pessoais se enfraquecem e os estudantes se separam, como se a universidade já estivesse dividida em um sistema de escolas especializadas, inteiramente distintas."[7] Outro escritor, anônimo, que sabemos ser professor de uma das grandes universidades da Alemanha, confirmou a opinião de Lasker. Segundo ele, os estudantes não se misturam ao pé das cátedras professorais, e cada faculdade tem seu auditório distinto. Entrem em um auditório onde o *gentleman* domina, vocês estão na faculdade de Direito. Vejam, nessa outra sala, "uma reunião estranhamente mesclada de cabeças de carnei-

---

7. *Deutsche Rundschau*, 1874.

ro e algumas figuras a caráter"; vocês estão entre os teólogos. Em uma terceira sala, "os óculos assentam-se no nariz da maioria dos assistentes; o corte dos cabelos varia entre o pelo de ovelha e os cachos à Rafael; aqui, não se tem a ambição de preceder a moda, mas a má fortuna de apresentar uma coleção quase completa das modas dos últimos quinze anos. Vemos chapéus desbotados, camisas para fora da calça e gravatas rebeldes, grandes orelhas, grossas maçãs do rosto e longos cotovelos. Há exceções, mas raras: nesses auditórios se ministram os cursos de Filologia, História, Matemática e Ciências Naturais". Esses auditórios são os da "faculdade de Filosofia", que corresponde a nossas duas faculdades de Ciências e Letras. Esses estudantes são futuros professores de ginásio. Cada um vive, portanto, em sua própria casa, e mesmo a faculdade de Filosofia se (sub)divide e se subdivide em compartimentos: os filólogos não estudam literatura, os historiadores não estudam filologia; com mais forte razão, literatos e cientistas vivem isolados uns dos outros. É assim que a universidade — que, como o nome indica, deveria tender à universalidade do saber — tende a uma especialização exclusiva.

Na França, até os últimos anos, nossas faculdades não possuíam alunos regulares. Hoje, elas têm uma clientela de estudantes. Daí a querela entre os cursos abertos e os fechados, que divide o pessoal docente. Uns se manifestam pela manutenção dos cursos acessíveis ao grande público; outros pretendem reservar as aulas apenas para os estudantes. As duas coisas não parecem inconciliáveis e, de fato, são conciliadas. O ensino público "convida a nação inteira e mesmo os estrangeiros ao estudo das ciências e das letras, incessantemente renovado e rejuvenescido pela autoridade do mundo sábio. O curso público é uma escola intelectual, amplamente aberta".

Nas universidades alemãs, o professor trabalha cercado de alunos e de discípulos. Várias vezes por semana, ele os reúne para ouvir suas lições, que ele pode multiplicar sem esforço porque elas não são mais do que uma conversa familiar sobre a ciência da qual ele permanentemente se ocupa; ele amplia ou restringe seu plano de aula sem ser incomodado por nenhum outro programa além do interesse do auditório. Esse contato frequente, muitas vezes cotidiano, entre o professor e os alunos permite, segundo Bréal, atingir rapidamente grandes resultados. Esse sistema havia sido introduzido na Escola Prática dos Altos Estudos; ele passou para a maioria de nossas faculdades. Resta apenas generalizá-lo anexando aos cursos públicos algumas conferências privadas, das quais cada professor terá a liberdade de regular o tema específico e fixar o número e a duração. A faculdade de Letras de Paris não modificou em nada seus antigos hábitos; ela procedeu "por adição", sem se acreditar obrigada a suprimir nada. Antigamente, ela possuía somente ouvintes ou, pelo menos, não reconhecia a "existência legal" de seus alunos perdidos na multidão; hoje em dia, tem alunos organizados em um corpo regular. Os créditos inscritos no orçamento para os bolsistas de licenciatura e para os professores concursados asseguraram a existência e o desenvolvimento de uma instituição que prestará alguns serviços, mesmo que seja apenas do ponto de vista de um melhor recrutamento do pessoal docente. Infelizmente, esses ouvintes — diz Bréal — não são ainda estudantes; são sempre candidatos. "Eles usam esse nome, têm o temperamento inquieto do candidato, a falta de liberdade de espírito, o desejo de terminar e ir embora." Ao passo que, em outras terras, os anos passados na Universidade são a época feliz da vida, que se prolonga de bom grado e que se recomeça com alegria. "Nossos bolsistas de licenciatura e nossos professores concursados têm uma única ideia: passar no exame logo que estiverem preparados." As faculdades tornam-se, assim, reuniões de escolas especializadas.

Ao lado desses alunos, que já constituem o núcleo do corpo discente, também é importante deixar um lugar amplo para os jovens de boa vontade. Um grande número de jovens não sabe como empregar o tempo ao sair do liceu: "Ele vai sempre estudar seu Direito", diz o pai de família, falando do filho, "e veremos depois!". É assim, diz Lavisse, que muitos jovens *estudaram seu Direito*, na falta de poder fazer outra coisa, sem se destinar por isso às carreiras jurídicas, quando o ensino das faculdades de Ciências ou de Letras lhes teria sido bem mais proveitoso. "Todos nós conhecemos numerosos agricultores, industriais, comerciantes e ociosos que abarrotaram, na juventude, senão as salas dos cursos, ao menos os registros de inscrição das faculdades de Direito, e cujo lugar era nos laboratórios ou nos auditórios da Sorbonne. Ali eles teriam recebido algumas noções mais úteis à sua vida e essa cultura geral que é muito rara em nosso país."

Nossa classificação das faculdades é artificial; sua divisão com fronteiras distintas prejudica a unidade da ciência. Seria necessário voltar, para as Letras e as Ciências, ao antigo uso, ainda mantido na maior parte das universidades estrangeiras. Seria preciso reunir as faculdades atualmente separadas em uma *Faculdade de Artes*, como se dizia outrora, ou em uma *Faculdade de Filosofia*, como se diz na Alemanha. A separação das faculdades ocorreu pela primeira vez na Universidade Napoleônica; como efeito, ela prejudicou uma multiplicidade de ensinos e produziu uma espécie de anarquia.

VII. As grandes escolas são ao mesmo tempo necessárias e perigosas. Na Escola Politécnica, só se faz ciência pura; os cursos constituem como que uma ampla enciclopédia físico-matemática; a instrução que ali se recebe é geral, destinada a desenvolver o espírito científico e fornecer a cada um a ferramenta que lhe servirá mais tarde em seus trabalhos pessoais. Em poucas palavras, a escola não produz engenheiros nem oficiais; seu papel é ao mesmo tempo mais elevado e mais restrito. Ele consiste unicamente em preparar alguns alunos para as escolas especializadas encarregadas de formar os engenheiros e os oficiais. É nessas escolas especializadas, na Escola de Fontainebleau, na Escola de Engenharia Naval etc., durante dois anos; na Escola das Minas, das Pontes e Calçadas etc., durante três anos, que se ministra a instrução técnica.

Por infelicidade, é certo que se extenuam os politécnicos antes e durante sua permanência na escola. Se é bom fazer uma *seleção*, não é preciso que ela culmine em uma espécie de *extermínio* físico. O número de doentes e loucos produzido pelo regime escolar é notável, segundo Lagneau. Além disso, o concurso dá espaço para o acaso assim como para a capacidade. Uma vez admitidos na escola, os alunos raramente mantêm a mesma colocação do exame; ocorrem inversões quase completas. As exigências do programa aumentam sem cessar e, hoje em dia, são tantas que é preciso se esgotar para ser adequadamente aprovado em um exame. Não é — dizem Cournot e Simon — que a própria escola tenha necessidade de todos esses conhecimentos, mas o examinador, não sabendo mais como escolher, aumenta o papel do acaso para diminuir na mesma proporção o seu. Se houver apenas vinte questões, todo mundo as estudará; se forem duzentas, o melhor aluno conhecerá a fundo 150. Certamente, é uma desgraça para ele que caiam questões que ele não sabe, mas a consciência do juiz está protegida. Chega-se pouco a pouco a procurar as questões mais capciosas, que estão longe de serem as mais importantes.

A primeira desgraça que resulta disso é a invenção de uma "arte de preparar para os exames", que substitui a "arte de ensinar a ciência". Enquanto o examinador tortura seu candidato e lhe propõe enigmas como se fossem questões, ele mesmo é examinado, estudado, penetrado pelos preparadores que compõem o auditório. Rapidamente descobrem seus ardis e anotam suas fórmulas, adivinham suas fantasias. Se tivessem sempre o mesmo examinador, ele seria certamente vencido. Não é mais a ciência que se aprende, mas a maneira de responder a determinada pessoa. Vai-se, portanto, para o estabelecimento que faz muitos alunos serem aprovados. Começa-se desde cedo o estudo do programa e apresenta-se antes de estar totalmente pronto, para se acostumar ao exame. "Com essa tripla receita", diz Jules Simon, "se não se é decididamente estúpido, se não se cai doente e não se tem má sorte, é quase seguro entrar para a Escola Politécnica." A Universidade tem professores, não preparadores. Porém, se ela se recusar a entrar nesse sistema de treinamento, perderá todos os alunos que se destinam às escolas do governo; ela é, portanto, obrigada a se conformar a isso por necessidade. E daí resulta a singular contradição, assinalada por Cournot, de "que o Estado paga preparadores para enganarem os examinadores quanto ao real valor dos candidatos e examinadores para frustrarem os artifícios desses preparadores". Dizem algumas vezes que a concorrência é uma boa coisa, que é um estímulo aos concorrentes, que os obriga a fazer melhor. Isso não é tão certo quanto gostam de dizer — responde Jules Simon —, sobretudo em matéria de ensino; é absolutamente falso em matéria de preparação; porque não se luta para saber quem produzirá os melhores alunos, mas para ver quem terá mais candidatos aprovados. A Universidade sofre, aqui, por causa de um regime pelo qual não é responsável. Infelizmente, a Escola Politécnica, assim como a Escola de Saint-Cyr, depende do ministro da Guerra, geralmente incompetente em matéria de instrução. Uma reforma que todas as famílias desejam consistiria em aumentar em dois ou três anos o limite máximo de idade. O ministro da Guerra se recusa a fazer isso hoje porque se recusou ontem. Compreende-se um limite severo para a Marinha, porque é preciso desde cedo habituar-se ao mar; e, no entanto, os jovens que se tornam alunos de primeira classe ao sair da Escola Politécnica nem por isso são maus marinheiros. Porém, para as outras carreiras, onde está a dificuldade de começar dois ou três anos mais tarde? Só se é admitido na Escola Politécnica até os 21 anos, a não ser que se tenham dois anos de serviço efetivo no Exército. Nesse último caso, basta não ter, até 1º de julho do ano do concurso, ultrapassado os 25 anos de idade: portanto, a Escola Politécnica pode, sem inconveniente para ela, receber alunos de 25 anos; logo, ela errou em fixar o limite de idade em vinte anos, em seu próprio detrimento, em detrimento dos estudos e da saúde dos alunos[8]. Esses três ou quatro anos não seriam perdidos se permitissem que fosse feita uma preparação sólida em vez de uma preparação apressada. "As escolas do Estado ganhariam com isso e seria um imenso benefício para nossos colégios, porque estaríamos livres, então, de estudar por estudar. Enquanto hoje em dia os alunos que se destinam às carreiras civis imitam o exemplo e sofrem a mesma sorte dos candidatos às escolas do Estado, ambos escapariam dos métodos de enchimento e treinamento e seriam instruídos e educados como homens"[9]. A Escola Politécnica quer uma elite — para encontrá-la, elimina o máximo que pode, mas em nome de um aparato de programas, de uma série de questões, de problemas e, como dizem os alunos, de "colas". Melhor seria escolher sua elite não entre os que

---
8. Cf. Jules Simon, *Réforme de l'enseignement* [*Reforma do ensino*], p. 361.
9. *Ibidem*.

têm mais capacidade de memória, mas entre os que têm mais talento e elevação no espírito. O meio mais simples é exigir primeiramente de seus candidatos o bacharelado em Letras e depois montar ela mesma o programa científico com base no qual fará as interrogações.

Capítulo 7 – A educação das moças e a hereditariedade

Toda a questão da educação feminina nos parece ser dominada pelos seguintes princípios: 1º) A mulher é fisiologicamente mais fraca do que o homem; ela tem menos força em reserva para suprir o gasto considerável que acarreta o trabalho cerebral levado além de certos limites. 2º) A função genésica ocupa um lugar muito mais importante no organismo feminino do que no masculino. Ora, essa função, segundo todos os fisiologistas, está em antagonismo com o dispêndio cerebral: o desequilíbrio produzido pelo trabalho intelectual será, portanto, necessariamente mais forte na mulher do que no homem. 3º) As consequências desse desequilíbrio são ainda mais graves para a espécie quando se trata da mulher. Sua vida, habitualmente sedentária e pouco higiênica, não permite que o temperamento esgotado por uma educação irracional se refaça, como acontece com o homem; contudo, a saúde da mãe seria ainda mais necessária para a criança do que a saúde do pai. O dispêndio do homem com a paternidade é insignificante se comparado ao da mulher. É necessário que ela tenha, para a gravidez e a maternidade, e depois para a primeira educação da criança, uma considerável reserva de forças físicas e morais. A mãe de Bacon e a de Goethe, ambas muito notáveis, não teriam, portanto, podido escrever nem o *Novum organum* nem o *Fausto*; porém, se elas tivessem enfraquecido um mínimo que fosse sua potência geradora, por meio de um dispêndio intelectual exagerado, não teriam podido ter como filhos Bacon e Goethe. Se, no decurso de sua própria vida, os pais dispendem muito da força que extraíram de seu meio, restará bem pouco para seus filhos. Coleridge disse, com a maior seriedade deste mundo: "A história de um homem nos nove meses que precedem seu nascimento seria provavelmente mais interessante e conteria acontecimentos de maior importância do que tudo aquilo que se seguiu".

Grandes autoridades consideram que, quanto mais a educação da mulher é refinada, mais seus filhos são fracos. Spencer diz, em seus *Princípios de biologia*, que o trabalho físico torna as mulheres menos fecundas; depois, ele acrescenta que a mesma esterilidade relativa ou absoluta é geralmente também o resultado dos trabalhos intelectuais. Se considerarmos que as moças ricas são muito mais bem nutridas do que as das classes pobres e que, em todos os aspectos, sua higiene é geralmente melhor, só é possível atribuir sua inferioridade do ponto de vista da reprodução ao dispêndio intelectual ao qual elas são constrangidas e que reage muito sensivelmente sobre o físico. Essa inferioridade não se manifesta somente na frequência maior da esterilidade propriamente dita e na redução do limite da atividade reprodutiva; ela se mostra também na incapacidade muito generalizada dessas mulheres para a função secundária da mãe, que consiste em amamentar seu filho. "A definição completa da maternidade é o poder de levar a cabo uma criança bem-desenvolvida e de fornecer a esta um alimento natural durante o período normal. Trata-se de uma dupla função para a qual são geralmente pouco apropriadas as *moças de seios achatados* que sobrevivem a uma educação de alta pressão. Mesmo admitindo que elas tivessem a média ordinária de filhos, ainda deveriam ser consideradas relativamente infecundas." O doutor Hertel, médico dinamarquês, constatou nas escolas superiores de seu país que 29% dos rapazes e 41% das moças estão em um estado de saúde precário devido ao trabalho; a anemia, a escrófula e as dores de cabeça são os flagelos mais frequentes. O professor Bystroff, de São Petersburgo, reuniu constatações análogas.

Desses fatos e de um grande número de outros do mesmo gênero, podemos concluir que o trabalho excessivo imposto pelos concursos e pelos exames do ensino superior, perigosos para os rapazes de um povo, o é ainda mais infinitamente para as moças. As fadigas dessa ordem, repetidas por várias gerações sucessivas, terminariam por tornar a mulher absolutamente imprópria para a função de mãe. O perigo de uma instrução demasiado científica é ainda maior para as moças, que, mais dispostas do que os rapazes para o trabalho sedentário, entregam-se inteiramente ao trabalho do espírito e nele demonstram, em média, mais assiduidade. Ao mesmo tempo que o trabalho intelectual, é preciso tornar responsáveis por essas perturbações da saúde o enclausuramento, a dieta ruim e a insuficiência dos exercícios físicos. Acrescentem ainda as noites sem dormir, que, nas famílias ricas, são passadas em "saraus" e, nas famílias pobres, em trabalhos de todos os tipos. Clarke, um norte-americano, concluiu que se continuarmos assim durante mais meio século — não há necessidade de ser profeta para predizer —, de acordo com as leis da hereditariedade, "as mulheres chamadas a se tornar as mães de nossas futuras gerações deverão vir do outro lado do Atlântico". Produz-se, portanto, pela hereditariedade, uma espécie de seleção às avessas, desastrosa em suas consequências, porque as moças das classes instruídas, que deveriam contribuir justamente para elevar o nível dos povos futuros, são incapazes de ser mães ou põem no mundo seres fracos, deixando assim para as mulheres pouco cultas, mas robustas, o cuidado de perpetuar a humanidade.

As mães, preocupadas com o cuidado de tornar suas filhas agradáveis, não poderiam escolher para isso um meio pior do que sacrificar, assim, o corpo ao espírito. Ou elas não levam em conta os gostos dos homens ou se enganam estranhamente quanto a esses gostos. Os homens, observa Spencer, pouco se preocupam com a erudição das mulheres; o que eles mais prezam é a beleza, o bom caráter e o justo senso. "Que conquistas já foram feitas por uma escritora pedante por causa de seu vasto conhecimento de história? Que homem se apaixonou por uma mulher porque ela sabia italiano? Onde está o Edwin que caiu aos pés de Angelina[1] porque ela falava alemão? Mas as faces rosadas e os olhos brilhantes são grandes atrativos. A jovialidade e o bom humor produzidos pela boa saúde constituíram muitas afeições que levaram ao casamento. Todo mundo conhece casos nos quais a perfeição das formas fez nascer, na ausência de qualquer outra recomendação, uma paixão irresistível; porém, muito pouca gente viu a instrução de uma pessoa jovem despertar, independentemente de seus méritos físicos e morais, semelhante sentimento." Segundo Spencer, de todos os elementos que se combinam no coração do homem para produzir a emoção complexa chamada amor, os mais poderosos são "os que nascem das vantagens exteriores"; em

---

1. Edwin e Angelina são os protagonistas da balada *O eremita*, do escritor e poeta britânico Oliver Goldsmith (1730-74). [N. T.]

segundo lugar vêm "aqueles fornecidos pelas qualidades morais"; os mais fracos são os produzidos pelos "atrativos intelectuais", os quais dependem menos da instrução adquirida do que das faculdades naturais, tais como a vivacidade de espírito, a sutileza e a sagacidade. "Se uma pessoa acha que nossa asserção tem algo de degradante para o homem e fica indignada com o fato de o caráter masculino poder se deixar dominar por semelhantes motivos, responderemos que aqueles que assim falam pouco sabem do que dizem. Uma das finalidades da natureza — ou, antes, seu fim supremo — é a maior vantagem para a posteridade; com relação a essa finalidade, uma inteligência erudita, acompanhada de uma má constituição física, é de pouco valor, já que os descendentes morrerão por falta de saúde em uma ou duas gerações; ao contrário, um físico belo e robusto, embora não seja acompanhado de nenhum talento, merece ser conservado, porque, nas gerações futuras, a inteligência poderá ser indefinidamente desenvolvida: portanto, vemos quão importante é essa orientação impressa nos instintos do homem. Mas, mesmo deixando-se de lado esse aspecto da questão, os instintos existem, e, consequentemente, é uma loucura persistir em um sistema que destrói a saúde de uma moça pelo prazer de sobrecarregar sua memória"[2].

---

2. Spencer, *De l'éducation* [*Da educação*].

Segue-se daí que a mulher não deva ser instruída? Longe disso, chegaremos mesmo a ponto de dizer que ela deve ser instruída o máximo possível nos limites da força de que dispõe. Porém, uma coisa é a instrução e outra é o dispêndio intelectual. O problema, em toda educação e principalmente na da mulher, é transmitir o máximo de conhecimentos necessários e belos usando o mínimo de forças cerebrais na criança. A mulher tem na família um papel ao qual jamais pode se furtar: cabe a ela a educação moral e física dos filhos. É para essa função que devemos prepará-la melhor. A pedagogia prática, inclusa aí a higiene da família, é quase a *única ciência* necessária à mulher e precisamente a única, talvez, que não lhe é transmitida. Observemos, aliás, que a pedagogia, sendo a arte de ensinar, implica, por isso mesmo, o conhecimento das matérias de ensino. Se, além disso, admite-se que, para dar uma justa noção das coisas, é preciso começar por ter um conhecimento aprofundado delas, eis aí as portas escancaradas para a atividade e a extensão intelectuais da jovem.

Outra ordem de conhecimentos corresponde a outro papel da mulher, não mais na família, mas na sociedade. A mulher representa na psicologia humana o ser no qual são mais vivazes e mais poderosos todos os sentimentos de piedade, afeição, "altruísmo" e devotamento; ela deveria ser a ternura viva, a irmã de caridade de todo homem. Para a mulher, fazer política seria uma ocupação bem estéril e pouco prática; fazer filantropia está totalmente dentro de seu papel. Ora, a filantropia constitui hoje uma ciência que toca nas partes essenciais da economia política. É a ciência de todas as instituições de benemerência; é a ciência das direções nas quais é preciso seguir para cuidar de todos os males humanos, para aliviar um pouco a grande miséria eterna. É por intermédio da filantropia que a mulher deveria abordar a economia política.

Cabe à mãe, sobretudo, a tarefa de desenvolver o coração. A religião materna é a mais inofensiva e a mais útil das religiões. O respeito enternecido da criança é uma devoção. À noite, com a criança no colo, um pequeno exame de consciência (de um minuto, é suficiente): "Tive vergonha de meu filho; quero ter orgulho dele amanhã...". Depois de uma correção, a mãe deve sempre estar mais tristonha por ter castigado do que a criança por ter sofrido o castigo. É a grande arte de a mãe condensar toda a moralidade no amor filial, que é necessariamente sua primeira forma. O temor de "causar tristeza à mãe" é o primeiro remorso da criança e, por muito tempo, o único; é necessário que esse remorso ingênuo seja refinado pelos cuidados da mãe, tornado profundo como o amor e que, nessa fórmula, entrem os sentimentos mais elevados. O coração da mãe é sua consciência.

É necessário, portanto, que esse coração seja toda a consciência humana em miniatura.

Em suma, na educação da mulher, trata-se de conciliar dois grandes princípios opostos. Se, por um lado, dispondo de uma menor força do que o homem, a mulher não pode fornecer igual dispêndio de trabalho intelectual, por outro lado, estando destinada a ser a companheira do homem e a educadora da criança, ela não deve estar *alheia* a nenhuma das ocupações, a nenhum dos sentimentos do homem.

Pelo simples fato de que se impõe cada vez mais ao rapaz, o trabalho intelectual também se impõe à moça. Querer suprimi-lo quase totalmente para esta última, no temor de entravar seu desenvolvimento físico e na intenção de restituir um dia ao homem, por intermédio de sua mãe, a força corporal que a cultura intelectual de seu pai lhe tirou, é sonhar com uma obra capenga. A criança herda não somente boas qualidades físicas e intelectuais de seus pais, mas também as ruins, e corre-se o risco, em inúmeros casos, de somar à delicadeza de saúde paterna a preguiça e a lentidão de espírito de uma mãe pouco culta. A mãe que transmite a seu filho uma constituição robusta lhe oferece certamente um dom inestimável; esse valor, porém, é duplicado se ela souber desenvolver essa bela saúde nativa e, das forças vivas de seu filho, fazer sair inteligência, energia e vontade. Ora, essa segunda maternidade, que é a do coração e do espírito, é ainda mais difícil de preparar do que a primeira: é por isso que ela deve preocupar o educador ao menos em igual medida. Antes de pensar nos futuros filhos de uma garotinha, é racional ocupar-se da própria garotinha, e de maneira completa, ou seja, do triplo ponto de vista físico, moral e intelectual. "Quando se quer dançar mais rápido do que a música", diz o provérbio popular, "perde-se o compasso". Uma previsão em muito longo prazo fica reduzida a imaginar o que ela ainda não pode ver. Que pensem, além disso, aqueles que querem considerar em uma moça apenas suas faces rosadas, que é de toda necessidade, ao menos nas classes abastadas, abrir um campo de atividade suficiente para a inteligência da jovem — inteligência que a natureza não lhe recusou e que será empregada de uma maneira ou de outra, mesmo que seja nas mil ninharias e frivolidades que comporta a vida mundana. Ora, as pessoas se gastam e empalidecem em uma existência vã tanto ou mais do que em uma existência séria e refletida. Ademais, o alargamento da inteligência não pode deixar de dar um apoio e um novo impulso ao desenvolvimento das qualidades morais, que transparecem, mais do que se imagina, no frescor dos dezoito anos. Enfim, é loucura imaginar que para um homem instruído bastará uma companheira de faces rubras: a rotina diminui seu brilho. As qualidades morais, ao contrário, são sempre bem-vindas: um espírito culto se torna imperceptivelmente um companheiro cotidiano. O papel da mulher — há muito tempo se diz isso — só começa praticamente depois do casamento[3]. Não esqueçamos também que muitas moças se parecerão com a mãe: o valor moral e intelectual desta última não é, portanto, sem importância no

---

3. "Que excelente conselheiro", diz Stendhal, "um homem não encontraria em sua mulher se ela soubesse pensar!..." "Os ignorantes são os inimigos natos da educação das mulheres." "O mais ínfimo dos homens, se tiver vinte anos e as faces bem rosadas, é perigoso para uma mulher que nada sabe, porque ela é toda instinto; aos olhos de uma mulher de espírito, ele causará justamente tanto efeito quanto um belo lacaio..." "É relativamente frequente que uma moça bonita tenha um caráter ruim e se mostre preguiçosa. Ela sente desde cedo que seu rosto lhe dá direitos, privilégios aos olhos dos homens, que é inútil para ela esforçar-se para adquirir outras qualidades quando ela tem naturalmente esta: a beleza." "O desejo de agradar", diz também Stendhal, "coloca para sempre o pudor, a delicadeza e todas as graças femininas fora do alcance de qualquer educação. É como se temessem ensinar o pássaro a não cantar na primavera. As graças das mulheres não se devem à ignorância; vejam as dignas esposas dos burgueses de nossas aldeias; vejam, na Inglaterra, as mulheres dos grandes comerciantes." "A maioria dos homens tem um momento na vida em que pode fazer grandes coisas: é aquele em que nada lhes parece impossível. A ignorância das mulheres faz que o gênero humano perca essa chance magnífica. O amor, hoje em dia, faz no máximo que se monte bem a cavalo ou se escolha bem seu alfaiate." "Todas as primeiras experiências devem necessariamente contradizer a verdade. Esclareçam o espírito de uma moça, formem seu caráter, deem-lhe enfim uma boa educação no verdadeiro sentido da palavra: apercebendo-se mais cedo ou mais tarde de sua superioridade sobre as outras mulheres, ela se torna pedante, ou seja, o ser mais desagradável e mais degradado que existe no mundo. Todos nós preferimos, para passar a vida, uma criada a uma mulher erudita. Plantem uma árvore nova no meio de uma espessa floresta, privada de ar e de sol por suas vizinhas, e suas folhas serão estioladas, ela assumirá uma forma delgada e ridícula que *não é a da natureza*. É preciso plantar ao mesmo tempo toda a floresta. Qual é a mulher que se orgulha de saber ler?"

desenvolvimento de seu caráter. De todas essas considerações, evidencia-se que não poderia estar em questão sustar o movimento da educação intelectual entre as moças, mas simplesmente reformá-lo e direcioná-lo. Pusemos nossas moças, assim como nossos rapazes, no regime do trabalho exagerado sem nos preocupar em compensar o dispêndio de forças que necessita um esforço contínuo: é como embarcar para os mares distantes sem ter previsto nada. Uma má higiene é a regra em quase toda parte, mas, nas classes médias de nossa sociedade, nas quais precisamente as moças são levadas a trabalhar com mais seriedade (porque se trata, talvez, de um ganha-pão para elas), ignoram-se seus primeiros elementos. Daí o esgotamento sistemático das crianças, meninos e meninas, que têm de suprir o duplo desenvolvimento do corpo e do espírito. Ora, o remédio aqui é simples. Ninguém é mais escrupuloso do que uma mulher na exata observância das regras que lhe foram apresentadas como absolutas. Ensinem a ela a higiene do mesmo modo como lhe ensinam a cuidar de uma casa e a verão se opor a qualquer infração à higiene, assim como à invasão da poeira sobre os móveis. Dar às mocinhas todos os meios possíveis de recuperar de um lado o que elas perdem de outro — boa alimentação, exercícios variados ao ar livre, sono longo — já será enorme, visto que é uma lei natural que toda força despendida peça para ser restaurada nos indivíduos com boa saúde. Na organização atual do ensino, o aspecto moralizador dos exames — tanto para as moças quanto para os rapazes — é dar um objetivo ao trabalho dos jovens, acostumá-los ao esforço e ao esforço contínuo: eles os fazem querer, enfim, e perseverar, o que basta para criar uma superioridade para aqueles que se mostram capazes disso. No entanto, é preciso reconhecer que o resultado total deixará fortemente a desejar se muitos de nossos jovens, sobretudo de nossas moças, sacrificarem o melhor das suas forças para obter diplomas em sua maioria inúteis.

Se existe razão para protestar contra a sobrecarga dos estudos, é agora ou nunca quando se trata das moças, que têm menos forças para despender. É preciso se voltar contra todo conhecimento de utilidade não generalizada. Aliás, nada é tão fatigante quanto o que é irracional ou fastidioso, porque o espírito deixa de se interessar e, na ausência de curiosidade, só resta o esforço, que é, além disso, duplicado em razão de todo o aborrecimento experimentado. Uma moça, não estando destinada a nenhum emprego determinado de antemão, deve adquirir uma visão de conjunto sobre os principais conhecimentos do espírito humano, não se confinar em uma erudição árdua e necessariamente restrita. O objetivo de sua educação é levá-la a não ser alheia a nada, a fim de que, quando a ocasião se apresentar, ela possa se aplicar a qualquer objetivo dado. Porque, mais ainda do que o rapaz, a moça ignora para que lado a vida a levará. Uma mulher pode ser chamada a auxiliar o marido em suas ocupações, a supervisionar os estudos dos filhos (pelo menos no início), a educar as filhas; enfim, há ainda as eventualidades da vida, e é possível que ela tenha de contar apenas com seu trabalho para criar sua jovem família. Não se trata, que fique bem entendido, de lhe ensinar tudo, mas de torná-la apta a aprender tudo, dando-lhe o gosto pelo estudo e o interesse por todas as coisas.

Motivos do mesmo gênero, diz Rochard, levam as crianças de ambos os sexos para o caminho do trabalho excessivo. Para os rapazes, são diplomas a conquistar, são os lauréis do grande concurso, é a entrada para uma escola do Estado. Para as moças, é o diploma de professora primária, é a admissão nas escolas normais. O desenvolvimento que o ensino primário adquiriu, nos últimos anos, sobretudo nas grandes cidades, fez dele uma carreira atraente. É, para as moças, um meio de se elevar sobre sua condição, de sair da situação de inferioridade na qual se encontra sua família e satisfazer "os gostos de prazer que tudo contribui para desenvolver e que se parece assumir a tarefa de superexcitar". Para atingir o objetivo, não há esforços nem sacrifícios que elas não façam. Abandonam os cuidados domésticos e se entregam, com um ardor crescente, a esses estudos que gastam sua vida e quase sempre só as conduzem a uma decepção.

A carreira do ensino, em razão da própria atração que desperta, está hoje em dia de tal modo atulhada que não passa de um engodo. Em 1º de janeiro de 1887, havia na França 12.741 moças aspirando à função de professora primária e, entre elas, 4.174, ou seja, quase um terço, ao departamento do Sena. Ora, nesse mesmo ano, em Paris, só se dispunha de sessenta vagas para professoras primárias, das quais 25 seriam atribuídas de antemão às alunas egressas da Escola Normal. O restante deveria ser dividido entre as suplentes com ordenado fixo, que não são menos de quarenta. É possível julgar por aí a sorte das 8.567 moças do interior que cobiçam esses postos. O número sempre crescente dos aspirantes impôs à Universidade a obrigação de multiplicar as dificuldades. Foram promovidos concursos em todos os graus do ensino, e os programas se tornaram cada vez mais espinhosos. As moças que aspiram a entrar para a Escola Normal têm o mesmo destino que os candidatos às escolas especializadas. As mesmas emoções, as mesmas angústias, os mesmos esforços desesperados no momento supremo da luta; e elas têm menos força para suportá-los. Das quatrocentas a quinhentas moças de quinze a dezoito anos que se apresentam todos os anos no concurso para a Escola Normal do departamento do Sena, apenas 25 são aceitas. Como elas são internas, como se cobrem todas as suas despesas e como lhes é garantido, na saída, um lugar nas escolas primárias do departamento, pode-se imaginar o ardor que elas manifestam na luta para chegar lá, apesar de tudo.

Em Paris, onde as novas leis dão seus primeiros frutos, a administração dispõe anualmente de cinquenta vagas, para as quais já existem 3 mil postulantes. O que irá acontecer com 90% dessas moças a quem o Estado parecia prometer uma carreira ao lhes entregar um diploma? Seria preciso se preocupar verdadeiramente em criar empregos para as mulheres onde elas possam substituir com vantagem o homem, o que agora é bastante frequente. Na instrução primária e secundária, poderia lhe ser dado um espaço mais amplo. Nada impediria que elas fossem empregadas ainda com mais frequência nas agências de correio, de telégrafo e outras. Por fim, seria desejável que elas obtivessem vantagem em se ocupar na indústria ou no comércio. Em primeiro lugar, a competição pelos postos do Estado se tornaria menos acirrada; além disso, não seria mais necessário temer o aumento, a cada ano, do número dessas pobres moças que trabalharam em vão, que se veem sem recursos e se tornam desclassificadas. Muitas vezes se lamenta a sorte da pequena operária em sua mansarda. A professora primária sem emprego e sem esperança deveria ser menos deplorada? E não seria preciso lamentar as novas leis sobre a instrução das moças se elas tivessem necessariamente, como consequência, de "arrancá-las da condição natural de suas famílias para transformá-las em governantas"? A instrução é coisa excelente, sem dúvida, quando nos prepara para o trabalho que devemos fazer, mas não deve servir para nos fazer perder o gosto pelos únicos deveres que estejam a nosso alcance e em nosso destino. Ela não deve, multiplicando o número dos desclassificados e descontentes, tornar-se uma causa de corrupção moral e de perturbação social, ao passo que ela seria, em um estado de coisas bem-organizado, um meio de melhoramento e de progresso. Se a instrução da qual se lamentam e se temem os efeitos produz maus resultados, é porque ela não é aquilo que deveria ser. Seria necessária uma instrução de tal natureza que, em vez de fazer perder o gosto pela vida real e de fazer sair dela, culminasse nela e reconduzisse a ela, mais bem armados e mais hábeis, aqueles que a instrução tem a missão de preparar; menos refinamento nas ideias, menos erudição na memória, menos história e teorias literárias; mais ideias morais e estéticas, mais aprendizagem manual, mais energia na vontade, mais habilidade prática e mais engenhosidade inventiva.

A *Gegenwart*[4] de Berlim também acha que, na Alemanha, a educação dada às moças, embora realizando um imenso progresso, deixa ainda muito a desejar. "Ensinam-lhes muitas coisas inúteis, datas, nomes e regras com as quais,

---

4. *Die Gegenwart*, revista de atualidades que circulou entre 1872 e 1931. [N. T.]

depois, elas não terão nada que fazer, ao passo que deixam de lado o que há de verdadeiramente importante: formar e desenvolver a futura mãe." Formam-se "pequenas enciclopédias vivas" e, às vezes mesmo, mulheres espirituosas, mas de maneira alguma mulheres realmente úteis ao corpo social.

Há apenas um remédio para esse estado de coisas: suprimir uma boa metade das matérias que figuram no programa e substituí-las por conhecimentos mais verdadeiramente fundamentais.

Um dos preconceitos que hoje se tornaram clássicos é supor que a educação tem um objetivo perfeitamente definido, um término, e como que se encerra com um exame para além do qual o educador não tem mais nada a desejar e o aluno, mais nada a ambicionar. Esse inconveniente é ainda mais perceptível para a moça do que para o rapaz, porque, se o exame geralmente abre uma carreira para ele, é na maior parte do tempo totalmente estéril para ela. Depois de ter levado a sério o trabalho escolar, de ter se entregue a ele com todo o coração, a moça, uma vez de volta à casa dos pais, vê bruscamente esse impulso se deter; daí o vazio que se produz em sua vida, a supressão brusca de toda ambição que não a do coquetismo, de toda distração que não as bisbilhotices da vida burguesa. Seria, no entanto, essencial, tanto para a moça quanto para o rapaz, imaginar a educação como contínua, sem interrupção, destinada a abranger a vida inteira.

Não deve haver época em que se pare de aprender. O exame, que não passa de um procedimento grosseiro para constatar por aproximação aquilo que você sabe, deveria ser, sobretudo, um meio de lhe mostrar aquilo que você ainda não sabe. Um programa só é bom se não for levado muito a sério, se não constituir para o aluno uma barreira, um limite do nível intelectual. O crescimento do corpo prossegue muitas vezes até depois dos vinte anos; o crescimento da inteligência deve ser absolutamente indefinido até a morte. Inspirem, portanto, às crianças e, sobretudo, às moças o gosto pela leitura, pelo estudo, pelas coisas da arte, pelos passatempos nobres; esse gosto valerá mais do que todo o *saber* propriamente dito, artificialmente introduzido nas cabeças: em vez de um espírito *mobiliado* de conhecimentos mortos, vocês terão um espírito vivo, movente, progressivo. Em vez de atrofiar o cérebro por excesso de dispêndio, vocês terão um cérebro cada vez mais amplo, capaz de transmitir a um povo disposições intelectuais e morais mais elevadas, e isso sem prejuízo do que é o fundamento do resto: a energia física e vital.

Capítulo 8 – A educação e a rotatividade na cultura intelectual

Perigo do prolongamento de um povo na mesma condição social, sobretudo nas condições mais altas. — Necessidade de mudança de ocupações e de ambientes. — Em que as superioridades intelectuais podem ser perigosas para um povo. — Regra da *rotatividade* na cultura intelectual. — A escolha das profissões.

O prolongamento de um povo em uma mesma condição social é geralmente fatal. Com efeito, toda condição social contém uma parcela de convencionalismo, e se o conjunto das convenções é contrário *em um único ponto* ao desenvolvimento sadio da vida, mesmo que seja favorável em todos os outros, essa ação nociva, multiplicada pelo tempo, desequilibrará um povo de maneira tanto mais segura pelo fato de que ele estará mais bem acomodado a esse meio artificial.

O resultado será a loucura ou a extinção desse povo. Portanto, a menos que se encontre um meio social higienicamente perfeito em todos os pontos, não existe outro recurso para a vitalidade de um povo a não ser a mudança de ambiente, que corrige essa má influência por meio das influências em sentido contrário. O progresso das vias de comunicação, facilitando, por assim dizer, a combustão e o alastramento dos grandes incêndios sociais, só torna o perigo mais premente. Um dos resultados é o assustador crescimento da loucura nas cidades: 530 casos para cem de tuberculose-meningítica. Londres, nesse aspecto, ultrapassa a média da Inglaterra em 39%. Do mesmo modo, os suicídios se acentuam a cada dia: em Paris ocorre um sétimo dos suicídios de toda a França, e no departamento do Sena, um décimo. Excesso da luta pela existência, trabalho em fábricas malsãs, alcoolismo, devassidão facilitada, contágio nervoso, atmosfera imunda: esses são os perigos. A vida do organismo social, assim como a de todos os outros organismos, conserva-se pela combustão; porém, o que é queimado nos fogos mais ativos da vida não são matérias estranhas, são as próprias células vivas. A atual ordem social cria, por um lado, ociosos e, por outro, extenuados, e dá como ideal aos extenuados a condição dos ociosos. Condição, no entanto, pouco invejável. Não fazer nada leva a desejar tudo sem ter a força de realizar nada; daí a imoralidade fundamental dos ociosos — ou seja, de toda uma classe da sociedade. O melhor meio de limitar e regular a paixão é a ação contínua; e ao mesmo tempo é o meio de satisfazê-la, naquilo que ela tem de racional e de conforme às leis sociais.

Não é possível que a superioridade intelectual *em si mesma* seja perigosa para um povo, porque ela cria para ele, ao contrário, uma vantagem na seleção natural. O perigo não está em nenhuma superioridade, qualquer que seja ela, mas nas *tentações* de todos os tipos que as superioridades trazem consigo. A tentação à qual é mais difícil resistir em nossa sociedade moderna é a de *explorar* completamente o talento, extrair dele todo o proveito prático, transformá-lo na maior soma de dinheiro e de honrarias que ele possa conferir. É essa exploração sem medida das superioridades que as torna perigosas. A coisa é tão incontestável que se verifica até nas próprias formas de superioridade que parecem a garantia mais segura da sobrevivência: as da força física e da força muscular. Se um homem tem uma força bastante notável para pensar em tirar partido dela e se torna atleta, por exemplo, diminui muito as chances de existência para si mesmo e, consequentemente, para seu povo. No entanto, a força física se confunde, em certa medida, com as próprias condições da vida, mas querer explorá-las significa alterá-las. O melhor princípio de toda higiene moral seria, portanto, exortar o indivíduo a poupar a si mesmo, a não considerar nele ou nos seus filhos um talento qualquer como uma galinha dos ovos de ouro que é preciso matar; a olhar, enfim, a vida como algo não a ser *explorado*, mas *conservado*, aumentado e propagado.

A consequência desse princípio de economia fisiológica na educação é a arte de mensurar e de direcionar a cultura, sobretudo a cultura intelectual, de não torná-la muito *intensiva*, muito limitada a um único ponto da inteligência, mas de sempre tornar proporcional nela a extensão à intensidade. Um princípio não menos importante deve ser a alternância das próprias culturas em um povo. A *rotatividade na educação* deveria ser uma regra tão elementar quanto na agricultura, porque é absolutamente impossível cultivar sempre com sucesso determinada planta na mesma terra ou determinada aptidão no mesmo povo. Chegará o dia, talvez, em que se distinguirão as ocupações suscetíveis de *esgotar* ou de *melhorar* um povo, assim como se distinguem na agricultura as plantas que esgotam ou melhoram o solo. A ocupação sadia por excelência é bem evidentemente a do camponês ou do proprietário rural, e o meio de conservar uma série de gerações robustas e ao mesmo tempo brilhantes seria alternar sua estadia nas cidades e nos campos, fazê-las se revigorar na vida vegetativa do camponês todas as vezes que tivessem se exaurido na vida intelectual e nervosa dos habitantes das cidades. Esse ideal, do qual estamos bem longe em nosso país, seria facilmente realizável, porque o vemos realizado quase sempre na Inglaterra, onde a importância da propriedade territorial e os hábitos de uma vida um pouco mais selvagem do que a nossa fazem a aristocracia e a burguesia inglesas passarem a maior parte de sua existência secular nos solares ou nos chalés, entregues a essas ocupações do campo que são uma distensão de todo o organismo.

Sem querer traçar a menor linha de conduta a ser seguida em conjunturas tão complexas quanto a escolha de uma profissão, acreditamos que é um dever para o educador jamais pressionar o filho a seguir a profissão do pai, ao menos sempre que essa profissão — como a do artista, do político, do sábio ou simplesmente do "homem ocupado", do "homem distinto" — exija um dispêndio nervoso muito considerável. Nada é mais ingênuo, para quem olha do alto, do que o medo da obscuridade, o medo de não ser "alguém". As qualidades reais de um povo não se perdem por não ser trazidas à luz imediatamente — elas de preferência se acumulam —, e o gênio praticamente só sai dos cofrinhos nos quais os pobres acumularam dia a dia o talento sem despendê-lo em loucuras. Não é sem razão que os chineses condecoram e enobrecem os pais no lugar dos filhos: os filhos célebres são crianças pródigas, e o capital que eles despendem não vem deles. A natureza adquire as suas maiores riquezas dormindo. Hoje em dia, em nossa impaciência, não sabemos mais dormir: queremos ver as gerações sempre despertas, sempre no esforço. Repetimos: o único meio de permitir esse esforço sem repouso, esse dispêndio constante, é variá-lo incessantemente: precisamos nos resignar ao fato de nossos filhos serem diferentes de nós, ou eles não existem.

O objetivo de toda reforma social e pedagógica não deve ser o de diminuir, na sociedade humana, o *esforço*, condição essencial de todo o progresso, mas, ao contrário, deve ser o de aumentar o esforço produtivo por meio de uma melhor organização e distribuição das forças, assim como se aumenta quase sempre a quantidade de trabalho produzido em uma jornada reduzindo de doze para dez as horas de trabalho. Para isso, a primeira coisa a fazer é colocar a humanidade e, sobretudo, as crianças em melhores condições higiênicas — saneamento das casas, dos locais de trabalho, diminuição do trabalho e do estudo etc.; em segundo lugar, é preciso substituir durante certo tempo, nas massas, o trabalho material por um trabalho intelectual *bem-dirigido*; nas classes abastadas, deve-se, ao contrário, compensar com um mínimo de trabalho material o desequilíbrio provocado seja pelo trabalho exclusivamente intelectual, seja pela ociosidade. Infelizmente, em nossos dias, o aumento da previdência social se produz, sobretudo, na esfera econômica; ora, a previdência econômica está muitas vezes em oposição à previdência verdadeiramente social e higiênica. Acumular capital em dinheiro ou mesmo em honrarias é muitas vezes justamente o contrário de acumular saúde e força para seu povo. Eis um rapaz pobre: para poder se casar, ele espera que sua posição social se eleve suficientemente, sobrecarregando-se de trabalho (exames, preparação para as escolas do governo etc.). Ele se casa já velho, com um sistema nervoso esgotado, nas condições mais apropriadas para a degenerescência de seu povo. Além disso, em virtude da previdência econômica que o guiou até então, ele restringirá o número de filhos — outra chance de degenerescência, já que os que nascem primeiro estão longe de ser, em média, os mais bem-dotados. A conclusão é que quase sempre há antinomia entre a previdência econômica, que tem dois termos — poupar exageradamente o dinheiro e despender exageradamente suas forças —, e a previdência higiênica ou moral, que consiste em poupar sua saúde e em não despender suas forças a não ser na medida em que o dispêndio, rapidamente reparável, constitua um exercício em vez de um esgotamento.

Assim, o crescimento muito rápido da poupança, que representa uma quantidade de trabalho físico tornada inútil, é sempre perigoso em um povo quando não se produz um crescimento proporcional da capacidade intelectual e moral, que permite empregar de outra maneira a força física posta em liberdade pela poupança. Toda poupança econômica pode ser uma ocasião de desperdício moral. O verdadeiro progresso consiste na transformação metódica do trabalho físico em trabalho intelectual bem-regulado, e não na cessação ou na diminuição do trabalho. O ideal social consistiria em uma produção absoluta, crescente, graças à rotatividade bem-interpretada, ao passo que o ideal puramente econômico é apenas a diminuição da *necessidade de produzir*, que leva quase sempre a uma diminuição de fato na produção. Trata-se de substituir as *necessidades externas* (fome e miséria), que forçaram até aqui o homem a um trabalho por vezes desmedido, por uma série de *necessidades internas*, de *necessidades intelectuais* e *morais*, correspondendo a novas *capacidades*, que o impelirão a um trabalho *regular, proporcional às suas forças*. Seria a transformação do esforço físico e da tensão muscular em tensão nervosa e em *atenção*, mas em atenção regulada, variada, aplicando-se a diversos objetos e com intervalos de repouso.

Capítulo 9 – O objetivo da evolução e da educação é o automatismo da hereditariedade ou a consciência?

Alguns partidários da evolução, exagerando as teses de Maudsley e Ribot e do próprio Spencer, chegam à conclusão de que o grau mais elevado de perfeição para o homem — e, consequentemente, o modelo mais bem realizado de ideal moral e o término da educação — seria um estado de completo automatismo, no qual os atos intelectuais e os sentimentos mais complicados seriam igualmente reduzidos a puros reflexos. "Todo fato de consciência", tem-se dito, "todo pensamento, todo sentimento supõem uma imperfeição, um retardo, uma interrupção, um defeito de organização. Se, portanto, tomarmos, para formar o modelo do homem ideal, essa qualidade que todas as outras supõem e que não supõe as outras — a organização — e se a elevarmos pelo pensamento ao mais alto grau possível, nosso ideal de homem será um autômato inconsciente, maravilhosamente complicado e unificado.¹" Essa teoria do ideal humano se baseia, segundo pensamos, em concepções inexatas do mundo e do espírito.

O automatismo inconsciente somente poderia ser a organização perfeita das experiências ou percepções *passadas*; mas estas não podem, no indivíduo e em um povo, coincidir inteiramente com as percepções *futuras*, a não ser que se suponha o homem situado eternamente em um meio idêntico, ou seja, o mundo *interrompido em sua evolução*. Ora, tal interrupção não é admissível cientificamente nem desejável na prática; ela não apresenta nenhuma das características do ideal. Para o homem, o ideal não é, portanto, a *adaptação de uma vez por todas* ao meio — o que resultaria no automatismo e na inconsciência —, mas uma facilidade crescente de *se readaptar* às mudanças do meio, uma flexibilidade, uma educabilidade, ou seja, uma inteligência e uma consciência sempre mais perfeitas. Se a adaptação às coisas é obra do hábito inconsciente, a readaptação incessante a elas é a característica da inteligência consciente e da vontade, a própria obra da educação. A consciência não é pura e simplesmente um ato reflexo *interrompido*, como os psicólogos contemporâneos tantas vezes a definem; é um ato reflexo *corrigido*,

---

1. Paulhan, *Le devoir et la science morale* [*O dever e a ciência moral*], *Revue philosophique* [*Revista filosófica*], dezembro de 1886.

recolocado em relação às modificações do meio, mais *remontado* do que interrompido. E o ideal não é suprimir essa readaptação ao meio, mas torná-la *contínua* pela previsão consciente das modificações que devem trazer a dupla evolução do homem e do mundo. Essa previsão consciente suprimirá os choques, as surpresas e as dores, não aumentando o papel do automatismo, mas o da inteligência: somente ela pode nos preparar para o futuro, adaptar-nos ao desconhecido parcial do tempo e do espaço. Esse desconhecido, embora ainda não presente em nós, é prefigurado por ideias, por sentimentos; daí um meio moral e intelectual, um meio consciente do qual não podemos escapar e que nos preservará sempre do automatismo.

É muito superficial acreditar que a ciência e a educação científica tendem ao automatismo porque se servem da memória para armazenar e organizar os fatos e que, no entanto, a memória, sendo automática, resulta na lembrança inconsciente, no hábito — em outras palavras, no ato reflexo. A ciência teria assim, como ideal, a rotina, consequentemente seu próprio contrário. Esquecem que a ciência não é constituída somente pelo saber *adquirido*, mas pela maneira como se emprega esse saber para conhecer sempre mais e resultar em *novas* ações. O progresso aumenta constantemente o número das máquinas, dos instrumentos nas mãos do homem, e, entre esses instrumentos, o primeiro de todos é o saber organizado como hábito: a instrução. Mas a posse de máquinas sempre mais complicadas não tende de maneira alguma a transformar o homem em máquina; ao contrário, quanto mais o número de nossos instrumentos externos ou internos aumenta, mais a massa de nossas percepções inconscientes e do saber armazenado cresce em nós, e mais, também, nossa potência de atenção voluntária aumenta: nossa potência e nossa consciência desenvolvem-se simultaneamente. Seria ingênuo acreditar que o papel do inconsciente é mais forte em um sábio do que em um camponês, por exemplo; no sábio, o inconsciente é, sem dúvida, muito mais complicado; ele apresenta, assim como seu cérebro, inúmeras circunvoluções e sinuosidades, mas a consciência também é desenvolvida em proporções mais fortes. É estranho, em suma, ter de demonstrar que apenas a ignorância é rotina, e não o saber. Como a esfera do saber, crescendo, aumenta sempre os pontos de contato com o desconhecido; segue-se daí que toda adaptação da inteligência ao conhecido só torna mais fácil e mais necessário para ela uma readaptação a outro conhecimento mais extenso. Saber é ser impelido ao mesmo tempo a *aprender* mais e a *poder* mais. É por isso, aliás, que a curiosidade aumenta com o saber e a instrução: o homem inferior não é curioso no verdadeiro sentido da palavra, curioso por ideias novas, por generalizações mais elevadas. O que salvará a ciência é aquilo que a constituiu e a constituirá sempre: a curiosidade eterna. E embora a ciência tenda a se servir sempre mais do hábito e do ato reflexo, a alargar suas bases no inconsciente assim como se alargam sempre as fundações de um edifício alto, é possível afirmar que ela é a consciência sempre mais luminosa do gênero humano, que o saber e o poder prático do homem terão sempre como parâmetro sua potência de reflexão interior.

Ribot declara que nossa pedagogia está inteiramente fundamentada em um imenso erro, porque ela espera a reconstrução do país por meio de uma melhor organização do ensino. A ação não depende — acrescenta ele — da inteligência, mas do querer e do sentimento, e a instrução não tem influência sobre nenhum dos dois. Fouillée, ao contrário, atribui uma força às ideias e crê que toda ideia que corresponde a um sentimento tende a alguma ação. Do mesmo modo, segundo Espinas, quando a vontade e as emoções são, em um povo, atingidas por moléstias irremediáveis, ligadas ao desgaste orgânico ou a alguma alteração profunda do temperamento, é quimérico, sem dúvida, esperar que a salvação venha dos conhecimentos ensinados nas escolas; mas, enquanto restar alguma esperança (e ninguém tem o direito de perder a esperança na pátria), se uma ação eficaz pode ser exercida sobre esse povo, se a vontade pode ser revigorada nele e o funcionamento das emoções pode se tornar novamente normal, é por meio das ideias (e das ideias verdadeiras), ou seja, por meio da ciência, que a cura e a melhora podem ser obtidas[2]. Examinemos mais de perto, portanto, o papel da consciência na evolução psíquica em geral e na evolução moral em particular.

O termo *consciência* serve para designar um estado mental que, em suas condições fisiológicas, é certamente mais complexo do que o estado de inconsciência; uma vez pro-

---

2. "O que é o sentimento", diz Espinas, "senão a comoção resultante de uma visão mais ou menos obscura dos perigos ou das vantagens que nos podem vir das coisas? O que é o querer, por mais instintivo que o suponhamos, senão o impulso daquela nossa ideia à qual o sentimento mais forte foi ligado pela hereditariedade ou pelo hábito? Ora, não dependeria, em certa medida, do educador transmitir a determinadas ideias uma força preponderante, mostrando suas ligações com os interesses mais prementes, e depois submeter o querer, pelo hábito, a sofrer a influência dessas ideias? E o caráter não poderia, assim, ser modificado ao longo do tempo, e enfim o temperamento, tanto quanto comporte a vitalidade devida a um povo? Se isso é falso, que nos mostrem o meio de agir diretamente sobre o querer e sobre suas fontes emocionais! Talvez se diga que, pela emoção comunicativa da palavra inspirada, pelo exemplo, pela autoridade do tom e do gesto e pelas belas-artes seja possível suscitar sentimentos novos; mas ainda seria preciso admitir que a eloquência e a poesia estão entre as belas-artes, que o tom é o de uma voz que se serve de palavras, que o exemplo é comentado por discursos e que a emoção do educador irá comover o coração do discípulo depois de ter atravessado seu pensamento, sem o qual nos encontraríamos na presença de uma pedagogia misteriosa que operaria no silêncio como a graça e deixaria o ensino para a prece. É preciso escolher: ou se tentará modificar o querer pela ideia ou se renunciará a reformar o querer. Assim, portanto, para educar a juventude, para constituir métodos de educação, a ciência psicológica e social, ou seja, o conhecimento exato das leis do espírito e das condições de existência nas quais ele se move, não pode tudo, mas pode todo o possível. Onde a ciência parecer impotente não haverá nada a ser tentado. Não é culpa da alavanca se o braço que a segura a considera muito pesada."

duzido, ele constitui (mesmo do ponto de vista fisiológico), entre as forças componentes que atuam em nós, uma nova unidade de força. É por essa razão que se defendeu a teoria das "ideias-força", à qual as próximas páginas são uma contribuição.

Na cadeia dos fenômenos fisiológicos, o fenômeno consciente não se comporta absolutamente da mesma maneira que um fenômeno puramente inconsciente e introduz nela uma força nova.

1º) A consciência é primeiramente um *complemento de organização*, por meio do qual um fenômeno se vincula no tempo a outro, como antecedente ou consequente. A ideia de tempo é evidentemente posterior à própria consciência; ora, não existe organização completa, mesmo para uma inteligência concebida como puramente automática, fora do tempo, que introduz uma *sequência* nos fenômenos, um laço ao menos aparente de causalidade empírica[3]. O fato de termos consciência nos permite "reconhecer os fenômenos como tendo ocupado uma posição precisa entre outros estados de consciência"[4]. Enfim, ele nos fornece essa ideia essencial de que aquilo que foi feito uma vez pode ser recomeçado,

---

3. Cf. nosso estudo sobre *La genèse de l'idée de temps* [*A gênese da ideia de tempo*].
4. Cf. Ribot, *Maladies de la mémoire* [*Doenças da memória*].

que podemos imitar a nós mesmos ou, ao contrário, nos diferenciar de nós mesmos, nos modificar.

2º) A consciência, constituindo uma melhor organização e, em certos aspectos, uma concentração dos fenômenos psíquicos, constitui também um centro de atração para as forças psíquicas. Acontece com o espírito o mesmo que com a matéria sideral, que atrai em razão de sua condensação em um núcleo. A consciência é a ação concentrada, solidificada, de algum modo cristalizada. Além disso, essa ação é transparente para si mesma: é uma fórmula que se sabe; ora, todo ato formulado claramente adquire, por isso mesmo, uma nova força de atração e sedução. Toda tentação vaga e maldefinida para a consciência permanece fácil de vencer; a partir do momento em que ela se define, se formula e assume os contornos de um ato consciente, ela pode se tornar irresistível[5].

3º) A consciência pode agir por si mesma como excitador geral do organismo. Féré procurou demonstrar, por meio de experiências psicofisiológicas, que toda sensação não penosa é um estimulante da força. Se admitirmos assim uma potência dinamogênica da sensação, não é ilógico aceitar que a consciência — que constitui o fundamento de toda sensação e é, na origem, só uma sensação — participe dessa potência. "Gostamos das sensações", diz Aristóteles; se gos-

---

5. Cf., anteriormente, nosso capítulo sobre a sugestão.

tamos delas, é porque elas têm sobre nós, ao que parece, um verdadeiro efeito tonificante; mas também gostamos de ter consciência, e é provável que retiremos dela uma vantagem imediata de força geral.

4º) A consciência simplifica, em grandes proporções, o que eu chamarei de circulação interior, o curso das ideias, sua relação uma com a outra, que torna possível sua comparação, sua classificação.

Assim como a ideia faz a vida da inteligência, ela faz também a vida da vontade, que é propriamente a vida moral. A força de uma ideia está na razão direta do número de estados de consciência que a ideia domina e regula. Aquele que age em conformidade com uma ideia sentirá essa força intelectual e reguladora na razão inversa do impulso totalmente físico e cego para agir que ele sofrerá no mesmo momento. Ora, agir segundo ideias é, por isso mesmo, querer; é o começo da vida moral. Graças à ideia, toda ação é logo *formulada* diante do agente moral e *classificada* por ele; ela vai se alinhar, por si própria, na série de estados de consciência caracterizada por determinado sentimento ou por determinada sensação, ao passo que os sinais particulares e objetivos dessa ação são considerados secundários: tal classificação torna-se quase instantânea pelo efeito do hábito; ela ocorre tanto no sono sonambúlico quanto na vigília. Pensar uma ação já é *julgá-la* sumariamente, sentir-se atraído ou repelido por todo um grupo de tendências às quais ela se vincula. A característica dos povos muito primitivos e das crianças pequenas é que os impulsos morais não têm neles nada de constante e duradouro; para ser mais exato, eles não têm em média um impulso constante, e quase todos os impulsos que os fazem agir assumem o caráter intermitente das necessidades físicas, da fome e da sede; o próprio amor não existe entre eles no estado de paixão exclusiva e insaciável. Todas as suas emoções estão reduzidas ao estado momentâneo. A consequência é que eles só podem sentir excepcionalmente a influência de uma ideia-força, o ditame de uma "obrigação". Os sentimentos que chamamos de morais não lhes faltam absolutamente, mas agem apenas no instante presente; para dizer a verdade, o homem primitivo tem *caprichos* morais, e não uma moralidade organizada: ele pode ser heroico com muito mais facilidade do que justo e equitativo. E esses caprichos, satisfeitos ou não, tendem a se extinguir sem deixar nele um traço profundo, porque a mesma razão que o impede de se *conter* sob a pressão de um motivo o impede também de *manter* esse motivo presente em seu espírito; ele é distraído assim como é impotente, porque é incapaz de um esforço: sua consciência não é bastante complexa para que motivos possam se equilibrar nela por muito tempo sem que sua força se gaste e se esgote logo em movimentos espontâneos. Ele ignora o que é uma linha de conduta e só a aprenderá por uma lentíssima evolução.

O progresso que substitui gradativamente esse reinado dos caprichos, dos impulsos passageiros e discordantes pelo reinado dos impulsos tenazes, em harmonia uns com os outros, tende a formar o *caráter*; é o mesmo progresso que tende a constituir também a moralidade. Ter caráter é conformar sua conduta a certas regras empíricas ou teóricas, a certas ideias-força boas ou ruins, mas que sempre introduzem nela harmonia e beleza, ao mesmo tempo que um valor moral. Ter caráter é experimentar um impulso bastante forte e bastante regular em sua força para subordinar todos os outros. No indivíduo, esse impulso pode ser mais ou menos antissocial; é possível ter *caráter* e, enquanto tal, oferecer certa beleza interior, e por isso mesmo apresentar uma moralidade elementar com uma conduta regrada e ser, no entanto, um desclassificado no seio da humanidade atual, talvez um bandido. Ao contrário, quando se trata de um povo e, sobretudo, da espécie humana em geral, o *caráter* deve coincidir em média com o triunfo dos instintos sociais, visto que a seleção exclui todo indivíduo que realiza um modelo de conduta antissocial. O poema da vida exclui os Lara e os Manfred[6]; hoje em dia se pode afirmar que os homens que têm mais vontade são geralmente os que têm a vonta-

---

6. Protagonistas dos poemas homônimos de Lorde Byron. [N. T.]

de melhor; que as vidas mais bem coordenadas são as mais morais; que os caracteres mais admiráveis do ponto de vista estético o são também, em média, do ponto de vista moral; que, enfim, basta poder estabelecer em si uma autoridade e uma subordinação quaisquer para estabelecer mais ou menos parcialmente o reinado da moralidade.

A consciência não é, portanto, somente uma complicação, mas também, em outros aspectos, uma simplificação: é para isso que ela devia nascer e é por isso que ela não pode desaparecer pelo progresso da organização mecânica. Imaginem, de maneira perceptível, a luta entre as inclinações e os impulsos inconscientes como uma batalha corpo a corpo entre homens que lutam às cegas, na noite: o dia nasce, mostra o estado respectivo dos exércitos e subitamente decide a batalha. Mesmo quando o resultado final do combate não é modificado, ele é bastante antecipado, e um dispêndio considerável de força e de vida é assim evitado: é precisamente o que se produz quando a consciência revela a luta obscura entre as inclinações. Ela nos permite apreender imediatamente a força respectiva de cada uma delas — quase sempre proporcional à generalidade das ideias que cada inclinação representa — e nos poupa do lento conflito interno, do dilaceramento de lutas inúteis. Observemos, aliás, que a inconsciência, assim como a noite, é sempre relativa: é provável que existam por toda parte graus inferiores de consciência, assim como há luz em toda sombra. Se a ideia não cria força propriamente falando, ela economiza muita. Porém, dizer que ela nada mais faz do que antecipar o resultado talvez não seja bastante: ela pode modificar as relações das forças. A influência de uma ideia ou, se preferirem falar fisiologicamente, de certa vibração do cérebro é habitualmente proporcional ao número de estados do sistema nervoso com os quais ela é concomitante. Ora, na realidade, para que um ser inconsciente experimente a força de uma ideia, é necessário que ele passe sucessivamente pela série de estados do sistema nervoso nos quais se manifesta a vibração em questão. Ao contrário, quando a consciência intervém, basta-lhe representar esses estados para apreender em flagrante a força real da ideia. Vê-se que simplificação é trazida pela consciência. É o futuro se tornando presente, é a duração, com o conjunto da evolução, resumindo-se em um momento. O pensamento é de alguma maneira a evolução condensada. Podemos considerar a ideia uma abstração do sentimento, o sentimento uma abstração da sensação e, por fim, a sensação uma abstração e um esquema de um estado objetivo muito geral, de uma espécie de *nisus* vital mais ou menos indeterminado em si mesmo. Assim, por uma série de abstrações sucessivas, cada uma delas sendo ao mesmo tempo uma determinação (porque o abstrato tem sempre lineamentos mais simplesmente definidos do que o concreto, e há entre eles a mesma diferença que entre o esboço e o quadro), elevamo-nos da vida mais ou menos informe ao pensamento mais definido, e cada progresso em direção ao abstrato assinala uma economia de força, uma simplificação no mecanismo interno, nessa espécie de "número movente e vivo" que constitui a vida e que Platão chamava de ψυχη[7]. O pensamento é como a álgebra do mundo, e é essa álgebra que tornou possível a mecânica mais complexa, que pôs o mais alto poder nas mãos do homem. Os progressos da evolução se medem pelo papel crescente que nela assume o abstrato em relação ao concreto. Quanto mais o concreto se dissolve, se apaga, se sutiliza, mais dá lugar a linhas regulares; o pensamento, como tal, é somente o esboço das coisas, mas é ao refinarmos esse esboço que nos aproximamos da obra-prima ideal perseguida pela natureza. É que toda linha claramente fixada na consciência se torna uma direção possível na ação e que todo possível é uma força, de tal modo que o pensamento abstrato — objeto supremo da instrução intelectual —, que parece o que há de mais estranho no domínio das forças vivas, pode ser, no entanto, uma enorme força em certas circunstâncias e mesmo se tornar a força suprema, com a condição de que assinale a linha mais reta e a menos resistente para a ação. Os caminhos traçados no mundo pelo pensamento são como essas largas passagens que se veem

---

7. "Alma." [N. E.]

do alto nas grandes cidades: elas aparentam estar vazias à primeira vista, mas o olho não tarda a descobrir nelas o fervilhar da vida; são as artérias da cidade, pelas quais passa a circulação mais intensa.

Se há na própria consciência de um fenômeno certa força adicional que aumenta a força anterior e própria desse fenômeno, resulta daí que existem realmente "ideias-força". Por ideia-força é preciso entender esse excesso de força que se acrescenta a uma ideia pelo simples fato da consciência refletida e que tem como correlato, fisicamente, um excesso de força motriz. O excesso de força é o resultado da *comparação entre essa ideia* e as outras presentes na consciência. Essa confrontação, essa espécie de pesagem interior basta para fazer que umas subam e outras desçam. As que tendem sempre a levar vantagem são: 1º) as mais *gerais*, que consequentemente se associam ao maior número de outras ideias, em vez de ser repelidas por elas; a ideia-força é, então, aquela cuja potência é proporcional a seu grau de racionalidade e de consciência, e que não toma essa potência emprestada do domínio dos hábitos inconscientes, mas de sua relação com as outras ideias conscientes, de sua própria generalidade. 2º) Em seguida vêm as ideias mais *afetivas*, que despertam os sentimentos mais vivos sem provocar por oposição nenhum estado depressivo. Resulta dessas duas leis como que uma simplificação das dificuldades interiores em proveito das ideias mais gerais ou mais afetivas.

De todas as considerações precedentes, resulta a confirmação não da impotência das ideias, mas da força destas e da educação. Assim, longe de toda organização perfeita dever culminar no inconsciente, seria impossível imaginar uma organização perfeita sem consciência. O estado de consciência entra como elo mesmo nos raciocínios parcialmente "inconscientes" que podem se efetuar durante os eclipses da luz íntima.

Nas espécies superiores, a evolução e a educação da consciência individual, muito mais complexa e mais vasta, são também bem mais longas e mais contínuas; elas se estendem até os limites extremos da vida. Um dos traços que caracterizam o homem em relação ao animal e o homem civilizado em relação ao selvagem é que sua inteligência permanece por mais tempo capaz de novas aquisições, não se detém em seu crescimento, não se fecha sobre o saber adquirido como certas flores sobre os insetos que elas sufocam. Da mesma forma, um dos traços essenciais que caracterizam o homem de gênio, segundo Galton e James Sully, é também que sua inteligência, mais perfeita do que a comum, tem uma evolução mais longa. O gênio produz mais cedo e mais tarde; o cérebro do grande homem se cansa mais lentamente do que seus membros; sua fecundidade não é suspensa, ela subsiste até o pé do túmulo: ele sente menos do que os outros a chegada da morte, como se fosse menos feito para ela. A evolução da consciência humana tende, portanto, nos tipos superiores da humanidade, a preencher toda a existência. É assim que a natureza tende a diminuir sempre mais essa longa noite da infância inconsciente e da velhice imbecil que existe nos graus inferiores da humanidade. Assim, vendo recuar, para a consciência humana, os limites de sua fecundidade e de sua educação contínuas, não seria anticientífico esperar que um dia talvez, após muitos séculos, poderão recuar também os limites de sua existência: nosso cérebro se tornará mais vigoroso do que o resto de nosso corpo. Não somente por suas ideias mais universais e mais impessoais, mas pela própria curva de sua evolução, pela potência e pela duração sempre crescentes de sua fecundidade interior, a consciência humana trará sempre mais em si, por assim dizer, a imortalidade.

FIM

Apêndices

Apresentamos[1] como apêndice dois estudos de Guyau. O primeiro é uma nota endereçada à *Revue philosophique,* em 1883. Nela, Guyau foi o primeiro a assinalar a possibilidade de criar instintos artificiais ou modificar os instintos naturais por meio da sugestão hipnótica. O segundo estudo, sobre o estoicismo e o cristianismo, é uma obra de juventude, ou melhor, como todas as obras do autor foram escritas entre os dezenove e os 33 anos, é um de seus primeiros ensaios, de inspiração ainda meio kantiana, mas no qual, no entanto, já se revelam a originalidade e a força de seu pensamento. Ele acabara, então, de completar uma notável tradução do *Manual de Epiteto*[2], e essa foi, para ele, uma oportunidade natural para um estudo sobre o estoicismo.

---
1. Apresentação de Alfred Fouillée. [N. T.]
2. Librairie Delagrave, 1 vol. in-18.

Primeiro apêndice
– As modificações artificiais do caráter no sonambulismo provocado

Carta ao diretor da *Revue philosophique* (fevereiro de 1883)

Eu lhe endereço algumas reflexões — que me foram sugeridas por um importante artigo de Richet — sobre as modificações artificiais do caráter moral e das inclinações morais no sonambulismo provocado.

I

Richet trata de duas questões: amnésia da personalidade e memória inconsciente.

Para bem demonstrar a "amnésia da personalidade" nos casos de sonambulismo provocado, seria necessário apresentar melhor a amnésia do *caráter moral*, que é a marca essencial da personalidade; essa transformação do caráter produziu-se em parte no célebre caso citado pelo doutor Azam, mas não a constato de maneira tão formal nas experiências de Richet. Eu gostaria que, por exemplo, transformando a Sra. A... em um general, ele a colocasse em alguma alternativa moral e lhe desse a escolha entre dois postos honrosos, mas dos quais um ofereceria uma morte quase certa; teríamos visto se a timidez da mulher reassumiria o comando. Parece-me muito provável que diversos sonâmbulos, desempenhando sucessivamente um mesmo papel, agiriam *diferentemente* na *mesma* situação, segundo seu sexo, sua educação, seus hábitos etc. É provável que a mulher casada da qual nos fala Richet não desempenhasse o papel de "marinheiro" com a mesma crueza de expressão que a segunda paciente; ela talvez se mostrasse hesitante diante de certas situações muito grosseiras. Em outras palavras, a personalidade antiga não deve desaparecer totalmente para dar lugar a uma personalidade caída das nuvens; as novas tendências despertadas são, sem dúvida, apenas uma *composição* das forças anteriormente dadas no organismo com o novo impulso impresso pela vontade do hipnotizador.

Talvez Richet também seja levado a distinguir demais a "comédia vivida" dos sonâmbulos da comédia composta pelos autores dramáticos ou representada pelos atores. Os poetas ou músicos com uma organização nervosa muito impressionável viveram positivamente os papéis que compuseram; Weber acreditou ver o diabo depois de tê-lo evocado em sua música; Shelley também tinha alucinações; Flaubert (de acordo com Taine) tinha na boca o gosto do arsênico quando descreveu o envenenamento de Madame Bovary; Malibran[3] devia confundir-se a si própria, por instantes, com Desdêmona. Cada um de nós, no sonho, transforma-se igualmente em outro ser humano, ou mesmo em um cavalo, um pássaro etc. Até mesmo na vigília há sempre em nós, como no Mestre Jacques[4], de Molière, diversos personagens que uma mudança de vestimenta basta para suscitar sucessivamente. Mesmo o timbre da voz, tão próprio a cada personalidade, muda muitas vezes de maneira notável quando se passa de um papel para outro, e certas pessoas não têm em um salão o mesmo tom de voz que têm em família. O provérbio que diz que "só se conhece alguém depois de ter comido um quilo de sal com ele" é eternamente verdadeiro, pois, para conhecer uma pessoa, é preciso tê-la visto representar sucessivamente todos os papéis da comédia humana. Nem por isso é menos certo que, nos personagens mais diversos, cada um conserva o conjunto dos instintos hereditários e das tendências adquiridas que lhe são próprios e que cons-

---

3. Maria Malibran (1808-36), a primeira grande estrela do canto lírico. [N. T.]
4. Personagem da comédia *O avarento*, que exercia, ao mesmo tempo, as funções de cocheiro e de cozinheiro de seu patrão, o sovina Harpagon. [N. T.]

tituem sua individualidade, seu caráter. Que esses instintos passem ao estado latente e totalmente inconsciente (como no sonho e no sonambulismo) ou permaneçam vagamente conscientes (como, às vezes, na vigília) é coisa secundária, desde que eles existam e atuem. Mestre Jacques continuará sempre Mestre Jacques, tanto em seu papel de cocheiro quanto no de cozinheiro; mesmo que ele esquecesse totalmente o primeiro papel ao representar o segundo, não perderia por isso todos os traços de seu caráter moral, de suas feições interiores, assim como não transformaria absolutamente os de seu rosto. Jamais se tem consciência de todo o seu ser, e é fácil compreender que, em certos casos de delírio, essa consciência sempre muito limitada se delimite ainda mais estreitamente, para abarcar somente o personagem provisório que lhe é confiado. Mas o conjunto do caráter e da pessoa ainda subsiste na penumbra; ele continua sendo uma causa constante de fenômenos interiores. Quando, no nevoeiro que cobre o mar, um pequeno raio de sol, trespassando uma nuvem, cai sobre a água movente, o recanto circunscrito que ele ilumina parece se mover espontaneamente e constituir algo distinto, separado, independente; porém, na realidade, esse mesmo recanto toma emprestado o tremor de sua água da ondulação do oceano inteiro. É assim que as tendências habituais de nosso caráter moral e de nossa personalidade devem ser encontradas até nas perturbações mais visíveis que parecem suprimi-las. Richet deseja estabelecer uma distinção entre a personalidade e o eu para reduzir exclusivamente a primeira a um fenômeno de memória; mas ele próprio não admite, no estado de vigília, uma memória inconsciente? Essa memória deve existir também no estado de sonambulismo e ligar estreitamente entre si as diversas fases das transformações; e, mais do que isso, ela é em grande parte consciente; será que não existe, em todos os exemplos citados, uma memória das palavras e, consequentemente, das ideias e das impressões, e essas impressões não trarão sempre a marca própria da individualidade? É provável que seja até mesmo possível encontrar em cada sonâmbulo, assim como em cada escritor, uma espécie de *estilo* pessoal, e "o estilo é o homem". O conjunto de fenômenos mecânicos que estão na base da pessoa, do ponto de vista científico, não pode se desvanecer bruscamente; produzem-se combinações novas, mas nada daquilo que poderia se parecer com uma criação.

II

O mais notável nos fatos relatados por Richet são certamente esses casos de memória inconsciente que ele nos cita e que lembram as maravilhosas ou terríveis lendas sobre Cagliostro. Nesses exemplos, Richet parece ter podido criar peça por peça, por meio de uma ordem exterior, uma tendência interior, uma inclinação persistindo na sombra após o retorno ao estado normal e impondo-se de alguma forma à vontade do paciente. Nesses curiosos exemplos, o sonho do sonâmbulo ainda parece dominá-lo e dirigir sua vida depois do despertar. O inverso tinha sido há muito tempo observado. Havia sido observado que todos nós podemos regular de alguma maneira o sono, dirigir os sonhos em certa medida e fixar de antemão a hora de despertar. De nossa parte, temos observado muitas vezes essa influência da vontade sobre os sonhos, influência totalmente inconsciente durante o próprio sonho e, no entanto, fácil de constatar ao despertar. Muitas vezes eu despertei parcialmente no meio de sonhos tristes; quis mudar sua direção e, retomando o mesmo sonho, vi-os se tornar alegres.

Acreditamos que haveria aqui uma fonte fecunda de experiências muito curiosas e importantes para o estudo dos instintos[5]. Com efeito, as ordens dadas pelo hipnotizador parecem suscitar, no meio de todos os instintos do ser, uma tendência nova, um instinto artificial em estado nascente.

Talvez o caso mais curioso observado por Richet tenha sido relatado em um artigo anterior, de outubro de 1880. Trata-se de uma mulher que habitualmente comia muito pouco. Um dia, durante seu sono, Richet lhe disse que ela precisava comer muito. Estando desperta, ela se esqueceu completamente da recomendação; no entanto, nos dias se-

---
5. Essas experiências foram feitas posteriormente.

guintes, a freira do hospital chamou Richet à parte para lhe dizer que ela não compreendia nada da mudança ocorrida na doente. "Agora", disse a freira, "ela me pede sempre mais do que eu lhe dou." Se o fato foi observado com exatidão, existe aí não somente a execução de uma ordem específica, mas um impulso inconsciente se aproximando bastante do instinto natural. Em suma, todo instinto, natural ou moral, deriva, segundo a observação de Cuvier, de uma espécie de sonambulismo, visto que ele nos dá uma ordem cuja razão ignoramos. Escutamos a "voz da consciência" sem saber de onde ela vem. Para variar as experiências, seria preciso ordenar à paciente não apenas que comesse, mas, por exemplo, que se levantasse cedo todos os dias, que trabalhasse assiduamente. Seria possível chegar a modificar gradualmente, dessa maneira, o caráter moral das pessoas, e o sonambulismo provocado poderia adquirir certa importância, como meio de ação, na higiene moral da humanidade[6]. Todas essas hipóteses tentadoras estão na dependência de saber se as observações de Richet foram feitas com suficiente rigor científico.

Caso as experimentações desse gênero se confirmassem, poder-se-ia ir mais longe e ver se não seria possível anular, por uma série de ordens repetidas, determinado instinto natural. Dizem que podemos fazer uma sonâmbula perder a

---

6. Cf., neste livro, o primeiro capítulo, sobre a sugestão e seu papel.

memória — por exemplo, a memória dos nomes; ou mesmo, segundo Richet, fazê-la perder toda a memória (*Rev. phil.*, outubro de 1880). Ele acrescenta: "Essa experiência só deve ser tentada com grande prudência; vi sobrevir, nesse caso, tal horror e tal desordem na inteligência — desordem que persistiu durante cerca de quinze minutos —, que muitas vezes eu não gostaria de recomeçar essa tentativa perigosa". Se identificarmos a memória, como a maioria dos psicólogos, com o hábito e o instinto, pensaremos que seria possível também aniquilar provisoriamente em um sonâmbulo determinado instinto, mesmo dos mais fundamentais, como o instinto materno. Agora seria preciso saber se essa supressão do instinto não deixaria alguns vestígios após o despertar. Poderíamos, em todo caso, tentar a experiência com os hábitos ou as manias hereditárias, ou ver se uma série de ordens ou de conselhos, repetidos longamente durante o sono, poderia atenuar, por exemplo, a mania de grandeza ou de perseguição. Em outras palavras, tentaríamos contrabalançar uma mania natural por outra artificial. Teríamos assim, no sonambulismo, uma fonte de observações psicológicas e morais bem mais rica do que a loucura. Ambos são desajustes do mecanismo mental, mas, no sonambulismo provocado, esse desajuste pode ser calculado e regulado pelo hipnotizador.

Seria possível conceber uma ação sobre a inteligência e sobre o senso moral análoga à do cirurgião sobre os olhos afetados pelo estrabismo: cura-se efetivamente o estrabismo não fortalecendo os músculos muito fracos, mas relaxando aqueles que às vezes têm apenas a força normal. Seja como for, os fatos observados por Richet, se forem exatos, apontam seguramente para uma nova via de pesquisas e talvez para um novo meio de ação sobre a vontade humana (ao menos em seu estado mórbido).

Queira aceitar, caro e distinto diretor, a expressão de meus muito devotados sentimentos.

Guyau

Segundo apêndice

Estoicismo e cristianismo – Epiteto, Marco Aurélio e Pascal

Capítulo 1 – O estoicismo de Epiteto[1] – Deveres do homem para consigo mesmo – Teoria da liberdade

1. Podemos dizer de Epiteto o que os atenienses diziam de Zenão: que sua vida foi a imagem fiel de sua filosofia. Nascido em Hierápolis, na Frígia, ele foi enviado a Roma, onde se tornou escravo de Epafrodito. Daí o nome — Ἐπίκτητος, *escravo* — pelo qual o conhecemos. Em Roma, ele se ligou ao filósofo Musonius Rufus, uma das figuras mais originais daquela época e, junto a ele, apaixonou-se pela filosofia.

"Rufus, para me testar, tinha o costume de me dizer: 'Seu mestre lhe fará isso ou aquilo'. 'Nada que não esteja na condição do homem', respondi-lhe. E ele, então: 'O que eu iria pedir a ele para você, quando posso tirar de você semelhantes coisas?'. 'É que, com efeito, aquilo que se pode tirar de si mesmo é bem inútil e bem tolo recebê-lo de outro.'" Assim, quando um dia Epafrodito se divertia em torcer a perna de seu escravo com um instrumento de tortura, disse-lhe Epiteto: "O senhor vai quebrar a minha perna". O amo continuou; a perna se partiu e Epiteto continuou tranquilamente: "Eu bem que lhe tinha dito". Como se pode ver, Epiteto foi, antes de mais nada, pela força das coisas, um prático; ele realizou em sua própria vida a divisão da filosofia que apresentou no *Manual*: perceber primeiramente o bem por meio de uma espécie de intuição espontânea e realizá-lo; depois, por meio do raciocínio, demonstrar por que ele é o bem. A filosofia, aprendida por ele no próprio seio da escravidão e da miséria, foi sua alforria moral, sua libertação. "Não diga: 'Eu faço filosofia'; seria pretensioso. Diga: 'Eu me liberto'."

Moralmente livre, Epiteto tornou-se, mais tarde, civilmente livre. Depois de ter comparecido diante do pretor que, segundo os costumes romanos, transformava o escravo em cidadão, ele viveu em Roma em uma pequena casa em ruínas, sem porta, tendo como únicos móveis uma mesa, um colchão de palha e uma lâmpada de ferro — que ele substituiu, quando lhe foi roubada, por uma de barro. Ele permaneceu sozinho até o momento em que, tendo recolhido uma criança abandonada, contratou uma mulher pobre para cuidar dela. Dar-se à filosofia e depois dá-la, transmiti-la aos outros, esse foi o único objetivo de sua vida. Nas *Conversações*, ele revela-se a si mesmo, dirigindo-se aos principais

I

A liberdade governando a si mesma e dando a si mesma sua lei, ἐλευθερία, αυτεξουσιον τι και αυτονομον[2] — tal é a ideia que, após ter sido quase sempre negligenciada ou ignorada pela filosofia antiga, torna-se dominante na doutrina de Epiteto.

Ser livre é o bem supremo[3]; que o homem estude, pois, antes de mais nada, a essência da liberdade e, para conhecê-la, que ele "conheça a si mesmo", seguindo o antigo preceito

---

personagens de Roma e mostrando-lhes, à maneira de Sócrates, sua ignorância dos verdadeiros bens e dos verdadeiros males; os romanos, mais grosseiros do que os contemporâneos de Sócrates, acolheram essas verdades com injúrias e pancadas. Epiteto tentou falar à multidão e foi maltratado por ela. Por fim, Domiciano expulsou-o de Roma, junto com todos os filósofos.

Sem dúvida, Epiteto foi para o exílio como ele queria que fosse: sabendo que por toda parte o homem encontra "o mesmo mundo a admirar, o mesmo Deus a louvar". Ele retirou-se para Nicópolis, no Épiro, e abriu uma escola para a qual a juventude romana acorria em multidão. Foi lá provavelmente que ele morreu, por volta do ano 117, cercado por uma veneração universal, tendo reanimado por um instante a grande doutrina estoica que, logo depois dele e de seu discípulo indireto, Marco Aurélio, devia se extinguir por longos séculos.

Epiteto não escreveu nada. Arriano, um de seus discípulos, redigiu suas *Conversações* e publicou-as em oito livros, dos quais apenas os quatro primeiros chegaram até nós; ele escreveu também uma obra em doze livros sobre *A vida e a morte de Epiteto*, totalmente perdida. Em seu *Manual*, obra popular destinada a difundir para todos a doutrina de seu mestre, ele resume com força e brevidade os pensamentos mais práticos de Epiteto. Cf. nossa tradução do *Manual* (Librairie Delagrave, 1 vol. in-18).

2. *Conversações*, IV, I, 56.
3. *Ibid.*, IV, I, 1 e seguintes.

não menos caro aos estoicos do que aos socráticos[4]. Primeiramente, ele, que por sua natureza aspira a ser livre, se aperceberá escravo: escravo de seu corpo, dos bens que procura, das dignidades que ambiciona, dos homens que adula; escravo, "mesmo que doze feixes[5] marchassem diante dele"[6]. Essa escravidão moral constitui ao mesmo tempo o vício e a infelicidade; porque, "assim como a liberdade não passa de um dos nomes da virtude, a escravidão não passa de um dos nomes do vício"[7].

Aquele que tiver se reconhecido, assim, "mau e escravo", terá dado o primeiro passo em direção à virtude e à liberdade[8]. O estoico tem apenas de lhe dizer "procure e você encontrará: ζητει, και ευρησεις"[9]. Mas o homem não deve procurar a liberdade nas coisas de fora, em seu corpo, em seus bens: tudo isso é escravo. "Você não tem, pois, nada de que seja o dono (ουδεν αυτεξουσιον)? — Eu não sei. — É possível forçá-lo a aprovar o que é falso? — Não. —

---

4. *Ibid.*, I, XVIII, 17; III, I, 18; III, XXII, 53.
5. Esses feixes (*fasces*) consistiam em molhos de varas de madeira atadas em formato cilíndrico, que eram signos de autoridade na Roma antiga. Os grandes magistrados eram precedidos por litores, cada um dos quais carregando um desses feixes. O comentário de Epiteto se refere ao fato de que os antigos reis de Roma tinham direito a ser precedidos por doze feixes. [N. T.]
6. *Ibid.*, IV, I, 57.
7. Estobeu, *Florilegium*, I, 54.
8. *Ibid.*, 48.
9. *Conversações*, IV, I, 51.

Alguém pode forçá-lo a querer aquilo que você não quer? — Pode. Porque, ameaçando-me com a morte ou com a prisão, sou forçado a querer. — Porém, se você desprezasse a morte ou a prisão, ainda se inquietaria com essas ameaças? — Não. – Desprezar a morte está em seu poder? — Sim. — Sua vontade está liberta.[10]" Assim, existe em nós, e somente em nós, algo independente: nosso poder de julgar e de querer. A liberdade da alma está fora de todo alcance exterior, η προαίρεσις ανανάγκαστος[11]; ela escapa ao poder das coisas e dos homens, porque "quem poderia vencer uma de nossas vontades senão nossa própria vontade?". Além disso, ela escapa ao poder dos deuses: Júpiter, que nos deu a liberdade, não poderia tirá-la de nós. Esse dom divino não pode, como os dons materiais, ser retomado. Portanto, é aí que o homem encontra seu ponto de apoio, é daí que ele deve se levantar. "Se fosse uma mentira", escreve Epiteto, "acreditar, com base na palavra de seus mestres, que fora do livre-arbítrio nada nos interessa, eu ainda preferiria essa ilusão.[12]" O único obstáculo para o homem, seu único inimigo, é ele mesmo. É ele quem monta, sem saber, as armadilhas em que cai[13]. É que no homem, além da faculdade de julgar e de querer, encontra-se a imaginação: embora as coisas em si não te-

---

10. *Conversações*, IV, I, 68.
11. *Ibid.*, I, XVII, 21; II, XV.
12. *Ibid.*, I, IV, 27.
13. *Manual*, I, 3; XLVIII, 3.

nham nenhum poder sobre nós, no entanto, por intermédio das imagens ou representações (φαντασίαι) que elas nos enviam, elas têm muito poder. Essas representações carregam, arrastam com elas nossa vontade (συναρπαζουσι). Aí está o mal, aí está a escravidão. Felizmente, esse mal e essa escravidão são totalmente internos; eles trazem consigo seu próprio remédio. O que produz o poder das representações sensíveis é o valor que atribuímos a elas, o consentimento (συγκαταθεσις) que lhes damos; rejeitemo-las, e elas não terão mais nenhum poder sobre nós. A cada imaginação, a cada aparência que se apresente, digamos, portanto: "Você é aparência, e de maneira alguma o objeto que parece ser"[14]; logo ela se tornará impotente para comover e nos entravar. "O que perturba os homens não são as coisas, mas seus juízos sobre elas.[15]"

Aqui aparece um dos aspectos mais originais da doutrina estoica: os objetos exteriores são, por si, completamente indiferentes; em nossa vontade reside essencialmente o bem, em nossa vontade, o mal[16]. Somente nossa vontade poderá, portanto, com seu consentimento ou sua recusa, dar às coisas seu valor, tornar umas dignas de ser preferidas e outras de ser evitadas. Nós recebemos passivamente dos objetos

---
14. *Manual*, I, 5. – Aulo Gélio, *Noites áticas*, XIX, I.
15. *Ibid.*, V.
16. *Conversações*, II, 16.

exteriores nossas representações e nossas ideias; no entanto, os objetos recebem de nós sua qualidade. O prazer sensível, por exemplo, se o considerarmos isoladamente, é indiferente; também indiferente é a dor; porém, se eu fizer do prazer um uso que esteja em conformidade com minha liberdade e a razão, o prazer se torna um bem. Do mesmo modo, se eu fizer um bom uso da dor, ela se torna um bem. Assim, a vontade "extrai o bem de tudo". O trabalho das coisas é nos fornecer nossas representações; quanto a nós, nossa tarefa é "utilizar essas representações"[17]. As imagens de fora são a matéria indiferente na qual imprimimos a marca de nossa vontade boa ou má, assim como os soberanos imprimem sua efígie nas moedas, e é essa marca que dá valor às coisas[18].

Portanto, a vontade carrega em si todo bem e todo mal: "Olhe para dentro de si", disse Marco Aurélio; "aí está a fonte inesgotável do bem — inesgotável desde que você 'cave sempre mais fundo'". Marco Aurélio comparou também a vontade humana com uma chama que, sozinha, pode transformar em chama e luz todos os objetos que caírem dentro dela. Como os objetos exteriores são indiferentes, as ações exteriores não serão nem boas nem más se as separarmos da vontade racional que as produz. "Alguém se banha cedo: não diga que ele age mal, mas que ele se banha cedo;

---

17. *Manual*, VI.
18. *Conversações*, IV, V.

porque, antes de conhecer o juízo de acordo com o qual ele age, como você sabe que ele age mal?[19]" "Será, portanto, que tudo é bom? Não, mas o que é bom é o que se faz pensando bem; e o que é mau é o que se faz pensando mal.[20]" Assim, nessa doutrina, a razão e a vontade distinguem-se e se desligam das coisas sobre as quais elas agem; nossas ações não devem ser julgadas de acordo com suas consequências agradáveis ou penosas, mas conforme a intenção que as inspirou; o homem não pode encontrar sua condenação ou sua justificação nas coisas, mas apenas em sua consciência.

O mal sensível, que não tem existência fora de nós, reduz-se em nós a duas formas de nossa atividade: o *desejo* e a *aversão* (ορεξις, εκκλισις). A morte e a dor nos são penosas, por exemplo, porque, por um lado, temos aversão a elas e, por outro, desejamos seus contrários. Temendo a morte e a dor, logo acabamos por temer os homens que dispõem da dor e da morte: eis-nos escravos. "Esperamos nosso amo", ele chegará mais cedo ou mais tarde; porque — diz Epiteto — lançamos entre as coisas exteriores e nós a "ponte" por onde ele deve passar. Ao contrário, se desejamos e temos aversão somente por aquilo que depende de nós obter ou fugir, teremos por isso mesmo colocado nossa liberdade acima dos males sensíveis e fora de alcance. Suprimir em si

---
19. *Manual*, XLV.
20. *Conversações*, IV, VII.

todo desejo e toda aversão pelas coisas exteriores "é, portanto, o ponto principal, o mais premente". Aquele que quer se tornar sábio deve, em primeiro lugar, deter esses movimentos confusos de desejo ou de temor que o agitam; ele deve, por assim dizer, retornar ao repouso. Mas ele se contentaria com esse repouso interior, com essa apatia (απαθεια) que efetuou em si? O epicurista, quando não tem mais desejos e temores, acreditando possuir desde então o supremo bem, retira-se para dentro de si e, para sempre imóvel, desfruta de si mesmo; o estoico, ao contrário, considera essa apatia apenas o primeiro grau do progresso (προκοπη). Se ele suprimiu em si a sensibilidade, foi para deixar todo o espaço livre para sua vontade. "Porque", diz Epiteto, "não é possível permanecer insensível como uma estátua, mas é preciso cumprir nossas obrigações naturais e adventícias, seja em nome da piedade, seja como filho, como irmão, como pai, como cidadão.[21]" Portanto, é unicamente o sentimento do dever a cumprir (καθηκον), do "conveniente" a realizar, que chama o estoico do repouso para a ação. Nem desejo, nem aversão o incitam; ele previamente "os removeu de si" e não pode mais ser arrastado por um movimento vindo de fora:

---

21. *Conversações*, III, II.

é ele que imprime a si mesmo seu movimento, e a vontade substitui nele o desejo[22].

---

22. Para designar essa completa espontaneidade da ação voluntária, os estoicos têm um termo particular: ορμη. O ορμη ou o αφορμη exprime um movimento de impulso ou de recuo pelo qual a vontade se aproxima ou se retira dos objetos exteriores e que não tem sua fonte nesses objetos, mas na razão. Enquanto o desejo tinha como finalidade o agradável ou o útil, o impulso voluntário tem como finalidade o conveniente, το καθηκον. Aquele que apaziguou em si os desejos e as aversões arrancou-se, por isso mesmo, da perturbação e da infelicidade; aquele que se serve segundo a razão da atividade voluntária faz mais: ele cumpre seu dever e sua função de homem. "A segunda parte da filosofia", diz Epiteto, "concerne ao ορμη e ao αφορμη ou, em uma única palavra, ao *conveniente*. Ela tem como objetivo regular o ορμη segundo a ordem e a razão, com o auxílio da atenção." (*Conversações*, III, II.)
O sentido preciso do ορμη e do αφορμη estoico, que Cícero traduz por *consilia et agendi et non agendi*, nem sempre foi compreendido. Os antigos tradutores de Epiteto traduzem ορμη pela palavra *tendência, inclinação*. Ritter (*História da filosofia antiga*, t. IV) e Ravaisson (*Ensaio sobre a metafísica de Aristóteles*, t. II, p. 268) traduzem igualmente esse termo por *tendência*. Isso é, ao que parece, confundir o ορμη αλογος, que é próprio dos animais, com o ορμη ευλογος, que é próprio do homem. As ideias de *tendência* e de *inclinação* implicam a ideia de fatalidade: ora, Epiteto situa precisamente o ορμη na relação das coisas que dependem unicamente de nossa vontade; ele repete incessantemente que ela é absolutamente livre e que nada pode vencê-la a não ser ela mesma (IV, 1). Enfim, ele o confunde tão pouco com a tendência e com o instinto que chega a atribuí-lo a Deus: τας ορμας του θεου. (*Conversações*, IV, 1, 100.)
Por um excesso diametralmente oposto àquele do qual acabamos de falar, Fr. Thurot, em sua erudita tradução do *Manual*, traduz ορμη por *determinação*. Isso não seria suprimir a distinção entre a προαιρεσις e o ορμη, entre a decisão ou escolha da inteligência e o impulso da vontade em direção ao objeto escolhido? Na realidade, o ορμη não é uma tendência da sensibilidade nem uma determinação da inteligência: é um ato da vontade, é um *querer*; esse querer tem como objeto o *conveniente*, assim como o ορεξις tem como objeto o *útil*, assim como a

Por mais espontâneo que seja nosso impulso, ele pode encontrar obstáculos exteriormente; como o estoico reverterá esses obstáculos em proveito da própria liberdade? Aqui se situa a curiosa teoria da "exceção, υπεξαιρεσις". Quando nos dirigimos a algum objeto exterior — dizem Epiteto e Sêneca —, quando esperamos algum acontecimento, é necessário de antemão suprimir, "excetuar" de nossa espera tudo que, no acontecimento esperado, pode não estar em conformidade com ele. Eu quero, por exemplo, fazer uma viagem pelo mar, mas prevejo os empecilhos que poderão se apresentar e os admito. Desejo ser pretor, mas com reservas, se nada me impedir disso[23]. Assim, eu me esforço para fazer entrar em minha própria vontade o obstáculo que a teria detido; eu prevejo o imprevisto e o aceito. "Assim", disse Marco Aurélio, "meu pensamento muda, transforma naquilo que eu tinha a intenção de fazer aquilo mesmo que entrava minha ação.[24]" Ser levado com muita veemência para as coisas, querer com excesso ou repelir com muita repugnância determinado acontecimento são faltas que, segundo os estoicos, provêm de um mesmo erro: temos uma falsa ideia de nossa potência; esperamos poder modificar, subverter a

---

συγκαταθεσις tem como objeto o *verdadeiro* ou o *racional*. (*Conversações*, III, 11.)
23. Cf. Sêneca, *Dos benefícios*, IV, cap. 34; *Sobre a tranquilidade da alma*, cap. 13.
24. Marco Aurélio, V, XX.

natureza, conformá-la a nossos desejos[25]. Isso é impossível. Podemos tudo em nós, e nada fora. O homem possui o que há de melhor em toda a natureza: a faculdade de fazer bom ou mau uso das representações (η χρηστικη δυναμις ταις φαντασιαις)[26]; mas o poder de configurar as próprias coisas e de desviar os acontecimentos não nos pertence. Atribuindo a nós mesmos esse poder e acreditando nos elevar com isso, estamos realmente nos rebaixando. Permaneçamos livres dentro de nós e deixemos a necessidade governar o mundo. Ou façamos ainda melhor: consintamos livremente naquilo que é necessário e, assim, transformaremos, para nós, em liberdade a própria necessidade das coisas.

II

Os preceitos do estoicismo que expusemos até aqui podem ser reduzidos a um único: não fazer nada a não ser com a vontade mais independente e a consciência mais clara de suas ações; porém, as ações têm suas fontes nos pensamentos; será preciso, portanto, em todos os seus pensamentos não menos que em todos os seus atos, conservar e aumentar sua liberdade. No que concerne à disciplina intelectual, podemos resumir assim a moral estoica: não pensar nada sem se dar conta disso, sem seguir seu próprio pensamento

---

25. *Manual*, VIII.
26. *Conversações*, I, I; II, VIII.

em todas as suas consequências, sem aceitar voluntariamente tudo que ele contém e tudo que dele poderá sair. Vimos que as ideias sensíveis ou representações (φαντασιαι) nos vêm de fora e são fatais; mas somos nós mesmos que fazemos por nosso consentimento voluntário o encadeamento e a relação entre as ideias (συγκαταθεσις), e esse encadeamento constitui propriamente o pensamento. Pensar ao acaso, dar ao acaso seu "assentimento" a determinadas ideias, não seria perder a liberdade e a dignidade para se tornar joguete das coisas? Aceitar uma hipótese tomando-a como verdadeira e depois ver saírem dela subitamente consequências inadmissíveis não será encontrar em seu próprio pensamento um entrave imprevisto[27]? O erro é para a inteligência um inimigo e um senhor tão terrível porque desliza para dentro dela sem que ela se aperceba disso. Que tudo seja, portanto, racional e consciente em nossos pensamentos assim como em nossas ações, a fim de que nosso poder de pensar e de agir seja mais livre: "Devemos nos aplicar", diz Epiteto, "a nunca nos enganar, a nunca julgar ao acaso, em suma, a dar bem nosso assentimento.[28]" "Por que se ocupar de tudo isso? Para que, ainda nisso, nossa conduta não seja contrária ao dever (μη παρα το καθηκον)?[29]"

---

27. Cf. *Conversações*, I, VII.
28. *Conversações*, III, I, 2.
29. *Ibid.*, I, VII.

Assim, segundo os estoicos, a lógica liga-se à moral pelo laço mais estreito: "enganar-se é uma culpa"[30]. É para evitar qualquer culpa desse gênero que o estoico se aplicará ao estudo dos silogismos, à resolução dos problemas capciosos, à dialética mais sutil: a partir do momento em que as paixões vencidas lhe deixem um instante de repouso, ele empregará esse instante, não como o vulgo, para se divertir, para ir aos teatros ou aos jogos, mas para "cuidar de sua razão", para elevá-la acima de todo erro, dedicando assim à sua inteligência o tempo deixado por seus sentidos[31]. O sábio ideal, em resumo, não deve pensar nada nem fazer nada ao acaso, "nem mesmo levantar o dedo"[32]. Chegar a esse ideal não é fácil; tender para ele é sempre possível. Para isso, não há necessidade de ajuda externa: "é preciso voltar sua alma para esse objetivo"; "é preciso querer, e a coisa está feita: estamos corrigidos"[33]. "Em nós está nossa perda ou nosso auxílio.[34]" Não hesitaríamos em socorrer alguém violentado e tardamos a socorrer a nós mesmos, que somos incessantemente violentados pelas imaginações e opiniões falsas! "Renove-se

---

30. *Ibid.*, I, VII. "O vulgo", diz Epiteto, "não vê que relação tem com o dever o estudo da lógica...; mas o que procuramos em toda matéria é como o homem de bem poderá usá-la e se servir dela em conformidade com o dever." (I, VII, 1.)
31. *Ibid.*, III, IX.
32. Estobeu, *Florilegium*, LIII, 58.
33. *Conversações*, IV, IX.
34. *Ibid.*, IV, IX.

a si mesmo (ανανεου σεαυτον)", diz admiravelmente Marco Aurélio[35]. De um homem semelhante a uma besta feroz, a vontade pode fazer um herói ou um deus[36]. Assim como Hércules ia pelo mundo corrigindo as injustiças e domando os monstros, cada homem pode, em seu próprio coração, domar os monstros que nele rugem, os temores, os desejos, a inveja, mais terrível que a hidra de Lerna ou o javali de Erimanto. Que ele se entregue por inteiro a essa tarefa de libertação: "Homem, em um belo desespero, renuncie a tudo para ser feliz, para ser livre, para ter a alma grande. Ande de cabeça erguida: você está liberto da servidão"[37].

Não somente essa libertação torna a vida feliz, mas, para dizer a verdade, ela constitui a própria vida, a vida verdadeira. Existe, de acordo com Epiteto, uma morte da alma assim como existe uma morte do corpo[38]: a alma, já tinha dito Sêneca, vive verdadeiramente quando governa a si mesma, quando se serve de si mesma: *vivit, qui se utitur*. A liberdade, confundindo-se com a razão, é a parte dominante do homem (το ηγεμονικον)[39], é o próprio homem: aquele que se liberta faz o que é próprio do homem; aquele que perde a liberdade moral perde o título de homem para se tornar

---

35. Marco Aurélio, IV, III.
36. Plutarco, *Paradoxos dos estoicos*.
37. *Conversações*, II, XVI.
38. *Ibid.*, I, V.
39. *Ibid.*, IV, I, IV.

semelhante à besta. Em outras palavras, um obedece à sua natureza, o outro é infiel a ela: seguir sua natureza é, portanto, conservar sua liberdade. Tocamos aqui em um ponto importante do sistema de Epiteto. Segundo Zenão e os primeiros estoicos, é na *natureza* que a vontade humana encontra a regra de suas ações: τελος το ομολογουμενως τη φυσει ζην. O homem deve se limitar a fazer por reflexão o que está em conformidade com sua natureza, como os animais o fazem por instinto, como o pássaro — cuja natureza é voar — voa. Porém, submeter assim a vontade humana à natureza seria impor-lhe uma lei de fora, seria estabelecer, segundo a expressão de Kant, sua *heteronomia*. À medida que se desenvolveu o sistema estoico vimos elevar-se, acima dessa ideia da natureza como regra do bem e do mal, a ideia superior da liberdade dando a si própria sua lei: ελευθερια αυτονομος. Epiteto, por fim, aproxima e confunde essas duas ideias; para ele, liberdade e natureza se identificam no homem: a natureza do homem é ser livre. "Examine quem é você. Antes de tudo, um homem, ou seja, um ser no qual nada vem antes do livre-arbítrio; todo o resto está submetido ao livre-arbítrio; mas ele não é escravo de ninguém nem submisso a ninguém.[40]" Por aí Epiteto, sem se desligar ainda inteiramente das noções vagas e confusas de bem natural, de lei imposta pela necessidade das coisas à vontade

---

40. *Ibid.*, II, 10.

moral, antecipa, no entanto, o cristianismo e a filosofia cristã. O velho preceito: *Sequere naturam*, com o qual se abria o livro de Zenão que fundou o estoicismo, é relegado a um lugar secundário no sistema de Epiteto; as noções de independência, de liberdade e de "autonomia" assumirão, doravante, o primeiro lugar.

Capítulo 2 – Deveres do homem para com os outros — Teorias estoicas da dignidade e da amizade

I

Vimos o estoico se desligar e se libertar do mundo exterior, retirar-se para dentro de si mesmo, "puro na presença de sua própria pureza, καθαρος μετα καθαρου σαυτου"[1]. Se essa é a conduta do sábio diante das necessidades exteriores, qual será ela perante outras liberdades semelhantes à sua? Um dos primeiros deveres do sábio, em suas relações com os outros homens, será conservar a dignidade, αξιωμα: "Diga-me, você crê que a liberdade seja uma grande coisa, uma coisa nobre e de valor? — Como não? — Será possível, portanto, que um homem que possui uma coisa dessa importância, desse valor, dessa nobreza tenha o coração vil? — Isso não é possível. — Quando, pois, você vir alguém se rebaixar

---
1. *Conversações*, II, XVIII, 19.

diante de outro e adulá-lo contra sua convicção, diga ousadamente que ele não é livre.[2]" O sentimento da dignidade, que todo homem possui em maior ou menor grau, fornece um meio prático de distinguir o bem do mal na conduta exterior; ficamos orgulhosos com o bem que fazemos e humilhados com o mal[3]. Quando esse sentimento de generoso orgulho se vincula a uma ação, é preciso realizá-la, mesmo que seja ao preço da morte ou do exílio: assim fez Helvidius Priscus, a quem Vespasiano dizia para não ir ao Senado: "Enquanto eu estiver lá", respondeu ele, "é preciso que eu vá. — Vá, pois, mas cale-se. — Não me interrogue, e eu me calarei. — Mas é necessário que eu o interrogue. — E é forçoso para mim que eu lhe diga o que me parece justo. — Se você o disser, o farei morrer. — E se eu lhe disse que sou imortal?". O sentimento da dignidade leva o estoico a se manter de cabeça erguida na presença dos outros homens, a não respeitar os poderosos e até mesmo a insultá-los se for necessário[4]. Todavia, outro sentimento, somando-se ao primeiro, corrige-o e o abranda em suas relações com os outros homens: a *amizade*.

---

2. *Ibid.*, IV, I, 54.
3. *Ibid.*, II, XI.
4. Sêneca, *Da clemência*, II, 5, 2, e *Cartas a Lucílio*, LXXIII: *Sunt qui existimant philosophiae fideliter deditos contumaces esse ac refractarios et contemptores magistratuum ac regum.* — Sabemos as duras verdades que os filósofos estoicos disseram mais de uma vez aos imperadores.

Amar pertence somente ao sábio (του φρονιμου εστι μονου το φιλειν). Porque, "quando nos enganamos sobre alguém, você crê que o amamos realmente?"[5]. Ora, aquele que não sabe onde está o bem se enganará sempre sobre os homens, assim como se engana sobre as coisas, chamando-as sucessivamente de boas ou más, amando-as e odiando-as sucessivamente — assim como um cãozinho acaricia outro, até que um osso venha se meter entre eles. Quantas amizades humanas não se parecem com essas amizades animais, quantas pessoas não se aproximam senão para se afastar, ευμεταπτωτως ελειν! A comunhão de origem, o parentesco e o tempo não produzem a amizade. Só são amigos aqueles que são livres e situam o bem supremo em sua liberdade em comum[6]. Para dizer a verdade, é a ausência de ódio e de inveja que constitui a própria essência da liberdade: o homem livre poderia ser reconhecido pelo fato de "não ter inimigos"[7]. Assim como ele suprimiu a oposição e a contradição interior entre seus desejos, no mesmo lance se acha suprimida a oposição exterior entre seus desejos e os dos outros homens: a harmonia que reina nele se estende para fora dele[8]. Nada pode feri-lo, nem "desprezo, nem injúrias, nem golpes: ele é como a fonte límpida e do-

---

5. *Conversações*, II, XXII.
6. *Idem.*
7. *Manual*, I.
8. *Conversações*, II, XXII.

ce" que mata a sede mesmo daqueles que a injuriam e cujo jorro logo faz que se dissipe toda sujeira[9]. Nenhuma discórdia, nenhuma querela o abala; mais do que isso, sua tarefa é apaziguar qualquer querela em torno dele, é afinar os homens, assim como o músico afina e faz que ressoem juntas as cordas de uma lira. Embora rindo daqueles que gostariam de perturbá-lo e de feri-lo, ele os perdoa. Esse perdão, aliás, é antes um movimento de piedade do que de amor. O sábio sabe que o vício é escravidão, impedimento, fatalidade imposta à alma; que nenhum homem — segundo as palavras de Sócrates — é mau voluntariamente; que toda falta é uma contradição pela qual, querendo o bem, se faz o mal; que, enfim, como disse Platão, "é sempre contra a vontade que uma alma é privada da verdade"[10].

II

Além da ausência de todo ódio e de todo ressentimento, será que o sábio conhecerá também o amor verdadeiro, que consiste não mais em se isolar e se colocar acima dos outros, mas em se dar a eles?

Existem dois aspectos sob os quais se apresenta o amor pelos outros: é possível concebê-lo como uma união, seja das vontades, seja das inteligências. É dessa segunda maneira

---
9. Marco Aurélio, VIII, 51.
10. *Conversações*, I, XXVIII; II, XVI; II, XXII.

que os estoicos, juntamente com os platônicos, conceberam o amor. Amar, segundo eles, é estar em conformidade de ideias, é pensar da mesma maneira (ομονοειν): amor mais racional do que voluntário; ligando-me assim à razão dos outros, àquilo que eles concebem mais do que àquilo que eles querem e fazem, eu me ligo precisamente àquilo que neles é impessoal, àquilo que propriamente não está neles. Dessa concepção de amor impessoal decorrem as consequências práticas que os cristãos tantas vezes censuraram nos estoicos, sem compreender seu verdadeiro princípio: não é preciso se inquietar nem se perturbar com o que ocorre com aqueles que amamos; não é preciso se afligir se eles se afastam, chorar se eles morrem. Com efeito, essa mesma razão que amamos ao mesmo tempo neles e em nós nos ordena que sejamos sempre livres, que sejamos felizes, por conseguinte, e, aconteça o que acontecer, que vivamos sem sofrimentos e sem perturbações. Como, portanto, a doença e a morte, que não consideramos males quando nos atingem, poderiam se tornar, para nós, males quando atingem os outros? Isso seria irracional. Não é possível que, estando nós mesmos fora de qualquer alcance, pudéssemos ser atingidos e feridos nos outros. O estoico, que olha do alto todas as coisas exteriores, pede para os outros, assim como para ele, apenas a liberdade, bem supremo que basta querer para obter e que basta obter para conservá-lo para sempre. "'Que coração duro tem esse velho!', dirão vocês. Ele deixou-me partir sem chorar, sem me dizer: a que perigos você vai se expor, ó meu filho! Se escapar, acenderei uma vela. — Essa seria, com efeito, a linguagem de um coração amante! Seria um tão grande bem, para você, escapar do perigo! É isso que valeria tanto o trabalho de acender uma vela!"[11]

Não se tem visto o suficiente, na doutrina estoica sobre o amor, esse lado por onde ela se esforça para permanecer racional e lógica. De fato, ela parece irrefutável quando nos colocamos no ponto de vista dos próprios estoicos, quando não elevamos acima da lógica das coisas a vontade amante do homem. É *ilógico* afligir-se quando acontece com os outros o que, acontecendo com vocês mesmos, não os afligiria; há aí algo que ultrapassa o puro raciocínio e que os estoicos, atendo-se à razão abstrata, não podem compreender. Nesse ponto, aliás, a coragem estoica concorda com a resignação cristã. Pascal distingue, em conformidade com o espírito do estoicismo, *afeição* de *apego* — o apego deseja reter aquilo pelo que ele se enamorou uma vez, e a afeição, quer seu objeto se afaste ou se aproxime, permanece impassível. "Como amar meus amigos?", perguntavam a Epiteto. "Como ama uma alma elevada", responde ele, "como ama um homem feliz. A razão jamais ordena que nos rebaixe-

---

11. *Dissertações*, II, XVII. A.-P. Thurot, em sua tradução das *Conversações*, não parece ter captado a ironia dessa passagem.

mos, que choremos, que nos coloquemos na dependência dos outros... Ame seus amigos preservando-se de tudo isso... E quem o impede de amá-los como se amam as pessoas que devem morrer, que devem se afastar? Sócrates não amava os filhos? Decerto, mas ele os amava como um homem livre... Quanto a nós, todos os pretextos nos servem para sermos covardes: para um, é o filho; para outro, a mãe; para outro, os irmãos.[12]" Deixando aos "covardes" todos esses pretextos, devemos de antemão, segundo os estoicos, abarcar pelo pensamento a natureza do ser amado, defini-la racionalmente; e, se ele é mortal, amá-lo enquanto mortal, impor pela vontade ao nosso próprio amor os limites e as limitações que a natureza impôs ao objeto de nosso amor[13]. Querer que um ser mortal seja imortal é uma contradição que a razão rejeita[14]; é preciso consentir na morte daqueles que amamos, aceitá-la, querê-la. A morte é racional; ora, "tudo que é racional pode ser suportado". "A natureza fez os homens uns para os outros. É necessário ora que vivam juntos, ora que se separem; porém, juntos, é preciso que sejam felizes uns pelos outros; e, quando se separam, é preciso que não fiquem tristes por isso.[15]" Assim, o amor estoico dobra-se diante da natureza e aceita suas leis necessárias; ele não tem poder sobre

---

12. *Conversações*, III, XXIV.
13. *Manual*, III.
14. *Ibid.*, XIV.
15. *Conversações*, III, XXIV.

ela e se resigna com isso; ele reserva toda sua ação para a alma, para a razão, a única coisa à qual ele se apega nos outros.

Essa razão, objeto de nosso amor, nós temos o dever de esclarecê-la e de instruí-la; daí outro aspecto original da doutrina estoica: a amizade estoica é fervorosa no proselitismo. "A amizade", diz Epiteto, "encontra-se no mesmo lugar onde estão a fé, o pudor, *o dom do belo e do bem*, δοσις του καλου.[16]" "Se você quer viver sem perturbação e com felicidade, que todos aqueles que habitem com você sejam bons; e eles serão bons se você instruir aqueles que consentirem nisso e mandar embora aqueles que não consentirem.[17]" Alguém disse a Epiteto, nas *Conversações*: "Minha mãe chora quando a deixo". Epiteto lhe responde: "Por que ela não está instruída em nossos princípios?". "A única coisa, se é que existe uma", diz Marco Aurélio, "que poderia nos fazer voltar atrás e nos manter na vida é se nos fosse concedido viver com homens ligados às mesmas máximas que nós.[18]" Aliás, Marco Aurélio, que já comparou a alma humana com a chama, a compara ainda com a luz, cuja própria essência, segundo ele, é se estender (ακτινες εκτεινεσθαι). Do mesmo modo que o raio de sol na escuridão, nossa alma deve penetrar na alma dos outros, "verter-se nela, derramar-se nela".

---

16. *Ibid.*, II, XXII.
17. Estobeu, *Florilegium*, I, 57.
18. *Pensamentos*, IX, III.

Porém, se ela encontra uma inteligência que lhe esteja fechada, então ela resignar-se-á, deter-se-á como o raio diante de um corpo opaco, "sem violência, sem abatimento"[19]. Eis aí uma dedução necessária da doutrina estoica e platônica: se o amor se endereça, sobretudo, à razão, amar será, antes de mais nada, ensinar, transmitir o bem e o verdadeiro; amar será converter as inteligências.

Essa espécie de amor intelectual se personifica no filósofo ideal, cujo retrato Epiteto esboçou. O filósofo, esse preceptor do gênero humano (ο παιδευτης ο κοινος), não tem pátria, família, mulher e filhos: para que ele tivesse uma mulher, seria necessário que ela fosse "outro ele, assim como a mulher de Crates era outro Crates". "Sua família é a humanidade; os homens são seus filhos, as mulheres são suas filhas; é como tal que ele vai encontrá-los, é como tal que ele zela por todos... Ele foi destacado para os homens como um enviado, para lhes mostrar quais são os bens e os males... Ele é o espião do que é favorável à humanidade e do que lhe é contrário... Agredido, ele ama mesmo aqueles que o agridem, porque ele é o pai e o irmão de todos os homens... Ele é seu apóstolo, seu vigia... Ele zela e *sofre* pela humanidade (υπερηγρυπνηκεν υπερ ανθρωπων και πεπονηκεν)... Porque os assuntos da humanidade são seus assuntos."

---

19. *Ibid.*, VIII, LVII.

Na mesma medida em que os estoicos compreenderam pouco, em seu verdadeiro sentido, a amizade pessoal de um homem por outro homem (η φιλια), eles deviam compreender e desenvolver a ideia da amizade de um homem por todos os homens (η φιλανθρωπια). Com efeito, o que o estoico ama no próprio indivíduo é a razão humana da qual ele participa, é a humanidade, que é, portanto, o verdadeiro objeto de seu amor. É para atingi-la que ele ultrapassará tudo que é limitado: o indivíduo, a família, a pátria. O grande papel do estoicismo, assim como do cristianismo, foi propagar, em oposição ao espírito de cidade e ao espírito de casta, o amor pelo gênero humano, *caritas generis humani*: "Ame os homens com todo o coração"[20]. A própria humanidade não é suficiente para o estoico. Será que a razão não abrange e não penetra o mundo inteiro, esse deus do qual somos ao mesmo tempo — segundo as palavras de Sêneca — os "companheiros e os membros, *sociique membraque*"? Os elementos são para nós coisas "amigas e parentes, φιλα και συγγενη"[21]. Reina entre os seres "uma relação de família", "um evidente e admirável parentesco"[22]; "um laço sagrado" liga todas as partes do Universo. "O mundo é uma única cidade (μια πολις), e a essência da qual ele é formado

---
20. Marco Aurélio, VII, XIII.
21. *Conversações*, III, XIII.
22. Marco Aurélio, IV, XLV.

é única; tudo está povoado de amigos: primeiro os deuses, depois os homens, παντα φιλων μεστα.²³" Assim, o mesmo amor racional que une os homens entre si liga a humanidade ao mundo e ao princípio do mundo. "Um personagem teatral diz: *'Ó, bem-amada cidade de Cécrops'*; mas você não pode dizer: *'Ó, bem-amada cidade de* Júpiter!'?²⁴"

---

23. *Conversações*, III, XXIV, 10.
24. Marco Aurélio, IV, XXIII.

Capítulo 3 – Deveres do homem para com a divindade – Teoria do mal e otimismo estoico

I

Como estoico, livre e valorizando apenas aquilo que depende da sua liberdade, um homem torna-se amigo de todos os homens e, também, dos deuses[1]. Segundo Epiteto e os cristãos, se damos o mínimo valor às coisas exteriores, somos incapazes da verdadeira devoção. Qualquer um que coloque o bem fora de si, no mundo, não pode deixar de encontrar nisso, quase sempre, o mal. Ele, então, irá responsabilizar por isso os autores do mundo, ele se queixará dos deuses. E, se as coisas exteriores não são indiferentes, quantas entre elas não serão ruins! "Como respeitar, então, o que eu devo a Júpiter? Porque, se me causam dano e sou infeliz, é porque ele não se ocupa de mim. E que tipo de relação posso

---

1. *Manual*, XXXI.

ter com ele se ele não pode me socorrer? Que tipo de relação posso ter com ele se é por sua vontade que me encontro nesta situação? Eu me ponho, consequentemente, a odiá-lo. Por que, então, erguemos a ele templos, estátuas? É verdade que se erguem templos e estátuas às más divindades, à Febre; mas como ainda será possível chamá-lo de o Deus-Salvador, o Deus que manda a chuva, o Deus que distribui os frutos?[2]" Epiteto nos dá, assim, a escolha entre um pessimismo ímpio e o estoicismo. Se o único bem não reside na vontade do homem, o mal que existe então no mundo é inexplicável e acusa Deus[3].

Ao contrário, vimos que, de acordo com Epiteto, não existe no mundo exterior nem bem nem mal, e é esse princípio que vai agora absolver a Providência. Somos nós que, de acordo com nossa vontade, transformamos as coisas em

---

2. *Conversações*, I, XXIII.
3. Além disso, se o título de Deus, para nosso amor, fundamenta-se na distribuição que ele nos faz dos bens e dos males exteriores, qualquer um que possa distribuí-los como ele — por exemplo, o príncipe — será deus. "Daí vem o fato de que honramos como deuses aqueles que têm em seu poder as coisas de fora: esse homem, diríamos, tem nas mãos as coisas mais úteis; portanto, ele é um deus" — explicação profunda da degradação moral na qual havia caído Roma e das honras divinas prestadas aos Neros ou aos Domicianos. Também Bossuet tentará provar que os príncipes são deuses porque eles têm, como Deus, o poder de nos distribuir os bens ou os males: "É preciso obedecer aos príncipes como à própria justiça", diz Bossuet; "eles são deuses... Assim como em Deus está reunida toda a perfeição, toda a potência dos indivíduos particulares está reunida na pessoa do príncipe".

bem ou em mal. "Eis aí a varinha de Mercúrio[4]. Toque o que quiser — me diz ele — e isso se transformará em ouro. — Não, mas traga o que você quiser e eu o transformarei em um bem. Traga a doença, traga a morte, traga a indigência: graças à varinha de Mercúrio, tudo isso reverterá em nosso proveito." Epiteto retoma incessantemente essa ideia essencial; há tanto mal fora de nós — repete ele — quanto há mal na proposição: *três são quatro*; mau é aprovar essa proposição. Se, ao contrário, ela for rejeitada, existe um bem relativo nesse próprio erro: é saber que ele é um erro e fazer dele, assim, um uso racional; do mesmo modo, existe um bem relativo na doença, na morte: é fazer um bom uso delas[5].

Cada coisa que se apresenta nos propõe, de certa forma, uma questão[6]; a morte nos diz: você não tem medo? A volúpia nos diz: você não tem desejo? O mal não está nessas questões, mas na resposta interior que damos a elas; ele não está nas coisas, mas em nossos atos. Os estoicos concebem, assim, as relações do homem com o mundo como uma espécie de dialética viva, na qual as coisas nos apresentam interrogações e nossa vontade encontra as respostas. Desse modo, somos incessantemente obrigados a avançar no bem e na liberdade ou a recair no mal e na escravidão. Lastimar-se

---

4. Essa varinha, um bastão com duas serpentes enroscadas, era o caduceu, símbolo do deus Mercúrio e, posteriormente, da medicina. [N. T.]
5. *Conversações*, III, XX.
6. *Ibid.*, XXIX.

dessa alternativa é lastimar-se de que seja necessário buscar o bem: como se o discípulo se lamentasse do que o mestre quer lhe ensinar. Longe disso, é preciso regozijar-se com os pretensos males exteriores: "as circunstâncias difíceis mostram os homens"[7]. Assim como os atletas e os gladiadores esperam impacientemente o dia da luta, o sábio deve se rejubilar de combater nesta grande arena que é o mundo, na presença de Deus. O modelo ideal do sábio é Hércules, o herói forte: tal como ele, apoiado em um cajado de oliveira à maneira de clava, com seu manto jogado sobre o ombro esquerdo, tal como os despojos do leão de Nemeia, o filósofo deve seguir pelo mundo, infatigável, invencível não por sua força física, mas por sua força moral[8]: ele não somente não deve temer as provas, mas correr à frente e chamar por elas. Quem teria sido Hércules sem seus trabalhos, sem os monstros domados, sem todas essas injustiças e todos esses males com os quais estava povoado o Universo e com os quais ele construiu sua virtude e sua glória? Não tendo nada para combater, ele não teria tido nada para vencer: "enrolando--se em seu manto, ele teria adormecido". O homem, filho de Deus como Hércules, deve se tornar Deus como ele: o

---

7. *Ibid.*, XXIV.
8. *Conversações*, I, 6, 33 e seguintes; II, 16, 44; III, 22, 24, 13; IV, 10, 10 e seguintes; III, 26, 31. Cf., sobre os trajes do cínico, Gataker, *ad Marc. Antonin*, IV, 30; Ravaisson, *Essai sur la métaphysique d'Aristote* [*Ensaio sobre a metafísica de Aristóteles*], II, p. 120.

objetivo do sofrimento é despertá-lo; o objetivo do mal físico é ser transformado pelo homem em bem moral. Tudo é, portanto, para o melhor no mundo se tudo é para o melhor no homem: da concepção da liberdade humana perfeitamente independente e feliz nasce um otimismo universal. O homem livre e sábio torna-se assim uma "prova viva" de Deus e de sua providência; ele é o "testemunho" de Deus junto aos homens: sua sabedoria demonstra a sabedoria divina, sua justiça justifica Deus.

II

É por isso, segundo Epiteto, que só a virtude pode fundamentar a religião, e ela o faz muito naturalmente: a sabedoria é essencialmente piedade. "Qualquer um que siga a prescrição de desejar e de evitar somente aquilo que convém respeita, por isso mesmo, a piedade.[9]" "O homem que se dedica à sabedoria dedica-se ao conhecimento de Deus.[10]" Ele então concebe Deus como um amigo que quer apenas seu bem, que não lhe impõe o sofrimento senão para exercitá-lo na liberdade: "Eu sou Epiteto, o escravo, o manco, outro Irus[11] em po-

---

9. *Manual*, XXXI.
10. *Maxim.*, XVIII, p. 183. A autenticidade desse último pensamento é contestada, mas ele está em total conformidade com o espírito do *Manual* e das *Conversações*.
11. Célebre mendigo de Ítaca, usado como mensageiro pelos pretendentes de Penélope. [N. T.]

breza e, no entanto, amado pelos deuses"[12]. Assim como os viajantes, que, para passarem sem risco pelas rotas mais perigosas, juntam-se ao séquito de um pretor ou de alguma pessoa importante, também o sábio, para atravessar com a alma tranquila os perigos da vida, coloca-se no séquito de Deus e, com os olhos erguidos para Ele, caminha em segurança pelo mundo. Incessantemente, ele tem presente no espírito a imagem da Divindade ou ao menos de algum homem divino, como Sócrates ou Zenão: são modelos que ele se esforça para reproduzir. Nas circunstâncias difíceis, ele invoca Deus para que o sustente, tal como faz o cristão. É que a Divindade estoica não tem nada em comum com os deuses pagãos, ciumentos dos homens e que lastimam a felicidade que os homens desfrutam. Mas ela também não tem "eleitos", nem preferidos, como o Deus do cristianismo; os homens sobem em direção aos deuses, e estes lhes estendem a mão: *non sunt dii fastidiosi*, disse admiravelmente Sêneca, *non sunt invidi; admittunt et ascendentibus manum porrigunt*[13]. Do mesmo modo como o sábio compreende e ama "a inteligência muito boa" que dispôs todas as coisas, ele compreende e admira o próprio mundo, obra visível dessa inteligência invisível. E, já que tudo está ligado neste mundo e cada

---

12. Dístico atribuído a Epiteto.
13. *Cartas a Lucílio*, 73.

coisa "está em um harmonioso acordo com o conjunto"[14], ele aprova, ele ama o que acontece: *quaecumque fiunt*, já dissera Sêneca, *debuisse fieri putet, nec velit objurgare Naturam; decernuntur ista, non accidunt*. O sábio segue à frente do destino, oferece-se a ele: *proebet se fato*[15]. Ele se devota ao Todo. Se ele pudesse — diz Epiteto — abraçar o futuro, "ele próprio trabalharia por sua doença, por sua morte, por sua mutilação, sabendo que a ordem do Todo assim o quer". E mais ainda, ele trabalharia para isso alegremente, porque o mundo é uma grande festa cuja alegria não se deve perturbar[16]. "Eu digo ao mundo: eu amo o que você ama, dê-me o que quiser, tire de mim o que quiser... Tudo que está em conformidade com você, ó mundo, está em conformidade comigo. Nada é para mim prematuro ou tardio quando está na hora certa para você. Tudo que me trazem as horas é, para mim, um fruto saboroso, ó Natureza.[17]"

---

14. Marco Aurélio, III, II.
15. Sêneca, *Cartas*, 96, 107.
16. *Conversações*, IV, I.
17. Marco Aurélio, X, 2I, IV, 23.

Capítulo 4 – Marco Aurélio – Consequências extremas do estoicismo – Questões da imortalidade para o homem e do progresso para o mundo

Consentimento supremo às coisas, aprovação integral dada à natureza e a tudo que ela produz ou aniquila: eis aí a ideia na qual culmina o sistema estoico e cujas consequências Marco Aurélio desenvolve. Epiteto viu apenas o que existe de grandioso nessa entrega livre de si; Marco Aurélio percebeu nela o que havia de triste. Bem nutrido pela física de Heráclito, ele contempla com uma espécie de vertigem a "torrente das coisas", sobre cuja marcha sua liberdade não tem nenhum poder e pela qual ela mesma irá, um dia, ser engolida. Ele às vezes se conforta admirando a ordem universal, o "concerto" de todos os seres, o "parentesco" que reina entre todas as coisas. Logo, porém, em oposição à própria beleza desse espetáculo no qual ele não desempenha um papel verdadeiramente ativo e é incapaz de modificar alguma coisa, o sentimento de sua impotência pessoal retorna. Ele busca em vão um refúgio contra o "turbilhão das coisas". "Do corpo", diz ele, "tudo é rio que corre; da alma, tudo é sonho ou fumaça.[1]" Ele quase exclamaria, antecipando Pascal: "É coisa horrível sentir escoar tudo que se possui". Ele se pergunta com inquietude sobre aquilo que existe para além da vida, essa "parada de viajante". A essa questão, Epiteto já havia respondido: "Com o que você se inquieta? Você será aquilo de que a natureza tem necessidade... Deus abre a porta e me diz: Venha! — Para onde? — Para nada que deva ser temido; para aquilo de onde você saiu, para amigos, para parentes: para os elementos. Tudo que havia de fogo em você irá para o fogo; tudo que havia de terra, para a terra; tudo que havia de ar, para o ar; tudo que havia de água, para a água. Não existem Plutão, Aqueronte, Cócito e Flegetonte de fogo[2]; não: tudo está povoado de deuses e de gênios"[3]. Essa resposta não é mais suficiente para Marco Aurélio: ele sente que o homem virtuoso ultrapassa a natureza sensível, que ele deve escapar às suas mudanças e às suas alterações, que ele merece a imortalidade. "Como é possível que os deuses, que ordenaram tão bem todas as coisas

---

1. *Pensamentos*, II, XVII.
2. Plutão é o deus dos mortos. Aqueronte, Cócito e Flegetonte são alguns dos rios do Hades. [N. T.]
3. *Conversações*, III, XIII.

e com tanta bondade para com os homens, tenham negligenciado um único ponto, ou seja, que as pessoas de bem, de uma virtude verdadeira, que tiveram durante toda a vida uma espécie de comércio com a Divindade, que se fizeram amar por ela por sua piedade, não revivam depois da morte e sejam extintas para sempre?" Lamento que já é uma censura, no qual começa a se mostrar o protesto da consciência humana contra a necessidade das coisas.

Segundo os estoicos, o mundo, tanto quanto o homem, não tem futuro: "Assim foi a natureza do mundo", diz Epiteto, "assim é e assim será; é impossível que as coisas aconteçam de maneira diferente de agora.[4]" As próprias coisas divinas (και τα θεια) participam das vicissitudes eternas e eternamente semelhantes do Universo. A figura que melhor representa a marcha do mundo é um círculo fechado, do qual o pensamento, tanto quanto a natureza, não pode sair. "É preciso", diz Epiteto, "que as coisas girem em um círculo; que umas cedam nele o lugar para as outras; que estas se decomponham e que aquelas nasçam.[5]" "Mas como! Sempre e sempre a mesma coisa!", já diziam esses romanos que Sêneca nos mostra desgostosos da vida, esforçando-se em vão para romper o círculo no qual ela roda para sem-

---

4. Estobeu, *Florilegium*, cviii, 60.
5. *Conversações*, iii, xxix.

pre[6]. Marco Aurélio, por sua vez, repete: "Os movimentos do mundo no alto e embaixo são sempre os mesmos círculos, recomeçando de século para século... Logo a terra nos cobrirá a todos, depois ela mesma mudará, e os objetos desta transformação mudarão, eles próprios, ao infinito; e esses outros objetos também, ao infinito. Se refletirmos sobre essas ondas de mudanças, de vicissitudes, e sobre sua rapidez, desprezaremos tudo que é mortal"[7]. Mas então, poderíamos perguntar, o que haverá no mundo dos estoicos que não seja desprezível? Aliás, Marco Aurélio exclama, falando para si mesmo: "Por que você se perturba? O que existe de novo nas coisas?"[8]. E, para dizer a verdade, é precisamente porque não há nada de novo e, sobretudo, nada de melhor no mundo que Marco Aurélio se perturba. Depois da perturbação vem a dúvida. A necessidade absoluta está tão próxima do acaso absoluto! Uma lei cega que governasse as coisas parecer-se-ia com a própria ausência de lei. Marco Aurélio hesita entre a incompreensibilidade do destino e a incompreensibilidade do acaso: ele flutua entre Zenão e Epicuro[9].

A dúvida sincera atinge o desespero. "Se não existem deuses, ou se eles não têm nenhuma preocupação com as coisas humanas, que me importa viver em um mundo va-

---
6. *Da tranquilidade da alma*, I, II.
7. *Pensamentos*, IX, XXVIII.
8. *Ibid.*, IX, XXXVII.
9. *Pensamentos*, VI, 24; VII, 32, 50; IX, 28, 39; X, 7, 18; XI, 3.

zio de deuses ou vazio de providência (τι μοι ζην εν κοσμψ κενψ θεων η προνοιας κενψ)?[10]" Marco Aurélio termina por comparar o Universo a esses espetáculos do anfiteatro, sempre os mesmos, que desagradam (προσκορη την θεαν ποιει). Assim, a liberdade estoica, que tentava se conciliar com a necessidade das coisas, que queria mesmo admirá-la e amá-la, logo se sente, contemplando-a mais de perto, farta e tomada pelo desgosto. "Eis aí", exclama Marco Aurélio, "o suplício de toda a vida. Até quando, portanto?" "Venha o mais rápido, ó morte, com medo de que no fim eu me esqueça de mim mesmo![11]" Morrer, relaxar dessa "tensão", desse esforço sem objetivo e sem fim que constitui a própria vida, essa é a última palavra do estoicismo. Os estoicos têm um imenso sentimento do ideal para repousarem na realidade que lhes repugna, e eles não têm ainda um sentimento bastante forte de seu poder pessoal para trabalhar com todo esse poder pela realização do ideal. Daí vem a concepção do suicídio voluntário, que exerceu tanta atração sobre os romanos. Se é belo seguir a necessidade, é ainda mais belo antecipá-la, como fazemos no instante em que antecipamos a morte, em que nos retiramos da vida como de um espetáculo que não podemos de maneira alguma modificar e que não queremos perturbar. Sêneca prega o suicídio.

---

10. *Pensamentos*, ix, 3.
11. ii, 11.

Mais tarde, quando os suicídios se multiplicam, Epiteto os censura, pelo menos aqueles sem motivo. No entanto, Epiteto, mesmo censurando o suicídio, o admira; ele também aspira a desembaraçar-se do "fardo" da vida, ως βαρη τινα. Nas *Conversações*, ele supõe seus discípulos vindo lhe pedir para morrer: "Vocês virão a mim dizendo-me: 'Epiteto, não podemos mais suportar estar acorrentados a este miserável corpo, dar-lhe de comer, de beber, fazê-lo repousar... Não é verdade que só existem nele coisas indiferentes e sem relação real conosco? Não é verdade que a morte não é um mal, que somos os parentes de Deus e que é d'Ele que viemos? Deixe-nos retornar para onde viemos; deixe que nos libertemos enfim desses laços que nos prendem e que são uma carga para nós...'. Então, eu teria para lhes dizer: ó homens, esperem por Deus"[12]. Resposta fraca, que não podia satisfazer e, aliás, reduz a vida a uma simples espera da morte, essa libertação final.

Assim, o estoicismo, no próprio Epiteto e, sobretudo, em Marco Aurélio, conduz a pensamentos de desencorajamento. Eis-nos bem longe do Hércules que nos pintava Epiteto, que ele nos propunha incessantemente como modelo, do Hércules pegando sua clava e correndo para lutar contra a injustiça e o mal. Não se trata mais do deus verdadeiramente forte e consciente de sua força: trata-se do Hércules

---

12. *Conversações*, I, IX.

impotente para arrancar a túnica fatal; sua vontade se abate sob essa vestimenta de material que lhe pesa; desesperado, entregando-se à dor, ele quer se aniquilar, sobe na pira que suas próprias mãos ergueram e nela se queima no fogo eterno que abrasa todas as coisas[13]. Como essa filosofia estoica, que parecia à primeira vista tão cheia de energia, recaiu assim na inércia e no desmazelo, semelhante ao próprio epicurismo que ela combate? Como, depois de ter querido levantar o mundo antigo, ela cai e morre com ele, ao passo que o cristianismo se erguerá sobre suas ruínas?

---

13. Sabemos como Peregrinus, o famoso cínico, depois de ter convidado toda a Grécia a Olímpia para vê-lo morrer, no encerramento dos jogos, ao nascer da lua, em meio aos perfumes do incenso e às aclamações de um povo, foi lançado na fogueira acesa pelas mãos de seus discípulos e "desapareceu na imensa chama que se ergueu". (Luciano, *Morte de Peregrinus*, p. 33). Cf. Ravaisson, *Essai sur la Métaphysique d'Aristote*, II, p. 285.

Capítulo 5 – Crítica do estoicismo

I

A ideia fundamental da filosofia estoica, sobretudo da filosofia de Epiteto e de Marco Aurélio, como vimos, foi a da liberdade; e essa liberdade foi concebida pelos estoicos como absolutamente independente de todas as coisas exteriores, como encontrando unicamente dentro de si sua regra e seu bem. Era muito, mas ainda não o bastante: porque sempre restava saber o que é em si mesma essa liberdade, assim colocada à parte do mundo. Ora, quando se trata de penetrar no foro íntimo do homem para procurar a própria essência de sua liberdade, os estoicos hesitam: eles concebem a liberdade como razão e inteligência mais do que como vontade ativa. Ser livre, para eles, é principalmente compreender, é não encontrar obstáculo diante da inteligência e explicar todas as coisas, é aceitar mais do que fazer: liberdade contemplativa que, quando finalmente consegue submeter a imaginação e domar a sensibilidade, repousa doravante dentro de si mesma, isolada, indiferente, satisfeita consigo e com as coisas: primeiro compreenda, depois suporte e se abstenha (ανεχου και απεχου)[1]. O estoico se furta à ação das coisas mais do que age por si próprio, como o elo de uma corrente que se acredita moralmente livre porque se separou dos outros. Estar à parte, sem perturbação e na paz é, portanto, o voto que fazem os estoicos e que a maioria das seitas antigas repete com eles, em dissensão sobre todos os outros pontos, de acordo sobre esse. Os estoicos extraem sempre das coisas materiais sua representação da liberdade e da ataraxia. Epiteto imagina a alma do sábio como uma onda pura e tranquila que nenhum sopro viria perturbar[2]: imagem sensível, φαντασια, como diziam os próprios estoicos, impotente para nos fazer penetrar o verdadeiro caráter de nossa energia íntima[3]. Pelo próprio fato de a liberdade estoica ser concebida no modelo das coisas exteriores, como ela teria podido verdadeiramente ultrapassá-las? Não é preciso apenas se

---

1. Aulo Gélio, *Noites áticas*, XVII, 19.
2. Estobeu, *Florilegium*, I, 47. Cf. as *Conversações*.
3. Os antigos eram sempre tentados a representar a alma mais sob a forma de uma coisa passiva do que como uma vontade ativa: do mesmo modo como eles queriam, por dentro, ordená-la e apaziguá-la, eles desejavam, por fora, "poli-la", "arredondá-la" de alguma maneira: o sábio, segundo a comparação de Empédocles retomada por Horácio, deve moldar a si mesmo como uma esfera bem redonda e polida, na qual nenhuma aspereza pode estar visível: *"[...] et in seipso totus teres atque rotundus / Externi ne quid valeat per laeve morari."*

modelar no adversário que se deseja vencer; é preciso procurar elevar-se acima dele. Longe disso, os estoicos terminam por rebaixar a vontade até as coisas, tornando-a passiva como elas: "Entregue-se aos acontecimentos", dizem eles ao homem; "resigne-se." Entregar-se à necessidade eterna, devotar-se à natureza é, sem dúvida, uma grande e bela coisa; mas falta a essa devoção suprema o que faz, em definitivo, o valor de toda devoção: ela não tem objetivo, ela não adianta nada. Não temos nenhum poder fora de nós, somos incapazes de ajudar a obra da natureza, que se realizaria forçosamente com ou sem nossa vontade:

Volentem fata ducunt, nolentem trahunt.[4]

Nos dois casos, quer o homem seja conduzido ou arrastado, ele não dá um passo além; ele se perde e se aniquila igualmente na natureza. Os estoicos não veem que se resignar assim é, em definitivo, ceder, é se submeter e declarar por si mesmo sua impotência: eles parecem acreditar que, quando o homem tiver, em sua luta com as coisas, reconhecido sua derrota, ele terá alcançado a vitória. Os estoicos não admitiram o poder infinito da vontade, que, longe de pro-

---

4. *Sátiras*, II, 7. Cf. Marco Aurélio, XII, III; VIII, XLVIII; XI, XII. A alma verdadeiramente livre se pareceria, portanto, com essa esfera solitária girando no vazio?

curar se desligar das coisas, liga-as todas a ela, estendendo sobre elas sua ação; que, longe de se abster, quer e age em todas as direções possíveis; que não teme os obstáculos, porque ela tem consciência, em si mesma, de uma força capaz de suplantá-los; que não tem medo de ser decepcionada se dando, se prodigalizando, porque uma decepção não pode abatê-la e porque nenhum dom de si pode esgotá-la. Em geral, tem-se dito, a ideia do *infinito* está ausente nos antigos; porém, o que lhes falta, sobretudo, é a ideia da vontade infinita, buscando incessantemente em si novas forças e aumentando assim a si mesma, tendo consciência de sua própria infinitude e, por isso mesmo, sentindo que, aconteça o que acontecer, ela terá sempre o derradeiro triunfo. É essa vontade, cuja essência e verdadeira liberdade consistem precisamente em ultrapassar todos os limites e se espalhar por todas as coisas, que os estoicos querem "recolher em si", segundo a expressão de Marco Aurélio — e, por conseguinte, torná-la finita e limitada. "Simplifique-se a si mesmo (απλωσον σεαυτον)", diz Marco Aurélio. Não seria preferível dizer: "Multiplique-se a si mesmo, aumente-se"? O bem não consiste somente, como acredita Epiteto, no que depende presentemente de nós; ele consiste em fazer incessantemente que mais coisas dependam de nós, em alargar incessantemente o domínio de nossa vontade. Em vez de nos isolarmos da natureza, precisamos submetê-la. Assim, os estoicos, não tendo concebido o verdadeiro ideal da liberdade humana, não compreenderam o verdadeiro papel do homem no mundo; eles acreditaram que o homem devia aceitar o mundo tal como ele é, dobrar-se diante de tudo que acontece, não desejar nem querer mais: o homem, ao contrário, tanto quanto pode, não deveria aspirar ao progresso do mundo e trabalhar por ele? Cabe ao ser superior da natureza, cabe ao homem impedir que as coisas girem em um "círculo eterno".

II

Do mesmo modo, o verdadeiro papel do homem na humanidade escapou aos estoicos. De sua concepção incompleta da vontade humana nasce sua incompleta concepção do amor ao próximo. Prescrevendo ao homem que transmita sua ciência e sua razão, mas que não dê por inteiro sua afeição, que "a retenha" e, assim, a limite, eles lhe prescreveram, em última análise, o egoísmo. No fundo, como vimos, nada é mais lógico em sua doutrina; todo sistema que reduz e subordina a vontade moral à inteligência chegará necessariamente a esta conclusão à qual chegaram os estoicos: "Amem nos outros a razão e, como a razão é universal, não se prendam aos indivíduos, ultrapassem-nos, esqueçam-nos".

Existe um egoísmo da razão assim como existe um egoísmo dos sentidos: tanto o estoico teme perder sua paz intelectual como o epicurista pode temer perder seus gozos sensíveis. "O ser animado é feito para agir sempre visando a si mesmo", diz Epiteto. "É por ele próprio que o sol faz tudo, e Júpiter também.⁵" A alma sábia, nos diz Marco Aurélio, deve irradiar-se como o sol e iluminar todo o resto, espalhando o máximo de luz possível, porque essa é sua natureza; mas ela não deve se inquietar com aqueles que a recebem ou a recusam, porque isso não depende dela. Luz fria e imóvel — poderíamos responder — que não é absolutamente a verdadeira luz! O próprio raio de sol não está, portanto, em movimento e como que se esforçando para penetrar qualquer obstáculo? Se, de acordo com os estoicos, fazer a verdade penetrar nos outros, fazer-se "apóstolo e preceptor dos homens", é essencialmente amar, será também, por essência, esquecer-se, renunciar — se preciso — à sua paz interior, estar pronto para partilhar a perturbação e a inquietude dos outros. "Ame", diz Epiteto, "como deve amar um homem feliz." Será que é isso o amor? Deve-se guardar para si a felicidade e dar o resto, como um excedente, um acessório? Ou, antes, não seria preciso se dar por inteiro, pôr tudo em comunhão, até sua felicidade? Não se amam os homens por prazer, mas por vontade, algumas vezes por devoção e sacrifício. O que será essa amizade prescrita por Epiteto, amizade finita, temporária, pronta a se afastar se o ser amado se afasta; pronta a perecer se ele perece? O que é, em resumo,

---

5. *Conversações*, I, XIX.

amar sem se *ligar*? Ligar-se a outrem é simplesmente persistir em seu amor, aconteça o que acontecer, apesar de todos os obstáculos naturais e de todas as necessidades físicas; é impossível conceber o amor de outra maneira que não uma união indissolúvel, uma ligação eterna. Os estoicos, no amor que se liga a outrem, acreditaram perceber um risco, um perigo — perder o ser amado (no que, aliás, eles não se enganaram). Existe aí, com efeito, um risco a correr, um perigo a afrontar: "καλος κινδυνος!", diria Platão; mas não é esse perigo que dá valor ao amor? Com a ideia que tinham da vontade humana, os estoicos não podiam admitir uma imortalidade pessoal como possível. Como o homem, reduzido por Epiteto ao papel de simples espectador do mundo, poderia sobreviver, uma vez terminado o espetáculo? Como, desaparecida a luz, o olho não se apagaria? Completamente diferente aparecerá o destino do homem para o cristão, que representa o espírito não como o olho recebendo passivamente a claridade de fora, mas como um olho luminoso em si mesmo, que tiraria de si seu próprio brilho, para espalhá-lo em seguida sobre as coisas. Conceber, como os estoicos, a liberdade como uma faculdade de abstenção passiva era verdadeiramente torná-la mortal; concebê-la, como os cristãos, como essencialmente ativa e expansiva era crê-la essencialmente imortal. Aquele que quer e pode mais é aquele sobre o qual as coisas poderão menos.

Desde Pascal os estoicos têm sido, não poucas vezes, censurados — um dos quais é Epiteto, particularmente — por terem acreditado muito em si, por terem esperado muito do homem: "Ouso dizer que esse grande espírito mereceria ser adorado se ele tivesse conhecido tão bem a impotência do homem quanto seus deveres". Assim fala Pascal acerca de Epiteto. Não menos severo com Epiteto do que os jansenistas do século XVII, um crítico contemporâneo, autor da mais completa exposição que jamais foi feita das doutrinas estoicas, disse, resumindo-se: "O orgulho era o fundamento do estoicismo"[6]. No entanto, ao que parece, se existe uma censura a ser feita aos estoicos, é por não terem acreditado bastante na potência humana e terem duvidado de si e dos outros. Nós examinamos suas doutrinas, uma após a outra; todas nos pareceram se reduzir e como que se fixar em uma única: a vontade reduzida à razão. Daí eles concluem que a vontade é feita para compreender e se abster, não para agir; para contemplar o mundo exterior, não para mudá-lo; para penetrar a razão alheia, sem se ligar à individualidade alheia; enfim, para morrer e desaparecer, como morre e desaparece ao seu redor tudo que não tem vida e vontade própria. Por essa concepção, os estoicos, definitivamente, dobraram diante da necessidade e da natureza essa vontade que eles queriam ver independente e sem lei imposta

---

6. Cf. Ravaisson, *Essai sur la* Métaphysique d'*Aristote*, II, p. 279.

de fora. Para o homem que reclama contra alguma injustiça da natureza e se revolta com ela eles só têm uma resposta: "Isso é natural". É responder com a própria pergunta. O homem não tem o direito de se elevar acima da natureza e julgá-la? Nesse aspecto, o otimismo estoico é, até certo ponto, um rebaixamento da dignidade e da moralidade humana. "Tudo que acontece acontece justamente"[7], diz Marco Aurélio. "Eles matam, eles massacram, eles amaldiçoam. O que há nisso que impeça sua alma de permanecer pura, sábia, moderada e justa?[8]" É forçoso, segundo ele, resignar-se à injustiça dos homens assim como ao peso da pedra ou à leveza da chama. Do mesmo modo, segundo o mestre de Marco Aurélio, lamentar-se do que ocorre naturalmente é uma loucura; mais ainda, é uma falta. Não devemos — diz ele — nos opor à torrente das coisas, tentar reter o que nela cai, querer impedir de morrer aqueles que amamos, querer retardar nossa própria morte: "Vá embora...", diz ele duramente ao homem; "dê lugar para outros: é preciso que outros nasçam... O que lhes restaria se não o pusessem para fora?... Por que torna, por sua presença, o mundo mais estreito (τι στενοχωρεις τον χοσμον)?"[9]. Não, poderíamos responder, o homem não quer estreitar o mundo, mas alar-

---

7. Marco Aurélio, IV, X.
8. *Idem*, VIII, 51.
9. *Conversações*, IV, I, 106.

gá-lo: seu pensamento é maior do que a natureza; ele quer igualar a natureza a si e sofre quando não pode; eis aí sua verdadeira dignidade. Para tudo que a natureza contém de imperfeito, para tudo que ela nos traz de mau e de injusto, os estoicos só têm um remédio: a "paciência". Existe outro, talvez mais eficaz, que eles não conheceram: a esperança; a esperança que não nos vem de fora, mas que podemos tirar do mais profundo de nós mesmos; a esperança que nasce da justa confiança em si, ou seja, da crença de que trazemos dentro de nós, juntamente com a vontade, a força suprema.

Capítulo 6 – Estoicismo e cristianismo

A crítica moderna talvez tenha se limitado demais a perceber as semelhanças entre a filosofia estoica ou platônica e o cristianismo; ela não viu suficientemente suas diferenças, não pôde explicar sua luta. À primeira vista, por exemplo, como há analogias entre a moral cristã e a moral estoica! Amor e prática austera da virtude, desdém do prazer, desprezo pelo sofrimento e pela morte, crença na fraternidade universal entre os homens: muitos traços pelos quais a filosofia estoica e o cristianismo parecem se confundir diante de nossos olhos. Porém, não nos detenhamos nesses traços exteriores de semelhança; penetremos mais fundo nas duas doutrinas e veremos como, sob a aparente identidade dos preceitos práticos, esconde-se a diversidade real dos princípios teóricos. Cristãos e estoicos estavam de acordo, digamos, em amar, em praticar a virtude: porém, em uns, era uma antiga doutrina que a virtude devia ser absolutamente gratuita, que devia tirar de si mesma seu valor e sua santidade: *officii fructus est ipsum officium; virtutis sanctitate sua se tuentur*, diz Cícero (*De finibus*, 11, 72, 73), e Sêneca, por sua vez, repete: *gratuita est virtus, virtutes proemium ipsa virtus*. Segundo os cristãos, o menor valor da virtude é aquele que ela tira de si mesma e da lei humana; ela toma emprestado seu maior valor da lei divina e de sua sanção.

"As virtudes que a alma pensa ter", diz Santo Agostinho, "se não se relacionam a Deus... se se relacionam consigo mesmas e têm apenas a si mesmas como fim... não são virtudes, mas vícios." (*Cidade de Deus*, XIX, 25.) Lactâncio vai mais longe: na hipótese de que a virtude não fosse recompensada depois da morte e não tivesse em perspectiva um gozo mais considerável do que aquele do qual ela nos priva, ela seria um absurdo, uma loucura, um mal contrário à natureza: "Se a virtude", diz ele, "nos frustra do gozo dos sentidos que buscamos naturalmente e nos leva a suportar os males pelos quais temos aversão, ela é um mal contrário à natureza, e deve-se reconhecer que é uma loucura segui-la, visto que, seguindo-a, privamo-nos dos bens presentes e suportamos os males sem esperar nenhuma compensação. Com efeito, não será ter perdido todo sentimento renunciar às mais encantadoras volúpias para viver na baixeza, na pobreza, no desprezo e na vergonha, ou antes para não viver, mas para gemer, ser atormentado e morrer?

Não seremos estúpidos e cegos ao nos lançar nos males dos quais não extraímos nenhum bem que possa compensar a perda do prazer do qual nos privamos?! Se a virtude não é um mal e age convenientemente quando despreza as volúpias criminosas e infames, e, para cumprir seu dever, não teme a dor e a morte, é forçoso, portanto, necessariamente, que ela obtenha algum bem mais considerável do que aqueles que rejeita" (*Institut. div.*, livro VII, caps. XI-XII). "A virtude é para nós uma necessidade", diz, enfim, Tertuliano. "Sim, uma necessidade! A virtude é uma coisa que recebemos do próprio Deus... O que é a sabedoria do homem para fazer conhecer o verdadeiro bem? O que é sua autoridade para fazer que ele seja praticado?... Nós, que devemos ser julgados por um Deus que tudo vê e sabemos que seus castigos são eternos, somos os únicos que podemos verdadeiramente amar e abraçar a virtude... Mesmo que nossos dogmas sejam apenas falsidades e preconceitos, nem por isso eles são menos necessários: aqueles que acreditam neles acham-se forçados a se tornar melhores, tanto pelo temor de um suplício quanto pela esperança de uma felicidade eterna" (*Apologética*, caps. XLV e XLIX). Assim, segundo o estoicismo, a virtude tinha em si mesma seu princípio e seu fim; ela era ordenada e sancionada pela consciência. Segundo o cristianismo, a virtude tem fora de si mesma seu princípio e seu fim; ela nos é ordenada e sancionada por Deus. Daí, na moral, uma primeira oposição entre os filósofos estoicos e os cristãos: estes rejeitavam a virtude estoica que só quer se basear em si mesma; aqueles rejeitavam a virtude religiosa que se baseia no amor a Deus, na esperança de sua posse e no temor de seus castigos; no fundo da primeira pretendia-se encontrar o orgulho, no fundo da segunda, o interesse.

Segundo os filósofos antigos que admitiam a imortalidade, apenas a alma era imortal e se libertava de seu corpo como se de um fardo; segundo os cristãos, o corpo também devia ressuscitar e participar da vida eterna: imortalidade da carne que os filósofos não queriam de maneira alguma admitir. Além disso, os filósofos rejeitavam a eternidade das penas. A duração destas dava lugar a numerosas controvérsias entre os cristãos e os pagãos. "O castigo não pode ser eterno", diz o neoplatônico Olimpiodoro, corrigindo Platão em seu comentário do *Górgias*: "Seria preferível dizer que a alma é perecível. Um castigo eterno supõe uma maldade eterna: então, qual é seu objetivo? Ele não tem nenhum; é inútil, e Deus e a natureza não fazem nada em vão". No entanto, os platônicos e os estoicos acreditavam que era impossível que a própria maldade fosse eterna: "Se você não pode corrigir suas maldades", diz em alguma parte Epiteto, "não as acuse, porque toda maldade é corrigível; mas antes acuse a si mesmo, que não encontra em si bastante eloquência e perseverança para conduzi-las ao bem". Todas essas doutrinas, penetrando até no próprio cristianismo, deram lugar às grandes heresias, como a de Orígenes.

Além dessas divergências acerca do homem e de seu destino, o historiador observará outras ainda mais consideráveis na concepção geral do mundo e da providência reguladora. Os estoicos não admitiam menos do que os cristãos a ação da Divindade sobre o mundo; seu panteísmo tendia mesmo a identificar Deus com a natureza. Porém, segundo eles, essa ação era exercida de acordo com leis inflexíveis e necessárias: os fenômenos encadeavam-se uns aos outros (*pendet causa ab causa*), e nenhuma mudança brusca vinha interromper a necessária harmonia do grande Todo. Segundo os cristãos, ao contrário, a Divindade ou os espíritos rebeldes manifestam-se aos homens por meio de modificações súbitas ocorridas no curso dos fenômenos, de desarranjos inesperados na ordem da natureza. Quanto às filosofias que, como a de Epicuro, assentavam-se na própria negação do maravilhoso, elas não podiam deixar de entrar em luta aberta com o cristianismo. Os cristãos e os filósofos recomendavam igualmente a piedade e o amor a Deus, mas é preciso evitar confundir a piedade estoica, por exemplo, com a piedade cristã. Mesmo na presença da Divindade, a "soberba" estoica — como diz Pascal — concedia ao homem um valor próprio, e sua adoração a Deus não tendia jamais a se tornar um aniquilamento de si: "Saiba", diz Sêneca, "que se você deve a Deus o viver, deve somente a si o bem viver". O cristão, quando se elevava até Deus por meio da prece, carregado por um impulso de amor, quase apagava a personalidade humana diante da Divindade e, não acreditando mais dever nada a si mesmo, atribuindo tudo a Deus, esforçava-se para aniquilar sua vontade própria a fim de fazer melhor descer nele a graça do alto. Outras vezes, por um movimento contrário, depois de ter assim atribuído a Deus tudo que havia de bom nele, não encontrando mais em si nada que não fosse mau e odioso, ele se punha a sentir uma espécie de horror de si e um grande temor de Deus: aquele que lhe havia aparecido inicialmente como a bondade suprema à qual ele devia tudo que nele havia de bem lhe aparecia agora como a justiça inexorável que devia castigá-lo eternamente pelas máculas com as quais ele estava carregado. O estoico, que conservava em sua própria devoção uma atitude de independência com relação à Divindade, recusava-se a se humilhar perante ela a ponto de temê-la: no entender do estoico, aquele que devia puni-lo não era Deus, mas ele mesmo, sua própria consciência. O temor que, segundo uns, era o começo da sabedoria, era, se acreditarmos nos outros, uma espécie de violação do amor: *violat eos quos timet*, diz Sêneca.

Vê-se, por esse rápido quadro, quanto a filosofia antiga e o cristianismo, apesar de suas semelhanças exteriores, no fundo se opunham: se compararmos os preceitos práticos dos filósofos e dos cristãos, muitas vezes os veremos se confundir; se compararmos os princípios dos quais esses preceitos são deduzidos, veremos esses princípios excluírem-se mutuamente; cada ponto de contato era também, por assim dizer, um ponto de repulsão. Muitos acreditam que os filósofos — quer eles fossem imperadores como Marco Aurélio, simples súditos ou mesmo escravos, como Epiteto — ignoravam totalmente as doutrinas cristãs; no entanto, o cristianismo já estava muito espalhado para que isso fosse possível; eles só as conheciam vagamente, sem dúvida, mas nem por isso achavam-se com menos direito de rejeitá-las. O próprio Santo Agostinho nos diz que seu espírito "chocou-se por muito tempo com os aparentes absurdos das Escrituras" antes de dobrar-se diante de seus mistérios (*Confissões*, VI, V). Como os filósofos de então, para quem a razão era a parte dominante do homem, το ηγεμονικον, poderiam ter compreendido as palavras de Tertuliano? "*Credibile est, quia ineptum est... Certum, quia impossibile*"? (*Da carne de Jesus Cristo*, 5). Mesmo aqueles entre eles que adotaram o cristianismo fizeram ressalvas. São Justino usa até em seu martírio o manto de filósofo. Encontram-se nas cartas de um Pai da Igreja grega, Sinésio, documentos curiosos, que podem nos mostrar como o espírito filosófico de então, mesmo quando aceitava certos dogmas, manifestava repugnância com relação a outros. "Jamais me reduzirei a crer", escreve Sinésio ao irmão, no momento em que o pressionam a aceitar o episcopado, "que a alma é criada depois do corpo; jamais direi que o mundo e todas as suas partes devem ser aniquilados. Eu creio que essa ressurreição da qual tanto se fala é alguma coisa misteriosa e inefável; e ainda falta muito para que eu compartilhe, quanto a esse ponto, das imaginações vulgares" (*Synes. Episcop. Oper.*, p. 246). Por causa dessas opiniões dissidentes inspiradas pelo espírito filosófico, Sinésio não quer fazer como tantos outros: ensinar os dogmas que rejeita. "Sem dúvida", acrescenta ele, "uma alma filosófica que vê a verdade pode fazer, em caso de necessidade, algumas concessões ao erro. Existe uma relação a ser apreendida entre o grau de luz que recebe a verdade e o olho da multidão; porque o olho não desfrutaria sem dano uma luz excessiva. Se as leis do episcopado me concedem essa liberdade, eu posso ser bispo, continuando a filosofar, sem ensinar as opiniões que não tenho... Porém, se disserem que o bispo deve ser popular pelas opiniões, não hesitarei em me explicar... A verdade é amiga de Deus, diante de quem eu quero ser irretocável... Meu pensamento não estará em desacordo com minha língua."

Como se vê, era difícil, mesmo entre os cristãos convictos, conciliar o velho espírito filosófico com o espírito novo. Digamos mais, tal conciliação raramente se produzia: "Não há nenhuma heresia que não deva sua origem à filosofia", exclama Tertuliano. "Os filósofos são os patriarcas dos heréticos." "A filosofia é obra dos demônios." "São os demônios que a ensinaram, são eles que a preconizaram." (Cf. *Apologética*, 46, 47 e seguintes; *Da alma*, 1, 3; *Da prescrição contra os heréticos*, 7; *Contra Marcion*, v. 19.) O espírito penetrante de Tertuliano percebia a oposição entre a filosofia e o cristianismo, que devia se revelar através da história. Enquanto o cristianismo invadia o mundo e, segundo a enérgica expressão de Tertuliano, despovoava o mundo pagão, os que restaram por último para sustentar a luta — seja abertamente, como Porfírio, seja infiltrando-se em seu próprio meio para nele suscitar a heresia — foram os filósofos. Por longo tempo, o advento do cristianismo devia assinalar a queda da filosofia propriamente dita. Podemos, portanto, nos espantar que os próprios imperadores filósofos tenham apressado essa queda? Talvez tivesse sido mais fácil converter ao cristianismo um imperador pagão do que um imperador filósofo. Os antoninos fizeram tudo que era compatível com suas convicções filosóficas, esforçando-se para impedir as perseguições, dando ao culto cristão a liberdade de se desenvolver e deixando o mundo pagão — incapaz de sair por si próprio dos erros que eles não compartilhavam — ceder lugar a um mundo novo.

É notável que os verdadeiros inimigos do poder imperial tenham sido sempre os pagãos, não os cristãos. Depois de terem prestado as honras divinas aos imperadores, não tinham nenhum embaraço em se revoltar contra eles e os massacravam depois de tê-los adorado. Mas os cristãos, que se recusavam a admitir a divindade do imperador, ao menos se submetiam ao seu poder; sua submissão jamais foi desmentida. Nesse ponto, assim como em todos os outros, a diferença entre os filósofos e os cristãos era grande. "Quantos filósofos", diz, aliás, Tertuliano, "ladram contra os príncipes sem que se encontre nisso algo a censurar!" Desde os tempos de Sêneca, acusavam-se os filósofos de rebelião contra o poder imperial; mais tarde, Vespasiano exilou de Roma todos os filósofos, com exceção de Musonius Rufus. Sem dúvida os filósofos, assim como os cristãos, recomendavam a resignação diante do poder imperial; porém, uns tinham um profundo desprezo por esse poder conferido — diz Epiteto — ao "primeiro imbecil que apareça"; os outros viam no imperador o representante de Deus na Terra, revestido, nessa condição, de uma espécie de caráter sagrado que, sem torná-lo digno de adoração, tornava-o, no entanto, objeto de respeito: assim, o espírito republicano, depois de ter se conservado entre os filósofos, sobretudo entre os estoicos, extingue-se com o cristianismo. "É preciso obedecer às autoridades", diz São Paulo, "porque toda autoridade vem de Deus." "Sejam submissos aos seus senhores", exclama São Pedro, "mesmo que eles sejam desagradáveis e malfazejos."

"O cristão não é inimigo de ninguém", diz Tertuliano (*A Scapula*); "como ele o seria do imperador, que foi estabelecido por Deus? Ele deve amá-lo, reverenciá-lo, homenageá-lo, fazer votos por sua salvação. Nós honramos, portanto, o imperador como o primeiro depois de Deus, como aquele que tem apenas Deus acima dele." "Se o imperador deseja nossos campos", diz Santo Ambrósio (*Oratio de basilicis tradendis*, 38, t. III, p. 872), "ele tem o poder de tomá-los, nenhum de nós resistirá... nós damos a César o que é de César." "A Igreja", repete por sua vez Santo Agostinho (*De catechizandis rudibus*, 11), "composta dos cidadãos da Jerusalém celeste, deve servir sob os reis da Terra. Porque a doutrina apostólica diz: 'Que toda a minha alma seja submissa às autoridades'." "É preciso obedecer aos príncipes assim como à própria justiça", dirá Bossuet; "eles são deuses."

Tertuliano diz dos pagãos: "*Negant accusati, ne torti quidem facile aut semper confitentur, certe damnati moerent: dinumerant in semetipsos mentis malae impetus, vel fato vel astris imputant; nolunt enim suum esse, quod malum agnoscunt*"[1]. E diz dos cristãos: "*Christianus vero quid simile? Neminem pudet, neminem poenitet, nisi plane retro non*

---

1. "Se são acusados, eles negam; se são submetidos à tortura, eles nem sempre confessam, e não sem dificuldade; se são condenados, eles se desesperam, se irritam consigo mesmos e não querem se reconhecer como os autores do mal que confessam; eles imputam ao destino ou à sua estrela tudo que o furor da paixão os fez realizar." *Apologética*, I, 11. [N. T.]

*fuisse; si denotatur, gloriatur; si accusatur, non defendit; interrogatus, vel ultro confitetur; damnatus gratias agit. Quid hoc mali est, quod naturalia mali non habet, timorem, pudorem, tergiversationem, poenitentiam deplorationem? Quid hoc mali est, cujus reus gaudet? Cujus accusatio votum est et poena felicitas!?"*².

Embora o pensamento pareça completo aqui, Tertuliano acrescenta ao texto: *"Non potes dementiam dicere quod revinceris ignorare"*³. Desse modo, ele responde a uma crítica muitas vezes formulada contra os cristãos. Via-se no entusiasmo com o qual eles corriam para a morte não o efeito de uma coragem verdadeira, mas de um extravio fanático, semelhante àquele que manifestavam certas seitas do Oriente: assim, espantavam-se com isso sem admirá-lo; assistiam aos seus suplícios assim como os gregos assistiram à morte do gimnosofista Calamus, que voluntariamente, para se desvencilhar das misérias da vida, queimou-se em uma foguei-

---

2. "Será que vemos algo semelhante em um cristão? Será que o vemos enrubescer? Será que o vemos se arrepender, a não ser de nem sempre ter sido cristão? Se ele é denunciado, se sente honrado; se é acusado, não se defende; se é interrogado, confessa; e se é condenado, agradece. Que espécie de mal será esse, portanto, que não tem nenhuma das qualidades do mal, nem o temor, nem a vergonha, nem a dissimulação, nem o arrependimento, nem o remorso? Que espécie de mal é esse que regozija aquele que é culpado dele, que satisfaz os desejos daquele que é acusado dele e que faz a felicidade daquele que é punido por ele?" *Idem*, I, 12-13. [N. T.]
3. "Vocês não podem dizer que isso é uma loucura, visto que admitem que não o conhecem." *Idem*, I. 13. [N. T.]

ra na presença do exército de Alexandre. Comparavam-se muito os cristãos com os brâmanes, porque, na *Apologética*, Tertuliano rejeita esse paralelo: *Neque bachmanae autindorum gymnosophistae sumus* (XLII). Os filósofos daquela época recomendavam, sem dúvida, um desprezo pela morte e pelo sofrimento análogo àquele que praticavam os cristãos; e mais ainda, como acabamos de ver, o estoico ideal de Epiteto se parece, em muitos aspectos, com o cristão; porém, segundo Epiteto, os "galileus agem por costume (ηθει) e por arrebatamento; o filósofo deve agir por razão e reflexão (λογψ)". (*Conversações*, I, IV, VII.) Marco Aurélio também coloca em contraste a conduta do filósofo, sempre pronto a morrer "por seu próprio juízo", e a dos cristãos, cuja morte é, segundo ele, o efeito de uma "obstinação" irracional; eles correm para ela — diz ele — com a precipitação das tropas ligeiras, ao passo que a coragem refletida do verdadeiro sábio a espera sem recuar. Assim se mantinha a oposição entre os cristãos e os filósofos: tirando dos "galileus" a "reflexão", pretendia-se tirar-lhes o mérito, roubava-se deles o direito à admiração; e seu martírio, em vez de parecer uma devoção, aparentava ser uma "demência" produzida pelo fanatismo.

O capítulo de Tertuliano do qual extraímos as citações precedentes tem uma enorme importância do ponto de vista histórico; ele justifica plenamente Marco Aurélio das censuras que não lhe foram poupadas pelos historiadores. Admitiu-se geralmente, sem provas positivas, que Marco Aurélio tinha perseguido os cristãos. A passagem de Tertuliano demonstra o contrário: "*nos e contrario edimus protectorem*". Teria sido impossível para Tertuliano, poucos anos após a morte de Marco Aurélio, invocar assim como protetor dos cristãos aquele que teria sido seu perseguidor reconhecido. De resto, um texto de Lactâncio, não menos positivo, confirma a esse respeito o texto de Tertuliano: "*Secutis temporibus* (trata-se dos tempos que se seguiram ao reinado de Domiciano), *quibus multi ac boni principes Romani imperii clavum regimenque tenuerunt, nullos inimicorum impetus passa (Ecclesia), manus tuas in orientem occidentemque porrexit*" (Lactâncio, *De persecutione*, cap. III). Portanto, é possível considerar correto que Marco Aurélio, depois de ter, em uma carta que ainda possuímos, ordenado não somente que não se perseguisse os cristãos, mas que perseguissem e condenassem seus acusadores, não mudou bruscamente sua regra de conduta. "Em nossas especulações sobre os tempos antigos", diz Villemain (*Quadro da eloquência cristã no século* IV, p. 71-4), "seria uma investigação ociosa nos perguntarmos qual teria podido ser a influência do cristianismo sobre a duração do império, se ele tivesse entrado nas instituições romanas cem anos mais cedo, e no reinado de um príncipe que fosse tão virtuoso quanto Constantino foi violento e cruel?... A lei cristã, acessível aos espíritos mais humildes, a lei cristã em sua pureza primitiva, espécie de estoicismo popular e temperado, teria estabelecido uma ligação entre os homens mais obscuros e a alma elevada do imperador; ela teria perpetuado benefícios que passaram com Marco Aurélio; teria transformado o poder, enquanto o império ainda tinha a grandeza e a unidade."

Capítulo 7 – Epiteto e Pascal

A antítese entre o estoicismo e o cristianismo teve Pascal como intérprete eloquente. Não é possível esperar de sua parte uma exposição consequente e lógica da filosofia estoica. Sem dúvida, ele conhece bem Epiteto, mas não tão bem quanto Montaigne. Gostaria de dar apenas uma prova disso: ele traduz e cita palavra por palavra o filósofo, como fazem os intérpretes ordinários, ao passo que o vemos repensar o pensamento de Montaigne, dividindo a seu bel-prazer as frases tortuosas de seu autor e reproduzindo tanto melhor o espírito quanto mais corrige a letra. Epiteto, visto através de Pascal, perde tanto quanto ganha Montaigne. De toda essa teoria tão original da vontade, que Epiteto concebia como "autônoma" e encontrando em si sua regra e seu bem, Pascal não diz palavra. Parece que, ao abrir o *Manual* ou as *Dissertações*, ele teve pressa em abandonar as passagens essenciais, para correr e se demorar naquelas onde acreditava perceber alguma longínqua semelhança com a Bíblia. Ele nos representa Epiteto quase como outro Jó, prosternado sob a mão direita de Jeová, e repete com admiração estas palavras, que ele interpreta sem dúvida em um sentido totalmente bíblico: "Não diga jamais: eu perdi isso; diga antes: eu o devolvi. Meu filho está morto, eu o devolvi. Minha mulher está morta, eu a devolvi". Depois vem a comparação da vida com uma peça de teatro, na qual o diretor nos distribui de antemão nossos papéis e onde é preciso, sem nada modificar, interpretar o personagem que ele nos dá. Resignação humilde a Deus, eis o que Pascal acreditou perceber e o que o impressionou logo de início no estoicismo de Epiteto.

Mas Epiteto, se compreendeu bem nosso dever (e, segundo Pascal, nosso principal dever é resignação, humildade), presumiu muito de nosso poder: eis aí o sinal de que ele era homem e, como tal, falível; como tal, "terra e cinzas". Por uma brusca mudança, depois de nos ter mostrado em Epiteto o Jó bíblico, Pascal ergue diante de nós o inspirado pelo espírito das trevas, que, desprezando a morte e os males enviados pela Providência, espera apenas com suas forças "se tornar santo e companheiro de Deus". "Soberba diabólica!", exclama Pascal, com uma espécie de horror, mesclado talvez com uma secreta admiração.

Pascal, vendo a filosofia estoica através da sua fé, nem sempre apreendeu seu verdadeiro sentido e sua originalidade.

Ele apresenta logo de início uma ideia inexata do método de Epiteto, tal como ele pode ser deduzido, sobretudo, do *Manual*, esse vade-mécum do estoico. "Epiteto", diz ele, "quer antes de tudo que o homem considere Deus como seu principal objeto." Porém, segundo os estoicos, o *principal objeto* da filosofia não é Deus, como crê Pascal, mas o homem, a moral prática (*Manual*, LII). Nem o *Manual*, nem as *Conversações* iniciam com observações sobre a divindade, mas sobre o homem. Epiteto estabelece a moral antes de deduzir dela a religião.

Segundo os estoicos, como vimos, o que é preciso "considerar antes de tudo" não é nenhum ser exterior a nós, mas nós mesmos. "Volte-se para si mesmo", diz Epiteto. É voltando-se para si que o homem percebe uma faculdade absolutamente independente de todos os acontecimentos de fora, absolutamente livre e senhora de si mesma: a vontade racional (*Manual*, I, II; *Conversações*, III, 22). É nessa vontade que ele deve primeiramente, de acordo com Epiteto, se apoiar; é dali — como repetirá o próprio Pascal — que ele deve se levantar. Julgando indiferente tudo que ocorre fora dele, indiferentes os males e os bens sensíveis, indiferentes a dor e a morte, o estoico desdenha aquilo que ele sofre, para prestar atenção apenas no que ele pensa e quer. Assim, no seio de todas as necessidades exteriores, ele conservará sua liberdade. Segundo Epiteto — e, sobretudo, segundo Marco

Aurélio —, essa liberdade do homem subsiste igualmente, quer se considere o mundo governado por uma providência, quer se considere o mundo, como os epicuristas, entregue ao acaso. Em todas as hipóteses metafísicas, a liberdade moral e a regra de conduta que dela deriva permanecem as mesmas. "Dessas opiniões, qualquer que seja a verdadeira", dizia também Sêneca, "e mesmo que todas o fossem, é preciso filosofar: quer, sob sua lei inexorável, a necessidade nos encerre; quer um Deus, árbitro do Universo, tenha disposto todas as coisas ou quer o acaso carregue e atire sem ordem os assuntos humanos, a filosofia deve nos proteger. Ela nos exortará a obedecer de bom grado a Deus, a resistir obstinadamente à fortuna: ela nos ensinará a seguir Deus, a suportar o acaso (*Deum sequi, ferre casum*)." (Sêneca, *Cartas a Lucílio*, XVI.) Para os estoicos, nossos deveres são, portanto, independentes de nossas crenças religiosas: em todos os casos, a moral está salva; faça o que se deve, aconteça o que acontecer. É somente depois de ter tomado seu ponto de apoio no próprio homem que o estoicismo se eleva para Deus. Quando o estoico acostumou-se a situar apenas em si o bem e o mal, quando ele compreendeu que nenhum acontecimento exterior pode atingi-lo, então ele não vê mais fora dele nenhum mal verdadeiro. O mal que ele acreditava perceber no mundo está somente em suas opiniões; quanto à dor, ela não é um mal, é algo indiferente: pensar mal, agir mal, eis aí o único mal que não reside no mundo, mas em nós; apenas nós somos responsáveis por ele e só nós podemos, quando quisermos, fazê-lo desvanecer-se[1]. Tudo é, portanto, para o melhor. Aquilo que acontece, nasce ou morre, sobe ou desce na eterna torrente das coisas, tudo isso é belo e bom, porque ele, o sábio, disso pode tirar, por sua vontade, o bem e o belo: será que tudo não lhe servirá de matéria para boas ações? (*Conversações*, III, 22.) Chegando a esse ponto do "progresso" na filosofia (προκοπη), o estoico explica o mundo para si mesmo: é então que sua razão percebe nele o traço de uma razão organizando e trabalhando incessantemente a matéria; ele se liga a essa razão divina (I, XII), ele a segue não por uma submissão cega, mas por um livre consentimento, e aceita todos os acontecimentos (*Manual*, VIII) porque, por um lado, nada que acontece é um mal para ele e, por outro lado, tudo que acontece, sendo racional, é em si mesmo um bem.

Longe, portanto, de que — como gostaria Pascal — o homem possa ir instantaneamente para Deus, os estoicos acreditam que ele deve primeiramente entrar em si para, aí, contemplar e homenagear a divindade que nele habita: εν σαατω φερεις θεον (II, VIII). É somente depois de voltar-se para dentro de si mesmo que o homem poderá levantar os olhos para o grande Deus. Senão, situando o mal nas coi-

---
1. Cf. acima.

sas exteriores, a cada dor, a cada opinião importuna que se apresentasse, ele acusaria Deus. "Como respeitar, então, o que eu lhe devo? Porque, se me fazem mal e se sou infeliz, é porque ele não se ocupa de mim. E o que eu tenho para tratar com ele, se ele não pode me socorrer?" (Epiteto, *Conversações*, I, XXIII.) Para Epiteto, em resumo, o conhecimento do homem e de seus deveres precede o conhecimento de Deus e de seus atributos: a moral sustenta a religião. Segundo o filósofo estoico, a moral poderia a rigor dispensar a religião; a religião não pode dispensar a moral: é preciso primeiramente ser filósofo antes de ser devoto. Só o homem de bem — diz Marco Aurélio — é sacerdote e ministro da Divindade.

Vê-se que Pascal — como De Sacy[2] vai lhe dizer — puxa para si e acomoda demais ao seu pensamento os autores que ele comenta.

Quando Pascal passa de Epiteto a Montaigne, ele parece ficar bem mais à vontade. O estoicismo, com efeito, causa certo incômodo a Pascal: esse espírito "tão educado por si mesmo", como o chama Fontaine, devia temer mais do que qualquer outro deixar-se levar pela "soberba" estoica. Assim, ele passa ligeiramente por Epiteto, com medo — como ele diria — "de afundar apoiando-se nele". Porém, uma vez em

---

2. Isaac Lemaistre de Sacy (1613-84), escritor e teólogo jansenista francês. As referências de Guyau são extraídas da obra *Conversação entre Pascal e o Sr. de Sacy, sobre a leitura de Epiteto e de Montaigne*, escrita por Nicolas Fontaine. [N. T.]

Montaigne, como ele insiste! Tudo que estava graciosamente misturado e embaralhado em seu autor ganha relevo por suas mãos; tudo se torna distinto e saliente. É em primeiro lugar essa dúvida de Montaigne, da qual o próprio Montaigne bem gostaria de fazer apenas uma "forma ingênua", um caráter passageiro de suas "condições e humores", mas que, em Pascal, brilha e nos surge como tão universal e tão geral que se volta para si mesma, ou seja, para o fato de que ele duvida: "Sobre esse princípio", diz Pascal, "giram todos os seus discursos e todos os seus *Ensaios*", e é a "única coisa" que ele pretende estabelecer bem. É com esse objetivo que ele destrói "imperceptivelmente" tudo que é considerado mais certo entre os homens e zomba de todas as certezas. Aonde ele gostaria, portanto, de chegar com seu pirronismo? Pascal quase não se demora a segui-lo nos circuitos de seu pensamento "ondulante e diverso"; ele não o segue nem mesmo por um instante: para dizer a verdade, ele o conduz; ele o leva para onde quer que vá, através desse caminho tão desviante — mas, segundo ele, tão seguro —, que parte da incerteza absoluta para chegar à fé integral.

Assim, mal Pascal estabelece Montaigne e se estabelece com ele, nessa "postura toda flutuante e vacilante" da dúvida, por uma antítese violenta — na qual se resume todo seu sistema —, e nos mostra Montaigne combatendo com uma "firmeza invencível" e fulminando a impiedade. Quanto mais a certeza da razão é abalada, mais a certeza da fé é consolidada. É então que Pascal se entusiasma: com Montaigne, ele "atormenta" esses homens "voluntariamente despojados de toda revelação"; ele os "interroga", os "pressiona". Será que a alma, sem falar de conhecer outra coisa, conhece a si mesma em sua essência? Não. Será que ela se conhece em seu princípio e em seu fim? Não. E seu próprio pensamento, será que ela o conhece bastante para saber se ela não erra nem se engana? E os objetos de seu pensamento? Tempo, espaço e movimento são igualmente mistérios para ela. Ela ignora o bem, ignora o verdadeiro. Enfim, a ideia mais fundamental de todas e que se encontra sob todas as outras, a ideia de ser, será que ela mesma pode concebê-la e defini-la? Não. Não se pode definir nada sem essa ideia e não se pode defini-la. Para qualquer lado que se volte, o espírito humano se encontra, portanto, diante de sua própria nulidade. Dessa impotência do pensamento nasce a incerteza de todas as ciências, objetos do pensamento: geometria, física, medicina, história, política, moral, jurisprudência e "o resto". Por fim, com o que se parece essa incerteza universal senão com a de um sonho perpétuo? Portanto, nós não pensamos, nós sonhamos. E por que esse sonho seria exclusivo do homem? Por que não o compartilharíamos com os animais? A razão humana, "tão cruelmente repreendida" e posta em dúvida se é racional, vê-se, portanto, gradativamente recair até a condição dos animais: é com eles que Pascal e Montaigne a colocam "por favor" em paralelo, "ameaçando, se ela reclamar, colocá-la abaixo de tudo".

Escutando Pascal, De Sacy "acreditava estar vivendo em um novo país e ouvindo uma nova língua. Ele lamentava esse filósofo que se picava e se lacerava em todas as partes com os espinhos que ele mesmo criava".

Enquanto De Sacy fala, por sua vez, e deixa errarem ao acaso seus longos períodos através dos queridos textos de Santo Agostinho, Pascal parece escutá-lo com uma respeitosa impaciência. Mal De Sacy termina, e "ele não pode se conter". Como se, continuando interiormente seu próprio pensamento, ele não tivesse parado de assistir dentro de si mesmo a essa grande e vitoriosa luta que ele nos fazia contemplar ainda há pouco, ele explode em palavras de triunfo: "Eu lhe confesso, cavalheiro, que não posso ver sem alegria, nesse autor, a soberba razão tão invencivelmente melindrada por suas próprias armas e essa revolta tão sangrenta do homem contra o homem...; eu teria amado com todo meu coração o instrumento de tão grande vingança".

Já é possível julgar por essas palavras a que altura Pascal se eleva sobre Montaigne. O homem, em um, se reergue e triunfa em sua própria derrota; no outro, ele "se abate". Pascal logo nos mostra como Montaigne, gradativamente, desce das dúvidas da inteligência para o relaxamento da vontade.

Eis aí o lado perigoso do ceticismo. Pascal bem sentiu isso, e como ele nos faz senti-lo! Com ele, somos levados de Epiteto a Montaigne; de Montaigne, deslizamos pouco a pouco na direção de Epicuro. Já jogamos para bem longe "essa virtude estoica..., com uma cara severa..., a testa franzida e suada..., em uma postura penosa e tensa". Em vez disso, eis-nos na presença da virtude como a entende Montaigne: "familiar, jovial, divertida", que, sem dúvida, tem da virtude apenas o nome, mas também não tem o aspecto muito evidente do vício. Para nos fazer gostar mais dela, o estilo de Pascal se enche, de alguma forma, com esse langor que ele quer pintar; ele nos atrai para essa "ociosidade tranquila", no seio da qual gosta de se deitar Montaigne, com a cabeça apoiada nestes "dois doces travesseiros: a ignorância e a falta de curiosidade". É uma verdadeira tentação à qual Pascal parece querer nos fazer ceder, assim como às vezes talvez ele mesmo tenha cedido.

Porém, nesse momento, Pascal recoloca diante de nós o estoicismo que quase havíamos esquecido e, pondo frente a frente Epiteto e Montaigne, os faz lutar um contra o outro. Tínhamos visto ainda há pouco as contradições nas quais vem se esgotar a razão humana; vamos agora conhecer a contradição na qual, abandonado apenas às suas próprias forças, o coração humano se quebraria.

Segundo Pascal, existe uma oposição absoluta entre nosso poder e nosso dever. É a ideia do dever, irrefutável a todo pirronismo, que incessantemente nos eleva e liga o homem a Deus. Enquanto consideramos somente nosso dever e nossa finalidade, vemos apenas nossa grandeza. Porém, não é suficiente conhecer o que devemos fazer, é preciso conhecer o que podemos fazer. Ora, ao passo que nosso dever nos chama para o alto, nossa impotência nos prende embaixo. Daí dois movimentos contrários que, alternadamente, soerguem e reprimem o coração humano. Quando consideramos apenas nossos deveres e nossa finalidade, somos tomados pela presunção: é nela que "Epiteto se perde"; quando, no entanto, voltando para dentro de nós mesmos, tomamos plena consciência da impotência inerente à nossa natureza, então, como Montaigne, "nos abatemos na covardia". Porém, nem essa presunção pode se sustentar por muito tempo, nem essa covardia pode nos bastar por muito tempo. Vendo nossa fraqueza, somos forçados a renunciar ao orgulho; sentindo nossa grandeza, somos levados a rejeitar nossa covardia: daí uma luta intestina, que se produz agora não mais somente na inteligência, mas no coração, e que não tem fim, porque a impotência do homem não tem remédio.

Assim, Pascal, acreditando que existe uma contradição entre o dever infinito e o poder limitado do homem, crê, fazendo que o homem conheça ambos ao mesmo tempo, destruir os dois; de tal modo que o homem, aprendendo com os moralistas o que deve fazer e com os céticos o que não pode fazer, veria "romper-se e aniquilar-se" um pelo outro os dois grandes sistemas que seu pensamento havia concebido e, em uma alternância eterna, permaneceria suspenso entre "o cúmulo da soberba" e "o extremo da covardia".

Nesse momento, portanto, no qual parece restar no espírito humano "apenas uma guerra e uma destruição geral", no qual "tanto as verdades quanto as falsidades" parecem ser "arruinadas" umas pelas outras, é que Pascal nos faz entrever, no obscurecimento de todas as luzes humanas, a verdade sobrenatural. Depois de, colocando-se no ponto de vista da natureza, destruir uma pela outra as teses contraditórias dos moralistas e dos céticos, ele procura, pondo-se no ponto de vista da graça, conciliá-las por meio de uma "arte toda divina". Segundo Pascal, Epiteto tem razão quando mostra ao homem seus deveres, sua finalidade, sua grandeza: essa grandeza é aquela da qual ele decaiu; mas o homem não pode reconquistá-la sozinho. E aqui, por sua vez, Montaigne tem razão. A finalidade do homem lhe é, portanto, ao mesmo tempo, mostrada e ocultada: um poder invencível o leva para ela e dela o afasta ao mesmo tempo. É preciso que os obstáculos, conservados pelo próprio Deus e os quais o homem não pode suplantar, afastem-se por uma graça divina. Assim, segundo Pascal, a verdade sobrenatural, "unindo tudo que existe de verdadeiro" nos sistemas moralistas e céticos "e rechaçando tudo de falso, faz deles uma sabedoria verdadeiramente celeste, na qual se harmonizam esses opostos que eram incompatíveis nessas doutrinas humanas".

A *Conversação com De Sacy* pode ser considerada um dos maiores esforços empreendidos para resumir em seu desenvolvimento e, ao mesmo tempo, para deter a história do pensamento humano. Todos os sistemas filosóficos, como observa Pascal, reduzem-se a estas duas doutrinas morais: uma que afirma o dever do homem e que, da própria consciência do dever, extrai a certeza do poder; e outra que afirma a impotência do espírito humano e que extrai, do conhecimento dessa impotência, a incerteza do dever; uma que afirma a moralidade, outra que afirma a ausência de moralidade. Portanto, Epiteto e Montaigne não apenas podem representar o trabalho do espírito humano em seu passado, mas poderiam mesmo, segundo Pascal, representá-lo em seu futuro; parece que todos os caminhos possíveis que podem ser seguidos pelo pensamento metafísico convergem necessariamente para esses dois sistemas. Ora, se é verdadeiro que esses sistemas quebram e aniquilam um ao outro, a própria esperança do pensamento humano é aniquilada com eles: ela é forçada a se deter; e, para o pensamento, se deter não será deixar de existir?

Mas, primeiramente, Pascal terá, como ele acredita e espera, "aniquilado" Montaigne? Depois de tê-lo elevado tão alto e de tê-lo fortalecido tanto, será que ele conseguiu abatê-lo? Ou antes, sem querer, quando ele queria trabalhar em prol do cristianismo, não terá sido em prol de Montaigne que ele o fez?

Nessa perda e destruição dos sistemas, quem ganha? Montaigne. Pascal quer contrabalançar um com o outro, Epiteto e Montaigne, o dogmatismo e o ceticismo; porém, com esse equilíbrio artificial que ele estabelece entre as doutrinas, ele não se apercebe de que volta ainda ao ceticismo, que seu sistema é só um aperfeiçoamento do sistema de Montaigne e que ele caberia por inteiro, sem desarranjar seu perpétuo equilíbrio, nessa balança na qual Montaigne, repetindo seu "Que sei eu?", pesava os contraditórios. Pascal, ao nos pintar o "gênio totalmente livre" de seu autor favorito, nos disse: "Para ele, é inteiramente igual levar ou não vantagem na disputa, tendo sempre, para um ou outro dos exemplos, um meio de mostrar a fraqueza das opiniões; sendo sustentado com tanta vantagem nessa dúvida universal que ele se fortalece da mesma forma com seu triunfo e com sua derrota". Assim, será "inteiramente igual" para Montaigne que lhe oponham outro sistema, qualquer que seja. Pascal quer produzir no espírito humano a suspensão e, no coração humano, a luta e a guerra; não será esse também o objetivo do pirronismo? Pascal e Montaigne estão, portanto, de acordo; Pascal não pode mais escapar de Montaigne; ele é impotente para sair do pirronismo. "Tornar-nos-emos bem rapidamente pirronistas, e talvez demais", disse ele nos *Pensamentos*. Aqui se verificam essas palavras. Se realmente, na *Conversação com De Sacy*, Pascal havia conseguido opor e contrabalançar completamente Epiteto e Montaigne, é este último que, por isso mesmo, teria levado vantagem, e o ceticismo, com o qual Pascal contava para sacudir de alguma maneira o espírito humano, tê-lo-ia entorpecido para sempre.

Mas Epiteto não é destruído por Montaigne; e é nos próprios princípios de Epiteto, que permaneceram intactos, que Pascal se apoia, sem saber, para elevar seu cristianismo acima do ceticismo.

Com efeito, depois de ter afirmado a equivalência lógica dos dois sistemas, ele se esforça para provar sua insuficiência moral e os julga moralmente. Por um lado, ele condena a presunção dos estoicos; por outro, a covardia de Montaigne: é situando-se assim, do ponto de vista moral, que ele consegue sobrepor-se a esses dois sistemas, logicamente iguais, segundo ele. Porém, Pascal tem o direito de falar de moralidade quando ele acaba de estabelecer com Montaigne que "ninguém pode saber o que é o bem, o mal, a justiça e o pecado"[3]? Ele não apela, portanto, sem querer, para essa moral "humana" na qual estava fundamentado o sistema estoico de Epiteto e que ele queria destruir por meio da dúvida de Montaigne? Assim, para julgar do alto os sistemas que acaba de colocar um diante do outro, Pascal se vê forçado a tomar emprestada de um desses sistemas sua ideia essencial: a ideia da moralidade. Pascal só havia abandonado Epiteto para recair em Montaigne; ele só escapa de Montaigne para retornar a Epiteto. No momento em que acaba de afirmar a impotência absoluta do homem, ele se vê forçado a reconhecer implicitamente no homem a existência do maior dos poderes, o de julgar por si mesmo o bem e o mal. O homem de Pascal, assim como o de Epiteto, sente que possui em si, com a consciência de sua dignidade interior, a regra moral de acordo com a qual ele pode avaliar as doutrinas e os pensamentos, assim como as ações.

Ao passo que, em todas as outras ciências, o espírito julga o valor dos diversos sistemas de acordo com a maneira como eles reproduzem a ordem exterior das coisas, o mesmo não ocorre nas ciências morais. Nelas, a verdade não reside fora de nós, mas em nós. Não podemos avaliar os sistemas morais de acordo com a fidelidade com a qual eles nos dão conta da natureza exterior, mas de acordo com a fidelidade

---

3. Cf. *Pensamentos*, XXV, 116: "*Eritis sicut dii, scientes bonum et malum.* Todo mundo faz o papel de deus julgando: isso é bom ou ruim".

maior ou menor com a qual eles nos dão conta de nós para nós mesmos; eles são verdadeiros na medida em que reproduzem mais ou menos bem o tipo de moralidade essencial que percebemos em nós; sua verdade, portanto, não é mais reconhecida pela experiência e pela ciência física, mas pela reflexão interior e pela consciência moral; é o sentimento de nosso valor moral e de nossa dignidade que precisamos usar como referência para fixar a cada sistema seu valor e sua dignidade.

Em que, portanto, resultaram esses longos esforços de apologética cristã empreendidos por Pascal para rebaixar o homem e tirar dele o sentimento de sua verdadeira potência e de sua verdadeira grandeza, visto que é apoiando-se nesse mesmo sentimento que Pascal evita, enfim, cair — como ele diz — na "covardia"?

Definitivamente, não é possível rebaixar-se a si mesmo em seu próprio pensamento, com medo de se rebaixar também em suas ações. É preciso estimar a si próprio para agir bem, e o ato moral só faz exprimir esse respeito por si.

É possível, nesse ponto, ao ceticismo de Pascal e de Montaigne opor ainda o estoicismo de Epiteto. Cada homem, dizia este último, determina por si mesmo seu valor; cada um vale apenas o que acredita e quer valer. E será que o próprio Pascal, enquanto se esforça para rebaixar e "arruinar" o pensamento humano, não o sente incessantemente levantar-se nele e retomar consciência de sua dignidade? É essa dignidade humana que ele afirma muitas vezes com tanta força nos *Pensamentos*. Ele se pergunta, em alguma parte, por que Deus deu, ordenou ao homem a prece; e ele responde com profundidade: "Para lhe deixar a dignidade da causalidade". Porém, se aquele que pede benefícios por meio da prece já possui a dignidade da causalidade, o que será daquele que, pela vontade moral, os extrai de si? E se causar assim, por si mesma, seus próprios benefícios é a essência da prece, o que aproxima o homem de Deus, o que o eleva até ele, não seria possível dizer que a mais desinteressada e a mais santa, a mais humana e a mais divina das preces é o ato moral?

Segundo Pascal, é verdade, o ato moral suporia dois termos — o dever e o poder —, e o homem nem sempre pode o que deve. No entanto, mesmo que o homem não tivesse nenhum poder para realizar o bem objetivamente, ele seria sempre capaz de realizá-lo em sua vontade; ainda que ele encontrasse em todas as partes obstáculos intransponíveis, ele ainda poderia lutar contra eles, e se todos os outros poderes lhe fossem tirados, ele ainda poderia querer.

No foro interior unem-se, portanto, com um laço indissolúvel, a crença no dever e a crença no poder. O que fundamenta o dever é o sentimento da liberdade respeitável e amável que trazemos em nós; ora, o que constitui precisamente essa liberdade é o poder de agir por si mesmo, sem tirar seu mérito de nada que seja exterior. Pascal concebe demasiadamente a finalidade moral como uma espécie de objetivo físico e exterior a nós, que poderíamos ver sem ser capazes de alcançar. "Dirigimos demais nossa vista para o alto", diz ele nos *Pensamentos*, "mas nos apoiamos na areia, e a terra vai desmoronar, e cairemos olhando para o céu." Porém — poderíamos responder —, o céu do qual Pascal quer falar aqui, o céu que trazemos na alma, não é completamente diferente daquele que percebemos sobre nossa cabeça? Não seria possível dizer, aqui, que ver é tocar e possuir? Que a visão do objetivo moral torna possível e inicia a marcha para esse objetivo? Que o ponto de apoio que se encontra na boa vontade não pode desmoronar? Que não se pode cair indo para o bem e que, nesse sentido, olhar para o céu já é subir até ele?

FIM

1ª edição março de 2015 | **Fonte** Rotis Semi Serif Std/Adobe Garamond Pro
Papel Offset 75g/m² | **Impressão e acabamento** Yangraf